现代财税治理报告

**Modern Public Finance and
Taxation Governance Report**

本书是作者主持的教育部人文社会科学研究青年基金项目（批准号：20YJC790051）和国家自然科学基金青年项目（批准号：72104204）的阶段性成果。

人力资本变迁与劳动力市场行为研究：

基于区域公共政策差异的视角

姜先登 ○ 著

西南财经大学出版社
Southwestern University of Finance & Economics Press

中国 · 成都

图书在版编目(CIP)数据

　　人力资本变迁与劳动力市场行为研究:基于区域
公共政策差异的视角 /姜先登著.--成都:西南财经
大学出版社,2025.5. --ISBN 978-7-5504-6699-9

　　Ⅰ.F249.21

　　中国国家版本馆 CIP 数据核字第 20259WF625 号

人力资本变迁与劳动力市场行为研究:基于区域公共政策差异的视角

RENLI ZIBEN BIANQIAN YU LAODONGLI SHICHANG XINGWEI YANJIU;JI YU QUYU GONGGONG ZHENGCE CHAYI DE SHIJIAO

姜先登　著

责任编辑:李　才
责任校对:肖　翀
封面设计:何东琳设计工作室
责任印制:朱曼丽

出版发行	西南财经大学出版社(四川省成都市光华村街 55 号)
网　　址	http://cbs.swufe.edu.cn
电子邮件	bookcj@swufe.edu.cn
邮政编码	610074
电　　话	028-87353785
照　　排	四川胜翔数码印务设计有限公司
印　　刷	成都金龙印务有限责任公司
成品尺寸	170 mm×240 mm
印　　张	18.25
字　　数	320 千字
版　　次	2025 年 5 月第 1 版
印　　次	2025 年 5 月第 1 次印刷
书　　号	ISBN 978-7-5504-6699-9
定　　价	88.00 元

前　言

在技术革新步伐不断加快、知识经济蓬勃发展的时代背景下，人力资本已成为驱动经济增长、促进社会进步以及强化国际竞争力的核心要素。中国经济在经历长期高速发展后，如今已稳健地迈入转型这一关键历史阶段，牢牢把握人力资本的动态演变趋势及其在劳动力市场中蕴含的内在行为逻辑规律，并充分发挥公共政策在人力资本发展进程中的引导作用与激励效能，对于我国经济在未来实现可持续发展具有至关重要且深远的战略意义。在党的二十大报告中，习近平总书记明确指出"必须坚持科技是第一生产力、人才是第一资源、创新是第一动力"。2024 年 1 月，习近平总书记在主持中共中央政治局第十一次集体学习时强调，"要按照发展新质生产力要求，畅通教育、科技、人才的良性循环，完善人才培养、引进、使用、合理流动的工作机制""为发展新质生产力、推动高质量发展培养急需人才"。

人力资本理论源远流长，自古典经济学家对劳动价值与人力因素进行初步思考以来，历经现代学者的不断深化与完善，已形成一套丰富且具有强大解释力的理论体系。该理论体系在阐释经济增长的内在动力、企业竞争力的根源以及社会公平的实现机制等方面发挥着关键作用。我国作为一个拥有庞大人口基数和独特经济社会发展路径的大国，人力资本的形成、积累、配置与作用机制呈现出鲜明的本土特色，为人力资本研究提供了丰富的素材和极具价值的实践场景。

基于上述理论与现实背景，首先，本书系统地剖析了我国人力资本发展规律，并分别从区域与行业维度分析了人力资本的分布状况及其背后的经济逻辑。其次，本书将人力资本研究同区域公共政策异质性融合，深入探究了生育政策、教育政策、财税政策等公共政策在人力资本配置及劳动力市场决策进程中的关键作用，为我国后续提升人力资本质量与优化空间

1

配置提供了重要的政策参考。本书的内容主要包括以下五个部分：第一部分（第 1 章）介绍了本书的研究背景、研究目的与研究思路；第二部分（第 2 章）梳理了本书的主要理论基础与相关前沿文献；第三部分（第 3 章与第 4 章）分别从地区和行业两个维度出发，分析了我国人力资本的发展规律和现状特征；第四部分（第 5 章至第 9 章）探讨了生育政策、教育政策、财税政策等公共政策的变革在区域人力资本发展和劳动力市场决策中的影响与作用。第五部分（第 10 章）为本书的研究结论和研究展望。

本书的研究结论具有重要的理论与实践意义：在理论层面，丰富和拓展了人力资本理论体系，进一步揭示了人力资本在复杂经济社会系统中的作用机制与传导路径；在实践层面，为政府制定科学合理、精准有效的公共政策提供了有力依据，有助于政府完善生育支持政策、优化教育资源配置、调整财税政策等，同时也为企业优化人力资源管理、提升核心竞争力提供了实践指导，能够帮助企业制定契合自身发展需求的人力资源战略与薪酬激励机制。此外，在促进区域协调发展、推动产业升级以及应对人口结构转型与国际竞争等方面，本书的研究成果也具有重要的参考价值。

本书是笔者主持的教育部人文社会科学研究青年基金项目（批准号：20YJC790051）和国家自然科学基金青年项目（批准号：72104204）的阶段性成果。在本书的写作和出版过程中，西南财经大学财政税务学院和西南财经大学出版社给予了大力支持，在此深表感谢。

鉴于笔者学术水平与研究能力的有限性，书中或存在一些有待完善之处，诚盼学界同仁及广大读者不吝批评指正。

姜先登

2024 年 12 月

目　录

第一章 绪 论

第一节 研究背景与意义

一、研究背景

在当今全球化和知识经济蓬勃发展的时代浪潮中，世界经济格局正经历着深刻的变革与重塑。科技进步日新月异，信息传播瞬息万变，创新能力已成为国家和地区在激烈国际竞争中脱颖而出的关键因素。在这一宏观背景下，人力资本作为蕴含于劳动者体内的通过投资于教育、培训、健康等方面而形成的知识、技能、创新能力和健康素质的总和，已无可争议地跃升为推动经济增长、促进社会进步、提升国家竞争力的核心要素。

中国，作为世界第二大经济体，自1978年开启改革开放的伟大征程以来，实现了举世瞩目的经济腾飞和社会转型。在短短几十年间，中国从一个农业大国逐步发展成为工业大国，并在向工业强国和创新型国家迈进的道路上稳步前行。这一辉煌成就的背后，人力资本的发展发挥了不可或缺的重要支撑作用。随着经济体制改革的不断深入，市场机制在资源配置中的决定性作用日益凸显，中国的教育体系也经历了前所未有的深刻变革和快速发展。从基本普及九年义务教育到高等教育大众化的历史性跨越，再到职业教育和继续教育体系的逐步完善，中国在提升国民整体素质、培养各类专业人才方面取得了令人赞叹的成绩。这些举措不仅为经济发展源源不断地输送了大量具有一定知识和技能水平的劳动力，也为科技创新和产业升级奠定了坚实的人才基础。

然而，在享受经济高速发展带来的成果的同时，中国也面临着一系列复杂而严峻的挑战。经济结构调整的压力日益增大，传统产业面临转型升级的紧迫任务，新兴产业和高端制造业对高素质、创新型人力资本的需求急剧攀升。与此同时，区域间经济发展水平的不平衡状况依然显著，东部沿海地区凭借得天独厚的地理位置、较为完善的产业基础、开放包容的市场环境以及丰富优质的教育和科研资源，吸引了大量的人才、资金和技术，成为中国经济发展的先行区和增长极。而中西部地区尽管在国家政策的大力扶持下取得了长足进步，但在经济总量、产业结构、创新能力等方面与东部地区仍存在较大差距，这在一定程度上使得人力资本在区域间的分布呈现出明显的不均衡态势。

城乡二元结构作为中国经济社会发展的一个重要特征，长期以来造成了农村地区在基础设施建设、公共服务供给、教育医疗资源配置等方面与城市存在巨大差距。农村地区的教育水平相对较低，师资力量薄弱，教育设施简陋，这使得农村劳动力接受教育和培训的机会远远少于城市居民，进而导致农村人力资本积累缓慢、质量不高。这种城乡人力资本的巨大差距不仅进一步加剧了城乡发展的不平衡，也成为中国实现乡村振兴战略和城乡一体化发展的瓶颈。

此外，随着中国人口老龄化进程的加快，人口红利逐渐消失，劳动力供给结构发生了显著变化。如何在人口结构转型的背景下充分挖掘和提升现有人力资本的潜力和效率，实现从人口红利向人才红利的转变，成为中国经济可持续发展必须面对和解决的重要课题。同时，在全球经济一体化的大趋势下，中国企业面临着日益激烈的国际竞争，对高层次、复合型、创新型人才的需求极为迫切。然而，当前中国在人才培养模式、人才评价机制、人才流动配置等方面还存在诸多不适应市场需求和国际竞争要求的问题，这在一定程度上影响了企业的创新能力和国际竞争力，也制约了中国产业在全球价值链中的地位提升。

二、研究意义

（一）理论意义

深入研究中国人力资本的发展规律与现状，对于丰富和拓展人力资本理论体系具有深远的学术价值。人力资本理论作为现代经济学的重要组成部分，虽然在国外已经历了较长时间的发展，并取得了丰硕的研究成果，但由于不同国家在历史文化、社会制度、经济发展阶段等方面存在显著差异，人力资本理论在各国的具体实践和应用中呈现出多样化的特点。中国作为一个拥有独特国情和发展路径的发展中大国，其人力资本的形成、积累、配置和作用机制具有鲜明的本土特色。

通过对中国大规模、多样化的实证数据进行深入分析，可以进一步验证和完善人力资本理论中的核心假设和基本观点，如人力资本投资与经济增长之间的关系、人力资本的外部性效应、不同类型人力资本在经济发展中的作用差异等。同时，还可以揭示在中国特定的制度环境、文化背景和经济发展模式下，人力资本发展的特殊规律和影响因素，为人力资本理论的发展注入新的活力和内涵，拓展其理论边界和适用范围。

此外，深入研究人力资本与经济发展、公共政策、企业绩效等多方面的关系，有助于揭示人力资本在复杂经济社会系统中的作用机制和传导路径。人力资本如何与物质资本、技术创新相互作用，共同推动经济增长？公共政策在促进人力资本投资、优化人力资本配置、提升人力资本效率方面的作用机制是什么？企业如何通过有效的人力资本管理策略，激发员工的创造力和潜力，提高企业的生产效率、创新能力和市场竞争力？这些问题的深入研究将填补现有理论研究中的空白，为经济学、管理学等相关学科的理论发展提供坚实的实证基础和创新的研究视角，推动相关理论不断深化和完善。

（二）实践意义

本书为政府制定科学合理、精准有效的公共政策提供了不可或缺的决策依据。

在教育政策方面，深入了解中国人力资本的现状和发展需求，有助于政府优化教育资源配置，加大对教育领域的投入力度，特别是向农村地区、贫困地区和中西部地区倾斜，改善教育基础设施条件，提高教师队伍素质，推动教育公平的实现。例如，通过精准实施教育扶贫政策，为贫困家庭学生提供更多的教育资助和发展机会，确保每个孩子都能享受到优质的教育资源，从而打破贫困代际传递的恶性循环，从根本上提升贫困地区的人力资本水平。

在生育政策方面，随着人口形势的变化，政府适时调整生育政策，以实现人口数量与质量的协调发展。研究人力资本与生育政策的关系，可以为政策制定者提供科学参考，引导家庭树立正确的生育观念，注重子女的教育和培养质量，加大对子女的人力资本投资。例如，通过完善家庭生育支持政策体系，如提供育儿补贴、税收优惠、教育资源配套等措施，减轻家庭养育子女的负担，鼓励家庭为子女创造更好的成长环境，提高人口素质，为经济社会发展提供更优质、更具创造力的人力资源。

本书为企业优化人力资源管理、提升核心竞争力提供了重要的实践指导。在当今竞争激烈的市场环境下，企业的生存与发展越来越依赖于高素质的人才队伍。通过深入了解人力资本的发展趋势和行业特点，企业可以根据自身战略目标和市场需求，制定更加科学合理的人力资源规划，精准招聘和选拔符合企业发展需要的各类人才，实现人才的精准匹配和高效配置。

在薪酬激励机制方面，企业可以依据员工的人力资本特征，如学历层次、专业技能水平、工作经验、创新能力等，设计公平合理、富有激励性的薪酬体系和绩效考核制度。通过合理拉开薪酬差距，充分体现员工的价值贡献差异，激发员工的工作积极性、主动性和创造性，提高员工的工作效率和工作质量。同时，企业还应注重员工培训与职业发展规划，为员工提供多样化的培训机会和广阔的职业发展空间，帮助员工不断提升自身的人力资本价值，增强和提高员工对企业的归属感和忠诚度，实现企业与员工的共同成长和可持续发展。

本书对促进区域协调发展和产业升级具有重要的现实意义。区域间人力资本的均衡发展是实现区域协调发展的关键支撑。通过深入分析不同地区人力资本的现状、优势和不足，政府可以制定差异化的区域发展政策，引导人才合理流动，促进区域间的优势互补和协同发展。对于人力资本相对薄弱的地区，加大对基础设施建设、教育医疗、科技创新等方面的投入力度，改善投资环境和生活环境，吸引外部人才流入，同时注重挖掘和培养本地人才，提升地区的人才吸引力和竞争力。

在产业层面，根据不同行业人力资本的需求特点和变化趋势，政府可以通过产业政策引导，推动产业结构优化升级。加大对战略性新兴产业、高新技术产业等知识密集型和创新型产业的扶持力度，鼓励企业加大对人力资本的投入，培养和引进高端创新人才，提高产业的创新能力和附加值。同时，推动传统产业与现代信息技术深度融合，加强对传统产业从业人员的技能培训和再教育，促进传统产业向智能化、绿色化、高端化转型，提高产业整体的生产效率和市场竞争力，实现经济结构的优化调整和可持续发展。

第二节　政策支持概述

人力资本的发展离不开政策的有力支持，在中国，一系列政策措施在不同层面发挥着关键作用，共同推动着人力资本的培育与能力提升，以适应经济社会发展的需求。

一、教育政策

教育是人力资本积累的根本途径，我国政府始终将教育置于优先发展的战略地位，出台了众多具有深远意义的政策。

在基础教育阶段，义务教育政策的全面普及确保了适龄儿童接受基本教育的权利，极大地提高了国民的整体素质。通过加大对义务教育的投入，改善办学条件，加强师资队伍建设，更多孩子能够享受到公平而优质的教育资源，为后续人力资本的发展奠定了坚实基础。

在高等教育政策方面，高校扩招政策显著增加了高等教育的入学机会，培养了大量具备专业知识和技能的人才，满足了社会对各类高素质人才的需求，推动了高等教育从精英化向大众化的转变。同时，"双一流"建设政策致力于提升我国高等教育的整体水平和国际竞争力，通过集中资源支持一批高水平大学和学科建设，在人才培养、科学研究、社会服务等方面发挥引领示范作用，培养了一批具有国际视野和创新能力的顶尖人才，为国家的重大战略需求提供了强有力的人才支撑。

职业教育政策则紧密对接产业需求，注重培养学生的实践技能和职业素养，为社会输送了大量技术技能型人才。例如，通过实施现代学徒制试点、建设职业教育实训基地等政策措施，加强了学校与企业之间的合作，实现了人才培养与产业需求的无缝对接，提高了职业教育的针对性和实效性，为实体经济发展提供了坚实的人才保障。

二、就业政策

就业政策对于促进人力资本的有效利用和价值实现具有重要意义。积极的就业政策鼓励创业带动就业，通过提供创业培训、创业担保贷款、税收优惠等政策支持，激发了劳动者的创业热情，创造了更多就业岗位，不仅实现了劳动者自身的就业，还带动了更多人就业，形成了良性循环。

在稳定就业方面，政府出台了一系列政策措施，如援企稳岗政策，通过对面临暂时性生产经营困难且恢复有望的企业给予失业保险稳岗返还、社保补贴等支持，帮助企业稳定就业岗位，减少失业风险，保障了劳动者的就业权益。同时，就业服务政策不断完善，构建了覆盖城乡的公共就业服务体系，提供就业信息发布、职业指导、职业介绍等全方位服务，促进了劳动力市场的供需匹配，提高了就业效率。

此外，政府出台了针对重点群体的就业政策，如高校毕业生就业促进计划、农民工就业帮扶政策等，通过提供就业见习补贴、职业技能培训补贴、就业创业补贴等措施，加大了对高校毕业生、农民工等重点群体的就业扶持力度，帮助他们顺利实现就业，提高了这些群体的就业质量和收入水平，促进了社会公平与稳定。

三、人才引进政策

人才引进政策在吸引国内外高端人才方面发挥着关键作用。各地政府纷纷出台具有吸引力的人才政策，如提供高额的安家费、科研启动资金、住房补贴等优惠条件，吸引了大量高层次人才集聚。以北京、上海、深圳等一线城市为例，通过实施"千人计划""孔雀计划"等人才引进项目，吸引了众多海外留学归国人员和国内顶尖人才，为科技创新和产业升级注入了强大动力。

同时，人才绿卡制度的实施为高端人才提供了便捷的服务保障，在子女教育、医疗保障、出入境等方面给予特殊待遇，解决了人才的后顾之忧，增强了城市对人才的吸引力和凝聚力。人才引进政策不仅有助于提升区域的创新能力和竞争力，还促进了人才的合理流动和优化配置，推动了区域经济的协同发展。

这些政策相互配合、协同发力，从教育培养到就业促进再到人才引进，形成了一个全方位、多层次的政策支持体系，共同推动着中国人力资本的不断发展和提升，为经济社会的持续健康发展提供了坚实的人才基础和智力支持。在未来的发展中，政策制定者应根据经济社会发展的新形势、新需求，不断优化和完善政策措施，以更好地适应人力资本发展的新趋势，为实现中华民族伟大复兴的中国梦提供更加有力的人才保障。

四、产业政策

产业政策在引导人力资本流向、促进产业结构优化升级方面发挥着重要作用。政府通过制定产业发展规划和政策导向，明确了不同产业的发展重点和方向，从而影响着人力资本的需求和配置。

在新兴产业和战略性产业领域，政府出台了一系列扶持政策，如对高新技术企业给予税收优惠、财政补贴、研发资助等支持措施。这些政策鼓励企业加大对研发创新的投入，吸引了大量高素质人才向新兴产业集聚。例如，在人工智能、生物医药、新能源等领域，政府的产业政策吸引了众多科研人才和创新团队，推动了这些产业的快速发展，同时也提升了相关产业的人力资本水平。

对于传统产业，政府实施了转型升级政策，通过技术改造补贴、产业结构调整专项资金等方式，引导企业加大技术创新和设备更新改造力度，提高产品附加值和市场竞争力。这促使传统产业企业重视人才培养和引进，加强员工技能培训，提升了传统产业从业人员的素质，实现了传统产业人力资本的优化升级。

产业政策还注重培育产业集群，通过打造产业园区、建设公共服务平台等措施，促进企业间的协同创新和资源共享，形成了良好的产业生态环境。在产业集群内，人才的流动和交流更加频繁，知识和技术的传播更加迅速，进一步提升了人力资本的利用效率和创新能力，为产业发展提供了有力支撑。

五、财税政策

财税政策作为政府宏观调控的重要手段，对人力资本发展具有重要影响。

在财政政策方面，政府持续加大对人力资本相关领域的投入力度。例如，在教育领域，不断增加教育经费支出，用于改善教育基础设施、提高教师待遇、支持教育科研等方面，为培养高素质人才提供了坚实的资金保障。在职业培训方面，设立专项资金，用于开展各类职业技能培训项目，提升劳动者的就业能力和职业素养，促进了人力资本的提升和结构优化。

在税收政策上，政府出台了一系列鼓励人力资本投资的措施。对于企业而言，除了职工教育经费支出在企业所得税前扣除的政策外，对高新技术企业、科技型中小企业等给予企业所得税优惠税率，鼓励企业加大研发投入，吸引和留住高端人才。这些企业在享受税收优惠后，更有能力提高员工薪酬待遇、提供良好的职业发展空间，从而吸引高素质人才加入，提升企业的人力资本水平。

对于个人来说，个人所得税专项附加扣除政策，包含了子女教育、继续教育等扣除项目，减轻了家庭在教育方面的负担，激励个人和家庭增加对教育的投资，提升自身的知识和技能水平。此外，对于个人取得的符合条件的股权激励所得，在一定条件下可实行递延纳税政策，鼓励企业员工通过股权激励等方式参与企业发展，增强员工的归属感和积极性，同时也有助于吸引和留住优秀人才。

政府还通过税收优惠政策鼓励企业和个人参与公益捐赠，特别是对教育、科研等领域的捐赠给予税收扣除优惠。这有助于引导社会资源向人力资本培养和发展领域集聚，共同推动人力资本的发展。例如，企业或个人向高校捐赠设立奖学金、科研基金等，不仅为学生提供了更多的学习机会和支持，也促进了高校科研水平的提升，为培养高层次人才创造了更好的条件。

这些政策相互配合、协同发力，从教育培养到就业促进、人才引进，再到产业引导和财税支持，形成了一个全方位、多层次的政策支持体系，共同推动着中国人力资本的不断发展和能力提升，为经济社会的持续健康发展提供了坚实的人才基础和智力支持。

六、研究方法

（一）文献综述法

系统梳理国内外有关人力资本的理论研究和实证分析文献是本书的重要基础。从早期人力资本思想的萌芽到现代人力资本理论的形成与发展，本书全面回顾各阶段的代表性研究成果，包括威廉·配第、亚当·斯密等古典经济学家对劳动价值与人力资本关系的探讨，以及舒尔茨等现代经济学家对人力资本投资、形成机制和经济效应的深入研究。本书通过对现有文献的综合分析，明确了人力资本理论的发展脉络和研究前沿，为后续研究提供坚实的理论基石。

同时，本书总结了前人研究在人力资本测度方法、影响因素分析、与经济发展的关系等方面的经验和不足，找出研究的空白点和有待深入探讨的问题。例如，在人力资本测度方面，不同方法的优缺点及适用范围如何？现有研究在分析公共政策对人力资本的影响时，是否充分考虑了政策的长期动态效应和区域差异？我们通过对这些问题的思考，为本书确定重点研究方向，避免重复劳动，提高研究的针对性和创新性。

（二）定量分析法

运用丰富的统计数据和科学的计量模型，对中国人力资本的分布特征、变化趋势以及与经济发展的关系进行精确量化分析。在测度人力资本水平时，综合采用教育指标法、成本法、收入法等多种方法，从不同角度全面衡量人力资本存量和流量。例如，利用教育指标法计算平均受教育年限，以反映不同地区、行业的人力资本积累程度；运用成本法估算人力资本投资规模，分析其对经济增长的贡献；采用收入法评估人力资本的市场价值，探讨其与劳动报酬的关系。

运用回归分析、相关分析、面板数据模型等统计方法，深入研究人力资本与经济增长、产业结构、企业绩效等变量之间的数量关系。通过建立计量经济模型，控制其他影响因素，准确揭示人力资本在经济社会发展中的作用机制和贡献程度。例如，在分析企业人力资本与企业绩效的关系时，运用面板数据模型，考虑企业个体差异和时间效应，更精确地评估人力资本对企业盈利能力、创新能力等方面的影响，为研究结论提供有力的数据支持和科学依据，使研究结果更加客观、严谨、具有说服力。

（三）比较分析法

本书对不同地区、不同行业的人力资本发展情况进行广泛的横向和纵向比较。

横向比较方面，本书分析了我国东部、中部、西部等不同区域间人力资本在水平、结构、增长速度等方面的差异，探讨了区域经济发展水平、产业结构特点、政策环境等因素对人力资本分布的影响。例如，比较东部地区发达城市与中、西部地区城市在高等教育资源分布、人才吸引政策、劳动力市场活力等方面的差异，揭示区域间人力资本差距的成因。同时，对比不同行业，如制造业、信息技术业、金融业等在人力资本需求、配置效率、创新能力等方面的特点，分析行业技术含量、市场竞争程度、发展前景等因素对人力资本的影响。

纵向比较则关注同一地区或行业在不同时间点上人力资本的演变趋势，分析政策调整、技术进步、经济周期等因素对人力资本发展的动态影响。例如，研究某一地区在实施一系列教育改革政策前后，人力资本水平和结构的变化情况，评估政策效果。通过比较分析，清晰地呈现中国人力资本发展的多样性和复杂性，发现优势与不足，为提出有针对性的政策建议和发展战略提供实证基础。

七、数据来源

本书的数据来源广泛且多元，以确保研究的全面性、准确性和可靠性。官方统计数据是重要的数据基石，国家统计局发布的人口普查数据、教育统计数据、经济统计数据等为研究提供了宏观层面丰富且权威的信息。人口普查数据详细记录了人口的年龄、性别、教育程度、就业状况等基本信息，为分析人力资本的总量、结构和分布提供了全面的样本数据。教育统计数据则涵盖了各级各类教育的入学率、毕业率、师资力量、教育经费投入等指标，有助于深入了解教育资源的配置情况和人力资本的培养过程。经济统计数据如地区生产总值、产业增加值、企业财务报表等，为研究人力资本与经济发展的关系提供了关键的经济变量数据。

国内外学者的相关研究报告和学术论文也是重要的数据和信息来源。这些文献不仅提供了丰富的实证研究资料（包括不同地区、行业的案例分析和实证检验结果），还展示了多样化的研究方法和研究视角，为研究设计和数据分析提供了有益的参考和借鉴。例如，在研究企业人力资本与企业绩效的关系时，参考相关企业案例研究，了解企业在人力资本管理实践中的成功经验和面临的挑战，有助于构建更加合理的研究模型和提出更具针对性的建议。

部分章节基于沪、深、京上市公司的数据进行分析，这些数据来自公开披露的企业年报、招股说明书以及专业数据库。上市公司数据具有较高的质量和规范性，能够提供企业层面详细的人力资本信息，如员工学历结构、薪酬水平、培训投入等，以及企业财务绩效指标，如营业收入、净利润、资产回报率等。通过对上市公司数据的挖掘和分析，可以深入研究企业层面人力资本的变化、流动情况及其与企业经营管理和绩效的关系，为企业人力资源管理和战略决策提供实证支持。在使用数据过程中，注重数据的清洗、整理和验证，确保数据的准确性、完整性和一致性，以保证研究结论的科学性和可靠性。

第三节　研究目的

本书旨在深入剖析中国人力资本的发展规律与现状，通过多维度、系统性的分析，为政府决策、企业管理以及区域和产业发展提供理论支撑与实践指导，推动中国人力资本的高效发展，以应对经济社会发展中的各种挑战，实现经济可持续增长和社会全面进步。具体而言，研究目的包括以下四个方面。

一、优化公共政策体系，推动社会公平与经济转型

为政府在教育政策的制定与优化方面提供精准导向。基于对中国人力资本分布不均衡现状的深入剖析，尤其是区域间（如东部与中、西部）、城乡间在教育资源获取和人力资本积累速度上的显著差异，提出切实可行的政策建议，确保教育资源向薄弱地区倾斜。例如，为农村地区和贫困地区制订专门的教育资源补充计划，包括加大对学校基础设施建设的投入、提高教师福利待遇以吸引优秀师资等，以实现教育公平的最大化，从根源上提升全体国民的人力资本水平，为经济可持续发展筑牢基础。

在就业政策方面，依据对劳动力市场动态变化和不同群体就业需求的研究成果，协助政府进一步完善就业促进措施。针对高校毕业生这一庞大的就业群体，制订更加精准的就业促进计划，如根据市场需求动态调整高校专业设置，加强就业指导课程的实用性，提高毕业生与就业岗位的匹配度；对于农民工群体，建立更加完善的就业帮扶体系，提供免费的职业技能培训和就业信息服务，帮助他们顺利融入城市就业市场，提高就业质量，减少就业不平等现象，从而稳定社会经济秩序。

为人才引进政策的完善提供数据支持和策略建议。通过分析不同地区、不同行业对高端人才的需求特点以及当前人才引进政策的实施效果，帮助政府优化人才引进策略。例如，根据各地产业发展规划，制订差异化的人才引进方案，使引进的人才能够与当地产业需求紧密结合，实现人才资源的高效配置；同时，改善人才引进后的配套服务，如优化人才住房保障体系、完善子女教育资源分配等，增强城市对人才的吸引力和凝聚力，推动区域创新能力提升和经济协同发展。

助力产业政策的调整与升级。基于对各行业人力资本演变趋势的研究，为政府制定产业发展规划提供前瞻性建议。在新兴产业领域，如人工智能、新能源等，通过政策引导鼓励企业加大对人力资本的投入，建立产学研合作的人才培养模式，加速高端人才的集聚，推动新兴产业快速发展，抢占全球产业竞争制高点；对于传统产业，根据其转型升级需求，制订有针对性的人才培养和引进计划，如开展数字化转型专项人才培训、引进智能制造领域的专家等，提高传统产业的技术创新能力和市场竞争力，实现产业结构的优化调整。

在财税政策方面，根据研究中发现的人力资本投资与发展的关键节点和需求领域，为政府提供财政支出和税收政策调整的依据。例如，建议政府加大对职业教育和技能培训的财政投入，设立专项基金用于支持企业开展员工技能提升项目；优化税收优惠政策，对积极投入人力资本培养的企业给予更多税收减免，鼓励企业和个人增加对教育、培训等方面的投资，引导社会资源向人力资本领域集聚，提高整体人力资本质量和效益。

二、提升企业人力资源管理效能，增强企业竞争力

指导企业深入洞察人力资本的发展趋势和行业人才需求特点，制定契合企业战略目标的人力资源规划。依据不同行业人力资本结构和需求的变化，企业能够提前布局人才储备和培养计划。例如，对于技术密集型行业，如信息技术行业，企业可根据行业内高学历人才需求增长迅速且对创新能力要求高的特点，加大对相关专业高校毕业生的招聘力度，并建立内部创新人才培养机制；对于劳动密集型行业，如制造业，企业可根据行业对技能型人才需求稳定的特点，加强与职业院校的合作，开展订单式人才培养，确保企业人才供应的稳定性和适应性。

指导企业构建公平合理且富有激励性的薪酬体系和绩效考核制度。通过深入研究员工人力资本特征与企业绩效之间的关系，企业可以根据员工的学历层次、专业技能水平、工作经验、创新能力等因素，设计差异化的薪酬结构和绩效考核指标。例如，对于创新型岗位，加大对创新成果的考核权重，并给予相应的高额薪酬激励，激发员工的创新积极性；对于经验型岗位，注重对工作质量和效率的考核，同时结合员工的工作年限给予适当的薪酬福利提升，鼓励员工积累经验，提高工作熟练度，从而提升企业整体生产效率和创新能力。

为企业员工培训与职业发展规划提供科学依据。企业可根据研究中关于人力资本提升与企业发展的相互关系的结论，制订个性化的员工培训计划。针对不同岗位和员工层级，提供多样化的培训课程，包括专业技能培训、管理能力提升培训、行业前沿知识讲座等，满足员工不同阶段的职业发展需求。同时，为员工设计清晰的职业发展路径，提供晋升机会和岗位轮换机会，让员工在不同的工作场景中积累经验，提升综合能力，增强和提高员工对企业的归属感和忠诚度，实现企业与员工的共同成长和可持续发展。

三、促进区域协调发展，实现产业升级与经济高质量增长

通过对各地区人力资本演变的深入研究，为区域发展政策的制定提供科学依据。分析不同地区人力资本的现状、优势和不足，如东北地区人力资本增速缓慢与人口流失、产业结构单一之间的关系，政府可据此制定有针对性的区域人才发展战略。对于人力资本相对薄弱但具有发展潜力的地区，政府可加大对基础设施建设、教育医疗、科技创新等方面的投入力度，改善投资环境和生活环境，吸引外部人才流入；同时，注重挖掘和培养本地人才，通过开展本地特色产业技能培训、建立人才创业扶持基金等方式，激发本地人才的创新活力和创业热情，提升地区的人才吸引力和竞争力，缩小区域间人力资本差距，促进区域协调发展。

通过对行业人力资本需求特点和变化趋势的研究，为产业升级提供智力支持。政府可根据研究成果，引导产业政策向知识密集型和创新型产业倾斜，加大对战略性新兴产业、高新技术产业等的扶持力度。例如，在政策上给予更多的财政补贴、税收优惠和土地资源支持，鼓励企业加大对人力资本的投入，培养和引进高端创新人才，建立产业研发中心和创新平台，提高产业的创新能力和附加值。同时，推动传统产业与现代信息技术深度融合，加强对传统产业从业人员的技能培训和再教育，如开展智能制造转型培训、数字化营销培训等，促进传统产业向智能化、绿色化、高端化转型，提高产业整体的生产效率和市场竞争力，实现经济结构的优化调整和高质量发展。

四、应对人口结构转型与国际竞争，实现人才红利转型

在人口老龄化加速的背景下，深入研究如何充分挖掘和提升现有人力

资本的潜力和效率，为政府和企业提供应对策略。政府可通过制定相关政策，鼓励老年人继续参与社会经济活动，如开展老年教育和技能培训，提高老年人的就业能力和社会参与度；企业可根据老年员工的经验优势，设计适合他们的工作岗位和工作模式，实现人力资源的充分利用。同时，加大对年轻一代人力资本的培养力度，注重培养创新思维和跨学科能力，提高劳动力素质，实现从人口红利向人才红利的转变，为经济可持续发展提供新动力。

面对全球经济一体化带来的激烈国际竞争，为企业和政府提供人才培养和竞争策略建议。企业应加强与国际先进企业的人才交流与合作，引进国际前沿的人才管理理念和技术，培养具有国际视野和跨文化交流能力的高端人才，提升企业在国际市场上的竞争力。政府可通过加强国际教育合作、建立海外人才工作站等方式，吸引海外高端人才回国创业和工作，同时推动国内人才走向国际舞台，参与国际科研合作和产业竞争，提升中国在全球经济格局中的地位和影响力，确保中国在国际人才竞争中占据有利地位。

第四节　研究思路与研究内容

本书围绕中国人力资本的发展规律与现状展开多维度、系统性的深入分析。在人力资本理论基础与测度方法部分，详细阐述了人力资本理论从萌芽到成熟的发展历程，梳理了不同学派和学者的主要观点和理论贡献，同时介绍了人力资本测度的多种方法及其演变过程，为后续研究奠定坚实的理论和方法基础。

深入探讨中国人力资本的分布特征，从区域、城乡、行业等多个维度进行剖析。分析区域间人力资本存量和质量的差异及其成因，研究城乡间人力资本差距在教育、就业等方面的表现，探讨行业间人力资本需求和配置的特点及变化趋势。例如，通过实证研究揭示东部地区在高等教育资源集聚、人才吸引优势等方面与中西部地区的差距，以及制造业、服务业等不同行业在高学历人才需求比例上的显著差异。

聚焦于公共政策与人力资本发展之间的关联，着重考察教育政策、生育政策以及财税政策等公共政策所产生的影响。在教育政策方面，深入剖析教育水平发展与地区间的教育资源差异对人力资本积累及结构优化的作用原理与实际成效。对于生育政策，细致探讨其在调整过程中，对人口数量、人口质量以及家庭人力资本投资决策的影响轨迹。在财税政策领域，深入研究高科技企业财政补贴政策、高新技术企业税收优惠政策等在优化企业人力资本结构以及推动人力资本水平升级方面所起到的积极效能。探究这些政策如何引导企业加大在人才吸引、培养与研发投入等方面的力度，进而促使企业内部人力资本结构不断优化，实现整体人力资本水平的进阶。

剖析企业人力资本的变化与流动，包括企业层面人力资本的形成、积累和变动规律，区域特征对企业人力资本流动的影响因素如落户门槛、住房成本等，以及企业薪酬结构与员工激励机制对人力资本配置效率和企业绩效的影响。例如，研究企业在职培训对员工技能提升和忠诚度的影响，分析不同地区落户政策差异对企业吸引和留住人才的作用，探讨薪酬差距与企业创新能力、生产效率之间的关系。

探讨我国各地区人力资本的演变，分析各地区人力资本的基本变化情况如平均受教育年限、人力资本存量的增长趋势，研究人力资本与地区经济发展的相关关系，包括不同经济发展水平地区人力资本对经济增长的贡献差异，以及省会城市与其他城市在人力资本方面的差距演变及其原因和影响。例如，通过实证分析揭示东北地区人力资本增速缓慢与人口流失、产业结构单一之间的关系，以及省会城市在高等教育资源集聚和人才吸引方面对周边城市的影响。

研究我国各行业人力资本演变趋势与规律，基于上市公司数据，分析行业人力资本在规模、结构、质量等方面的变化趋势，探讨行业人力资本与企业财务绩效如资产回报率、营业收入增长率、全要素生产率等之间的关系，以及不同类型行业人力资本发展的特点和差异。例如，对比信息技术行业和传统制造业在高学历人才需求增长速度、人力资本对企业创新驱动作用方面的差异，分析政策导向、技术进步等因素对行业人力资本演变的影响。

第二章　我国人力资本分布特征及政策影响分析

第一节　人力资本理论

人力资本的研究一直受到广泛关注。1662 年威廉·配第在《赋税论》中提出"劳动是财富之父和能动要素"，从劳动价值论的角度肯定了劳动者通过劳动创造的经济价值，虽然他没有明确使用"人力资本"这一术语，但其思想为后来的研究奠定了基础。Smith（1776）对人力资本相关问题进行系统研究，认为后天投入对教育和培训的投资会影响个人能力的高低，这种投资能在未来产生高收益。此外，他还强调了国家实施基础教育的必要性。Solow（1956）探讨了经济增长模型，将人力资本纳入生产函数，进一步推动了人力资本理论的发展。现代人力资本理论于 20 世纪五六十年代兴起，Schultz（1959）在美国经济学年会上发表的"论人力资本投资"演讲标志着现代人力资本理论的形成。他认为除了有形的物质资本，体现在劳动者身上的人力资本也可以看作国家的资本存量，并且人力资本投资与经济增长呈现正相关关系。1962 年，Becker 首次用数学方法建立了人力资本投资均衡模型，丰富了人力资本微观角度的研究，并将其视为解释经济行为的一个重要工具，弥补了 Schultz 人力资本理论的不足。随着人力资本理论的发展成熟，国内外关于人力资本的研究逐渐开始涌现。

第二节 人力资本的基本测度方法

人力资本的度量方式主要有收入法、成本法和教育指标法。

一、收入法

收入法是以劳动者从市场取得的劳动报酬衡量人力资本的方法。威廉·配第最早使用成本法刻画人力资本水平，他估算了 1690 年英国的国民收入和财产收入，并以 5% 的利率将两种收入的差贴现得到当时英国的人力资本总量水平。Wickens（1924）估计出总的居民未来收入流贴现值，并将之作为人力资本。Dublin 和 Lotka（1930）在前人的理论基础上公式化了人力资本测度方法，提出了估计个体出生时的人力资本价值和个体未来的总人力资本公式。Weisbrod（1961）进一步改进了 DL 方法，将年龄限定在 0~72 岁。我国学者王德劲和向蓉美（2006）参考 Wickens（1924）、Weisbrod（1961）等学者的估计方法，结合我国实际估算出了中国 1952—2003 年以货币计量的人力资本存量数。Jorgenson 和 Fraumeni（1992）在前人研究的基础上提出了后来国际上广泛采用的终身收入法。李海峥等（2010）利用终身收入法计算了 1985—2007 年中国人力资本年度总量及相应的年度人均人力资本。

二、成本法

成本法是基于人力资本形成过程中消耗的资本投入测度人力资本的方法。成本法可以追溯到 Engel（1883）对普鲁士家庭预算的研究。Engel 将全体人口划分为若干个不同的阶层，通过累加人在出生时的成本和每年新增的成本测度人力资本。Kendrick（1976）将安全、健康、教育等各方面的投入纳入人力资本的测算中，逐步完善 Engel 的成本测度法，形成了人力资本测算的永续盘存方法。我国学者张帆（2000）、侯风云和张凤兵（2007）、焦斌龙和焦志明（2010）、乔红芳和沈利生（2015）等均采用成本法测算了我国不同时期的人力资本水平。其中，钱雪亚等（2008）在前人研究的基础上论证了用永续盘存法估算人力资本存量的合理性和可行性，构建了人力资本投资价格指数，确定了人力资本折旧率水平，为后续研究奠定了良好基础。

三、教育指标法

教育指标法是以受教育程度衡量人力资本的方法。部分学者使用相对数估算人力资本。Azariadis 和 Drazen（1990）、Romer（1990）、蔡昉等（2000）等将成人识字率作为衡量人力资本水平的指标；赖明勇等（2002）采用"入学率"测度人力资本水平；李天健和侯景新（2015）、夏怡然和陆铭（2019）、Piyapromdee（2021）采用高学历人口比例来衡量城市的人力资本水平。也有学者使用教育年数的总和计算人力资本水平，Lau 等（1991）采用个体受教育年数表征人力资本水平，我国学者侯亚非和王金营（2001）、岳书敬和刘朝明（2006）等也采用了这一指标。此外，平均指标也被广泛用于测度人力资本：Nehru 等（1993）采用平均受教育年限测度人力资本存量；Soukiazis 和 Antunes（2012）对欧盟人力资本水平与增长关系的研究也采用了该指标。陈钊等（2004）采用人均教育水平测算1987—2001 年各地区人力资本，并分析了教育发展的地区差异。姚先国和张海峰（2008）将地区平均教育年限作为人力资本的代理变量，分析了教育、人力资本与地区经济差异的关系。张国强等（2011）、商勇（2013）、于潇和陈世坤（2020）等学者的研究也采用了该指标。

第三节　我国人力资本的分布特征

现有文献运用不同方法对我国人力资本分布特征展开了多维度研究。蔡昉等（2000）以成人识字率衡量各地区的人力资本，研究发现我国人力资本分布呈东部、中部、西部地区依次递减的特征，认为人力资本稀缺是中、西部地区难以向东部发达地区趋同的重要原因。一部分研究用人均受教育年数指标测度我国各地区的人力资本水平，分析发现我国人力资本分布不均衡，东部与中、西部间人力资本的存量差距较大（陈钊、陆铭、金煜，2004；王小鲁、樊纲，2004；黄犟，2013），并且东部地区人力资本中本科以及研究生构成比例相对于中、西部地区较高（李晓娟，2014）。张同功等（2020）运用地理信息系统（ArcGIS）生成 2005 年和 2017 年各省份的人均人力资本分布图，发现人力资本积累明显呈东、中、西阶梯分布态势。具体看，我国人力资本主要集中在长三角、珠三角、环渤海等东南沿海地区（李松亮等，2020），中部地区人力资本分布相对均等，西部地区城市间差距较为明显（张同功等，2020）。李海峥等（2010）结合Jorgenson-Fraumeni 收入法和人力资本 Mincer 模型，估算了上海、广东、河南、湖北、贵州和甘肃六个代表不同发展水平省（市）的人力资本水平，发现广东的总人力资本最高，上海的人均人力资本最高，贵州和甘肃的人力资本水平在两种指标衡量下均最低。从城乡分布看，我国人力资本以从城市到镇再到乡村依次递减的格局分布，人均人力资本的城乡差距不断扩大（李海峥等，2010）。其中，西藏、青海等西部欠发达地区的受教育水平和受教育公平的城乡差距都很明显，而北京、上海、天津等东部发达城市的城乡受教育程度差距较小（黄燡，2013）。罗仁福等（2022）认为城乡人力资本分布差异主要是由农村在学前教育阶段投资不足、农村义务教育学生学业表现低于城市、中职教育质量低、成人教育培训规模下降和人力资本投资成本效益不高引起的。

从变化趋势看，王小鲁和樊纲（2004）发现我国东部与中、西部间的人力资本存量差异呈扩大趋势，认为中、西部地区较低的科技成果市场化程度阻碍了人力资本积累。李晓娟（2014）以广东省为例研究人力资本与经济发展的动态关系，发现广东省人力资本结构呈现高等化趋向，与经济发展趋势一致。李天健和侯景新（2015）的研究发现：我国东部与中部地区的高学历人口空间集聚增强，且高学历人口与低学历人口分布更加融合；东北地区的高学历人口与低学历人口分布的分散程度加大，西部地区高学历人口的分布差异呈下降趋势。

从影响我国人力资本分布的因素看，黄燡（2013）的研究发现人力资本存量受就业人口数量的影响，山东、河南、四川等人口大省的人力资本存量较高。邓创和曹子雯（2022）研究发现北京、上海、广东、广西等地的教育可获得性水平相对较高，中、西部大部分地区的教育可获得性水平相对较低，认为教育水平低下与经济发展落后相互影响，导致中、西部地区的教育和经济发展水平长期落后于东部发达地区。此外，人口流动也是影响我国人力资本分布的重要因素。郑丽琳（2007）分析发现珠江三角洲和长江三角洲是人力资本跨区域迁入的主要地区，中、西部地区是主要的迁出区域。具体看，北京、天津、上海三个直辖市是人力资本流入最多的地区，而人力资本流出最多的省份主要是安徽、四川、河南（于潇、陈世坤，2020）；经济社会发展程度较高的地区，其流动人口的平均受教育年限也相对较高（商勇，2013）。刘卓瑶和马浚锋（2023）结合 2001—2020 年的省级面板数据，构建双向固定效应模型，通过实证分析发现：当人口净流入态势加快时，东部沿海地区具有更强的人口集聚效应，强化了人力资本外部性。

第四节　公共政策与人力资本发展

一、教育政策

教育是人力资本积累的重要途径，我国不同时期推出的各种教育政策对人力资本的影响，受到了学者的广泛关注。林莞娟和张戈（2015）基于 2005 年中国 1%人口抽样调查数据研究发现，1978—1982 年延长中小学年限的学制改革使得适龄人口的平均教育年限增加了，且男性平均教育年限增加得比女性多。1986 年我国颁布了义务教育法，该法律的实施显著提高了断点附近个体的受教育年限（刘生龙、周绍杰、胡鞍钢，2016）。其中，父代受教育水平在高中以下的孩子受教育年限提高得最为明显（彭骏、赵西亮，2022）。此外，义务教育法的实施还显著提高了代际教育流动性，这主要是通过提高父母教育水平、职业层次和收入水平比较低的个体受教育水平实现的（陈斌开、张淑娟、申广军，2021）。时磊（2010）从家庭教育支出的角度，研究了义务教育对农村家庭教育支出的影响，发现免费义务教育政策显著增加了农民家庭消费支出，但由于农村教育回报率过低，该政策对农民家庭的教育支出没有显著影响。刘宏和李嘉莹（2023）探究了在义务教育实施背景下邻里环境对青少年人力资本积累的影响，发现社区母辈教育对青少年认知与非认知能力均存在显著的正向影响。具体来说，同社区母亲平均受教育年限每增加 1 年，青少年的认知能力得分提高 0.142 个标准差，非认知能力得分提高 0.107 个标准差。20 世纪 90 年代，我国实施的"国家贫困地区义务教育工程"进一步推进了我国基础教育事业的发展。汪德华等（2019）研究发现，"义教工程"通过新建或改扩建小学与初中校舍、购置教学设备等措施，显著提升了受益儿童成年后的受教育年限。2001—2012 年，"撤点并校"政策在全国推行。梁超（2017）采用广义双重差分法研究发现，撤点并校使得个体受教育程度平

均下降了 0.74 年，个体接受高中以上教育的概率下降了 18%。侯海波等
（2018）研究了撤点并校对中、西部农村地区小学生人力资本积累的影响，
发现由撤点并校引起的低龄寄宿阻碍了儿童人力资本的积累进程。此外，
也有学者认为撤点并校有利于改善农村儿童的长期人力资本，具体来说，
"并校"促进农村儿童获取高中教育，"撤点"则对部分儿童的小学入学率
存在负面冲击（梁超、王素素，2020）。

二、生育政策

20 世纪 70 年代初，我国开始实施计划生育政策。此后，我国独生子
女群体不断壮大。在同样环境下，独生子女在"家庭学习条件""就读于
师资、教学设施和其他条件比较好的学校""与父母沟通交流机会"等方
面表现出较为明显的优势（郝克明、汪明，2009），成为独生子女能使其
受教育年限提高 5.5 年左右（秦雪征、庄晨、杨汝岱，2018）。现有文献
从多个层面分析了计划生育政策对人力资本积累的作用机制。首先，家庭
教育支出会影响人力资本积累。刘浩和陈世金（2015）构建了动态世代交
叠的消费者优化模型，研究发现生育率的下降会导致教育支出和健康投资
增加。袁扬舟（2021）融合了父辈"利他"和"交换"的双重动机，以
及子辈对父辈来讲兼具的"消费"和"投资"双重效应，构建了新的家庭
效用与决策函数模型，研究发现：计划生育政策实施后，父辈通过提高人
均教育支出抵消子辈数量限制带来的效用损失。贾俊雪等（2021）还分析
了计划生育政策对不同人力资本家庭的影响，发现"独生子女"政策实施
后，低人力资本居民会超生而对子女教育投资为零，较低和较高人力资本
居民也会超生，但超生数量随人力资本增加而下降，投资子女教育的力度
随人力资本增加而增加；高人力资本居民会选择政策限定的最大生育数
量，对子女的教育投资力度同样随人力资本增加而增加。其次，公共教育
支出也是影响人力资本积累的一个重要因素。管振（2024）基于中国传统
文化背景和生育政策特征构建了一个动态一般均衡的 OLG 模型，研究发
现：计划生育政策显著降低了生育率，提高了人均公共教育经费，从而提
升了人力资本增长率。此外，郑筱婷和陆小慧（2018）从性别的角度研究
了计划生育政策对人力资本的影响机制，发现中国家庭的人力资本投资中
仍存在性别歧视，计划生育政策的生育数量限制减少了家庭可拥有孩子的
数量，同时产生了大量无男性后代的家庭，女性因免于与父母偏好的同胞

竞争而获得了更多受教育的机会。

随着我国人口老龄化速度加快，我国开始逐步放松人口管制政策，新政策对人力资本的影响备受关注。部分学者认为，放松人口管制不利于人力资本积累。刘苓玲和王克（2016）基于中国综合社会调查（Chinese General Social Survey，CGSS）2006 年和 2008 年的经验数据，研究发现子女数量的增加使每个子女平均所能获得的教育投资减少，从而显著降低其受教育的程度。汪伟和吴春秀（2024）认为二孩政策实施后，新生二孩挤出了家庭对一孩的教育投入和培养一孩的时间，不利于第一个孩子的人力资本形成。也有学者认为提高生育率有利于人力资本积累，张春晓和杨帆征（2024）通过结合 J-F 终身收入法和人口预测模型预测中国未来人力资本发展趋势，发现生育政策调整所带来的生育率提高能够促进中国未来人力资本积累，有利于推迟人力资本下降时点，提高人力资本对中国经济增长的贡献度。

第五节　企业人力资本的变化与流动

一、企业人力资本的变化

人力资本概念最早由新古典增长模型引入经济学研究（Solow，1956）。Becker（1962）首先提出了具体的人力资本概念。Denison（1962）将人力资本看作一项无形资产，认为教育和信息是提高总收入、促进经济增长的关键。此后，大量研究证实一个国家或地区的人力资本存量对其居民收入与经济发展水平起着关键性作用（Jones，2014；Lee J W and Lee H，2016；Hendricks and Schoellman，2018）。具体到企业层面，Zingales（2000）的研究提出人力资本是企业的重要资产且强调了人力资本对于企业的重要性。人力资本理论（Maslow，1943；McGregor，1960；Schultz，1961）认为人力资本可以通过创新产品和维护客户关系创造企业价值，是至关重要的组织资产。国内学者对其进行了阐述与延伸。刘方龙和吴能全（2013）认为专用性人力资本是指在工作中形成和积累的各类知识和技能，在职能上具有专用性；通用性人力资本是指基础性的知识和技能，能够跨行业或企业使用。企业人力资本变化主要是指专用性人力资本的增减，职工在进入企业后可以通过在职培训等方式增加专用性人力资本（聂辉华，2003）。

在知识经济时代，人力资本有助于企业获得可持续的竞争优势，是提高企业核心竞争力和企业绩效的主要因素。企业人力资本的变动对企业发展起着关键作用（Hatch and Dyer，2004；刘方龙和吴能全，2013）。一部分研究发现员工人力资本对企业绩效发挥重要的影响（邓学芬、黄功勋、张学英，2012；程虹、唐婷，2016）；另一部分研究则揭示管理者人力资本与企业绩效存在密切的联系（贺小刚、沈瑜，2008；姜付秀、朱冰、王运通，2014；何瑛、张大伟，2015）。

二、企业人力资本的流动

随着国内企业环境的不断改善以及创业条件的逐渐完备，人力资本在企业之间的流动越来越普遍（王恬，2008）。现有的大量文献对影响企业人力资本流动的影响因素进行了分析。第一，薪酬差距以及企业环境等因素会造成企业人力资本流动。刘满平和梁桂全（2002）认为企业人力资本流动不仅受限于经济原因，也取决于非经济原因。其中经济原因主要是员工在流动前后的税后薪酬差异，非经济原因主要是指企业文化和企业环境等。第二，职工在入职后是否得到一定程度的专业技能提升培训，也会影响企业人力资本流动。Mincer（1988）研究发现企业设置在职培训可以降低职工工作转换率，提升雇佣关系的稳定性。翁杰（2005）认为企业提供的一般性培训和正式培训可以显著降低职工流动。原因是：职工用在职业培训中得到的知识和技能作为对低报酬的补偿；但当二者不匹配时，职工就会出现离职倾向，即职工从职业培训中得到的技能与知识越多，其流动的可能性越小（刘方龙、吴能全，2013）。同时，由于企业人力资本相互依存的特点，当职工进行专业性培训时，职工会与企业牢固地粘在一起，企业对职工产生了组织黏性，不仅有利于提高企业收益，同时也会提高职工的离职壁垒（聂辉华，2003）。

三、区域特征、人力资本流动与人力资本配置效率

（一）人口流动与落户门槛

落户门槛的高低会直接影响人口流动，从而可能会对区域内企业的人力资本产生影响，并进一步影响企业经营绩效与生产效率。现有文献对户籍制度、落户门槛对人口流动、家庭迁移产生的影响等进行了研究。我国的户籍制度会影响流动人口家庭迁移决策（洪小良，2007；王志理、王如松，2011；张吉鹏等，2020）。流动人口通常为了就业机会与较高的劳动报酬而进入到城市地区工作，但是不能获得城市户籍（Zhao，1999）。孙文凯等（2011）的研究发现我国现行户籍制度改革对短期劳动力流动的作用非常有限。Chen 等（2019）的研究发现，在 2017 年时，非户籍人口愿意支付 9 万~12.6 万元购买济南市的户口，并且在教育水平高的区域，户籍的估值更高。劳动力在地域间的自由流动受到户籍制度的阻碍（蔡昉、都阳、王美艳，2001）。政府注意到户籍制度对高技术人才流动是一种阻碍，于是，在 20 世纪末，地方政府通过自主结合地方经济和社会发展，制定了相关的落户政策（吴开亚、张力，2010）。落户门槛具有两方面的特征：第一，不同区域城市的落户门槛不同，东部城市门槛最高，中部地区最低（陈筱等，2011）；第二，落户门槛对于高技术、高学历的人才来说相对更低（魏东霞、谌新民，2018）。

（二）劳动力流动与住房成本

住房成本高低也是影响劳动力流动的一个重要因素，但具体如何影响至今并没有一致结论。Roback（1982）认为，房价作为劳动力在城市工作和生活的主要成本，直接影响劳动者的居住选择。首先，有文献认为高昂的住房成本会抑制劳动力的流入。Helpman（1998）基于新经济地理学的理论分析发现，过高的房价会降低劳动者的相对效用，进而抑制劳动力的集聚。Rabe 和 Taylor（2012）基于 1993—2008 年英国的住户、劳动者以及地区房价等数据，研究发现高房价会降低劳动力跨区域流动的可能性。Plantinga 等（2013）利用美国 2000 年人口普查数据和 291 个大城市的房价数据，发现高房价会阻止劳动力流入城市。其次，高房价会迫使城市劳动力外流，使得劳动力短缺以及用人成本上升（高波、陈健、邹琳华，2012；邵朝对、苏丹妮、邓宏图，2016）。最后，也有文献认为房价和劳动力流入呈倒"U"形关系：城市房价上涨初期，会促使劳动力流入，而当上涨程度超过某一值后，则会抑制劳动力流入（张莉等，2017）。尤济红和刘帷韬（2019）发现房价的上升显著提高了城市劳动力技能结构水平，其中驱动因素主要是不同技能劳动力对高房价的偏好差异，而高技能劳动力更偏好高房价。周颖刚等（2020）基于 2014—2016 年中国流动人口动态监测数据，研究发现高房价会增强劳动力家庭的流出意愿，特别是挤出未购房的高技能水平的劳动力。

（三）我国人力资本的配置效率问题

我国经济正处于以创新驱动的高质量发展阶段，有效配置既定人力资本是推进创新驱动产业升级的关键所在。现有研究指出人力资本水平的加速提升与结构的不断优化将是我国未来实现可持续发展的重要动力（刘伟、张立元，2020）。然而，当前我国在经济整体、区域和行业部门等层面的人力资本还存在着明显的错配现象。第一，从经济整体维度看，人力资本供给和需求信息不对称造成了就业难和用工荒的矛盾现状，形成了对人力资本的巨大浪费。第二，从区域维度看，人力资本的空间分布不均加深了各区域间发展不平衡，人力资本配置在区域层面上呈现"西高东低"的特征，即人力资本在中、西部地区配置过度，而在东部配置不足，且"高才低用"等错配也较为严重（解晋，2019）。第三，从行业部门维度看，人力资本强度在三大产业上分布失衡，呈现出"第一产业最低，第三产业最高"的态势，延缓了产业升级速度（朱琳、徐波、汪波，2017）。高学历劳动者大量沉积在高度管制的电信、金融、交通业以及公共服务部门（李世刚、尹恒，2017），严重制约了人力资本生产效率的发挥，导致了人力资本在部分行业过剩和不足并存的畸形现状（李静、楠玉，2019）。

四、企业薪酬结构与员工激励

（一）企业薪酬结构的激励机制

西方学者从不同角度看待薪酬差距激励，其中比较有代表性的两种理论是行为理论和锦标赛理论。行为理论认为管理人员会将个人薪酬与企业中的其他人相比。如果职位较低的管理人员感觉到他们没能得到相应的薪酬，就会有被剥削的感觉，从而导致怠工、罢工等行为（Cowherd and Levine，1992）。该理论旨在阐述当高管团队成员和公司其他管理人员做出了不同层级之间的比较后，思考自己是否被公平对待，进而影响到后续的工作状态，即薪酬差距会对高管的行为产生影响。行为理论认为较小的薪酬差距有利于提高高管之间的合作，同时减少管理层之间的矛盾（林浚清、黄祖辉、孙永祥，2003）。锦标赛理论认为薪酬和晋升可以给代理人产生强激励作用，同时能够减少搭便车和偷懒行为（Jensen and Meckling，1976）。锦标赛理论从监控成本角度出发，以委托人与代理人之间的信息不对称为背景，认为较大的薪酬差距可以降低监控成本，促使委托人和代理人达成一致目标（林浚清、黄祖辉、孙永祥，2003）。

根据上述两种经典理论，国内有文献从经济学角度对其进行了引申，认为员工薪酬差距一部分来自激励性薪酬差距，另一部分来自约束性薪酬差距。吕峻（2014）利用边际生产力理论将薪酬差距解释为对员工边际生产力差距的一种奖励，当员工个人绩效容易区分与度量时，与锦标赛理论的解释是一致的，加大薪酬差距能够激励员工，这一部分属于激励性薪酬差距。现代企业所有权与经营权的分离，使得股东与经理人形成委托代理关系，内部存在严重的代理问题（沈艺峰、李培功，2010），为解决股东与经理人之间信息不对称问题，可以考虑让代理人持股或者以相关奖励方式使二者利益目标一致（Fama and Jensen，1983），这一部分属于约束性薪酬差距。

（二）企业薪酬结构的激励效果

现有文献对薪酬结构的具体激励效果进行了较多研究，主要聚焦于企业业绩、全要素生产率、生产效率等方面。

首先，对于企业业绩效果，目前研究结果不一致。第一，企业薪酬激励会提高企业业绩。林浚清等（2003）通过对我国上市公司高层管理人员薪酬差距和公司未来绩效之间关系的实证检验，发现较大的薪酬差距能够提升公司业绩。对于地方国有企业，高管的薪酬差距会促使其管理人员充分投入工作，提高企业绩效（周权雄、朱卫平，2010）；对于民营企业，较大的薪酬差距能产生锦标赛效应，使得企业业绩增加（巩娜，2015）。同时，刘广生和马悦（2013）认为股票期权激励可以在一定程度上提高企业业绩。第二，企业薪酬激励不会提高甚至损害企业绩效。自企业放权让利改革以来，高管薪酬与企业业绩之间出现不相关甚至是负相关情况（姜付秀、朱冰、王运通，2014）。吴成颂和周炜（2016）从管理者权利理论角度出发，通过实证分析指出超额的薪酬差距对非国有控股企业绩效呈显著的负向关系。Duffhues 和 Kabir（2008）通过对荷兰上市公司的实证研究发现，高管拥有股票后，会偏向使用特权自行定薪，增加代理成本，与企业绩效无显著关系。第三，企业薪酬激励与企业绩效之间呈"U"形关系。吕峻（2014）认为当激励性薪酬差距与约束性薪酬差距带来的效应相等时，薪酬差距对企业绩效的正向激励作用达到最大，薪酬差距与企业绩效之间呈"U"形关系。

其次，企业薪酬激励同时会对全要素生产率和生产效率产生影响。高良谋和卢建词（2015）以国有企业为研究对象，发现高管薪酬差距能够有效促使全要素生产率持续提高。高管间的薪酬差距会有效提升企业全要素生产率，但是高管与员工间的薪酬差距与全要素生产率成负向关系，并且股权激励能够显著提高全要素生产率（杨竹清、陆松开，2018）。盛明泉等（2019）以上市公司为样本，通过实证研究指出高管薪酬差距对企业全要素生产率的提升具有显著的正向作用，并且外在市场竞争会进一步强化该作用。黎文靖和胡玉明（2012）认为薪酬差距在一定范围内能够提升生产效率。但当内部薪酬差距过大时，不仅无法提高员工的生产效率，也会减弱薪酬的激励作用（缪毅、胡奕明、符栋良，2016）。刘张发等（2017）考察了国有企业内部薪酬差距对生产效率的影响，发现薪酬差距扩大不利于生产效率的提高。

第三章 我国各地区
人力资本的演变分析

人力资本是推动区域经济增长的核心因素。在过去的几十年间，中国通过大力发展教育以及构建和完善职业培训体系，积累了大量高质量的人力资本。然而，尽管整体人力资本水平不断提升，区域性差异依然显著，尤其是发达地区与欠发达地区之间在人力资本增长速度和积累质量方面的分化尤为突出。东部沿海地区凭借优质的教育资源和较高的经济发展水平，吸引了大量高端劳动力；而中、西部部分省份如贵州、西藏等，尽管近年来人力资本增速较快，但整体水平仍相对较低。

城市作为经济活动的核心枢纽，也是人力资本集聚和流动的关键节点。一方面城市的经济发展依赖于高质量人力资本的积累，另一方面经济增长和产业升级也为人力资本的发展创造了良好的环境和机会。行政级别较高的城市通常是所在地区的经济和贸易中心，拥有丰富的高等教育和科研资源，能够在一定程度上代表所在省份的人力资本水平。本章将对中国各省份、地区及部分重点城市的人力资本变化进行深入分析，探讨其与经济发展的互动关系，揭示区域间人力资本积累的特点。

第一节 人力资本基本变化情况

一、我国整体人力资本变化情况

（一）省级人力资本变化对比分析

人力资本的度量方式主要包括收入法、成本法和教育指标法。本章采用教育指标法，通过平均受教育年限来衡量各省份的人力资本水平。其计算公式为：平均受教育年限＝（文盲人数×1+小学学历人数×6+初中学历人数×9+高中和中专学历人数×12+大专及本科以上学历人数×16）／6 岁以上人口总数（陈钊、陆铭、金煜，2004）。

　　基于这一方法，本章分析了 2010—2020 年我国 31 个省、自治区、直辖市（未包含港澳台地区，本书下同）的人力资本变化情况。整体来看，各省份的人力资本水平呈现出持续增长的趋势，但区域差异依然显著，如表 3-1 所示。2010 年，北京的人力资本水平最高，平均受教育年限达到 11.40 年，是西藏的两倍多。上海和天津的人力资本水平也相对较高，均超过 10 年。相对而言，中、西部地区的人力资本水平较低，特别是西藏、云南、贵州和青海等省份，平均受教育年限不足 8 年。这一情况反映了各省份在经济发展、教育投入和就业机会方面的显著不平衡。2010—2015 年，大多数省份实现了较快的人力资本增长，增长量排名前五的省份为安徽（0.84）、陕西（0.77）、云南（0.74）、甘肃（0.72）和北京（0.70），青海出现负增长（-0.06），而新疆（0.19）和江西（0.24）的增长相对较慢。这一时期，中、西部省份在人力资本增长率上普遍高于北京、上海等发达城市，这主要得益于政府对中、西部地区教育覆盖率和教育质量的持续提升。而发达城市的人力资本已达到较高的水平，增长空间有限。2015—2020 年，各省份人力资本的增长依旧稳步推进，西藏（14.18%）、青海（10.40%）、贵州（7.36%）、重庆（7.33%）、四川（6.77%）等地实现了显著的增长。其中，西藏和青海的人力资本增长最为显著，增长率均为前一阶段增长率的两倍以上。这表明政府近年来针对西部发展的政策取得了一定成效。然而，部分在 2010—2015 年人力资本增长较快的省份在 2015—2020 年的人力资本增长率显著放缓，如安徽（3.07%）、甘肃（2.67%）和湖南（3.83%）。这反映出在基数增大后，后续的增长空间受到限制；此外，随着人力资本的快速积累，教育资源逐渐趋于饱和，也使得这些地区在短期内难以实现更高的增长率。从长期看，2010—2020 年全国各省份人力资本水平普遍提高，但区域间的显著差距依然存在。2020 年，北京（12.61）、上海（11.52）和天津（11.20）继续位列人力资本水平前三，而西藏（6.50）、贵州（8.48）和青海（8.48）则相对较低。最高人力资本地区（北京）的人力资本水平比最低人力资本地区（西藏）高出 6.11 年，这表明尽管相对落后地区的人力资本水平得到了显著提高，但整体差距尚未完全消除。

表 3-1　我国 31 个省、自治区、直辖市人力资本变化情况

地区	指标：平均受教育年限								
	2010 年 /年	2015 年 /年	2020 年 /年	2010—2015 年		2015—2020 年		2010—2020 年	
				变化值 /年	变化率 /%	变化值 /年	变化率 /%	变化值 /年	变化率 /%
上海	10.59	10.98	11.52	0.39	3.70	0.53	4.85	0.93	8.73
云南	7.40	8.14	8.66	0.74	9.99	0.52	6.43	1.26	17.06
内蒙古	8.92	9.42	10.00	0.50	5.64	0.57	6.10	1.08	12.09
北京	11.40	12.10	12.61	0.70	6.13	0.52	4.26	1.21	10.65
吉林	9.04	9.42	9.82	0.39	4.31	0.39	4.16	0.78	8.65
四川	8.03	8.53	9.11	0.50	6.21	0.58	6.77	1.08	13.40
天津	10.27	10.59	11.20	0.32	3.15	0.61	5.73	0.93	9.06
宁夏	8.39	8.98	9.31	0.59	7.01	0.33	3.67	0.92	10.93
安徽	8.03	8.86	9.14	0.84	10.45	0.27	3.07	1.11	13.83
山东	8.56	9.10	9.35	0.54	6.28	0.25	2.71	0.78	9.16
山西	9.05	9.67	10.03	0.61	6.77	0.37	3.79	0.98	10.82
广东	9.14	9.53	9.99	0.39	4.24	0.46	4.85	0.85	9.29
广西	8.39	8.73	9.18	0.34	4.04	0.45	5.13	0.79	9.38
新疆	8.96	9.14	9.46	0.19	2.10	0.32	3.47	0.51	5.65
江苏	8.91	9.55	9.93	0.63	7.09	0.38	3.99	1.01	11.37
江西	8.68	8.92	9.37	0.24	2.82	0.45	5.07	0.70	8.03
河北	8.59	9.08	9.43	0.49	5.73	0.34	3.77	0.84	9.72
河南	8.60	8.88	9.33	0.28	3.25	0.45	5.07	0.73	8.49
浙江	8.69	9.04	9.60	0.35	4.08	0.55	6.12	0.91	10.44
海南	8.72	9.25	9.68	0.53	6.09	0.43	4.65	0.96	11.02
湖北	8.83	9.39	9.73	0.56	6.35	0.33	3.55	0.89	10.13
湖南	8.68	9.34	9.70	0.66	7.55	0.36	3.83	1.01	11.67
甘肃	7.83	8.55	8.78	0.72	9.21	0.23	2.67	0.95	12.12
福建	8.65	8.94	9.25	0.29	3.32	0.31	3.48	0.60	6.92
西藏	5.36	5.69	6.50	0.33	6.17	0.81	14.18	1.14	21.23
贵州	7.43	7.90	8.48	0.47	6.30	0.58	7.36	1.05	14.12
辽宁	9.38	9.86	10.13	0.48	5.13	0.27	2.73	0.75	8.00

表3-1(续)

地区	指标：平均受教育年限									
	2010 年/年	2015 年/年	2020 年/年	2010—2015 年		2015—2020 年		2010—2020 年		
				变化值/年	变化率/%	变化值/年	变化率/%	变化值/年	变化率/%	
重庆	8.42	9.00	9.66	0.58	6.91	0.66	7.33	1.24	14.74	
陕西	8.83	9.60	9.84	0.77	8.73	0.24	2.52	1.01	11.47	
青海	7.74	7.68	8.48	-0.06	-0.80	0.80	10.40	0.74	9.51	
黑龙江	8.97	9.41	9.79	0.44	4.93	0.38	4.01	0.82	9.15	

（二）七大地区人力资本变化对比分析

在省级分析的基础上，本节将全国 31 个省、自治区、直辖市划分为华东、华北、华中、华南、西南、西北和东北七个区域，进一步分析各地区的人力资本变化情况，如表 3-2 所示。

表 3-2　我国 7 大地区人力资本变化情况

地区	指标：平均受教育年限								
	2010 年/年	2015 年/年	2020 年/年	2010—2015 年		2015—2020 年		2010—2020 年	
				变化值/年	变化率/%	变化值/年	变化率/%	变化值/年	变化率/%
华东地区	8.94	9.40	9.80	0.46	5.14	0.40	4.26	0.86	9.62
西南地区	7.48	8.02	8.62	0.54	7.19	0.60	7.47	1.14	15.20
华北地区	9.76	10.29	10.78	0.53	5.42	0.49	4.73	1.02	10.41
东北地区	9.13	9.57	9.91	0.44	4.80	0.34	3.60	0.78	8.57
西北地区	8.38	8.84	9.20	0.46	5.49	0.36	4.08	0.82	9.79
华南地区	8.76	9.18	9.63	0.42	4.80	0.45	4.86	0.87	9.89
华中地区	8.71	9.21	9.59	0.50	5.78	0.38	4.11	0.88	10.12

整体来看，我国人力资本的区域分布存在显著差异。2010 年，华北地区人力资本水平最高，达到 9.76 年，其次是东北地区（9.13 年）、华东地区（8.94 年），而西南地区最低，仅为 7.48 年。到 2020 年，各地区的人力资本水平均有所提升，华北地区依然位列第一，但与其他地区的差距逐渐缩小。这表明政府在推动区域均衡发展方面取得了一定的成效，但教育公平和资源配置问题仍然需要进一步关注。

从增长率来看，2010—2015 年，西南（7.19%）、华中（5.78%）和西北（5.49%）地区的人力资本增长最快，而东北和华南地区的增速相对较慢，增长率均为 4.80%。2015—2020 年，在全国人力资本增长普遍放缓的背景下，西南（7.47%）和华南（4.86%）地区依然保持了较快的增长速度，这体现了相对落后地区在人力资本方面的发展潜力和政策成效。长期来看，2010—2020 年 7 大地区的人力资本都稳步提升。人力资本增长量排名前三的地区是西南地区（1.14）、华北地区（1.02）和华中地区（0.88），增长量排后两位的地区是西北地区（0.82）和东北地区（0.78）。虽然西南地区人力资本在这 10 年间实现了最大幅度的提升，但仍然是 7 大地区中人力资本最低的地区，而人力资本最高的华北地区在这 10 年间始终保持较高的人力资本增长率。首先，华北地区得益于经济发达、教育资源集中以及吸引外来高素质劳动力的能力较强，一直保持着最高水平的增速。如北京市作为全国的政治、文化和教育中心，汇集了众多顶尖的高校和科研机构，成为人力资本积累的重要推动力。其次，华东地区虽然在总体水平上稍逊于华北地区，但其增速较快，尤其是在沿海城市，如上海、江苏和浙江等地。该地区拥有丰富的教育资源和良好的就业机会，不仅吸引了大量本地学生接受高等教育，还吸引了来自全国各地的优秀人才。经济的持续繁荣和对创新型人才的需求，也推动了人力资本的进一步增长。再次，西南和西北地区虽然人力资本水平较低，但近些年来增长显著。这主要归因于政府的政策支持，例如"西部大开发"战略和教育扶贫政策，使得这些地区的教育投入大幅增加，基础教育设施得到了改善，义务教育的覆盖率也显著提升。此外，这些地区的职业教育和技能培训也得到重视，为当地劳动力提供了更多的受教育机会。最后，东北地区的人力资本增速较为缓慢，主要受到人口流失的影响。近年来，东北地区的经济增速相对放缓，大量劳动力尤其是高素质人才向经济更为活跃的地区流动，导致该地区人力资本的积累受到一定制约。这一现象也反映了经济发展与人力资本积累相互促进的重要性。

总体来说，尽管我国各地区的人力资本水平整体呈现上升趋势，但区域间的人力资本差距依然显著。华北、华东等经济发达地区在人力资本积累上占据明显优势，而西南、西北等地区仍处于相对劣势。因此，未来需要进一步优化教育资源的区域配置，加强对中、西部地区的支持，推动全国范围内人力资本的均衡发展。同时，还应针对人口流失严重的地区，制定吸引和留住高素质劳动力的政策，从而促进各地区经济和人力资本的协同发展。

（三）我国人力资本区域分布失衡的成因分析

我国人力资本的区域分布呈现出显著的不平衡性，东部沿海地区和中、西部内陆地区之间存在较大差距。造成这种失衡的主要原因可以从以下五个方面进行分析。

1. 经济发展水平差异

我国人力资本的分布具有东高西低、沿海高于内陆的特点。经济发达地区如北京、上海和天津，凭借强大的财政实力和优质的教育资源，能够提供高质量的教育服务，从而促进人力资本积累。反过来，区域教育资源配置水平的提高能够间接增加就业人员的平均受教育年限，提高科研创新效率，并推动产业结构合理化和技术成果市场化程度的提高，进而促进经济高质量发展（刘卓瑶、马浚锋，2023）。而经济欠发达的中、西部地区，财政能力有限，教育投资不足，导致劳动力素质相对较低。这种经济发展水平的差距直接影响了各地教育资源的分配和人才的培养，进而拉大了区域间的人力资本差距，形成了"强者更强，弱者更弱"的局面。

2. 教育资源分布不均

教育资源分布不均是导致人力资本失衡的重要因素。我国义务教育实行"地方负责、分级管理"的管理体制，使得义务教育资源的配置与地方经济发展水平和政府财政能力密切相关（蔡和、牛颖楠、罗良，2024）。落后地区教育投入不足，师资力量薄弱，直接影响到劳动力的技能水平和整体素质，限制了当地人才的培养，进一步拉大了区域间的人力资本差距。东部地区由于经济较为发达，拥有更多的优质教育资源和高水平的高校，能够为当地居民提供更好的教育机会。而中、西部地区由于经济欠发达，教育基础设施相对薄弱，教育投入不足，以致当地人力资本积累缓慢。此外，优质教育资源的集聚效应也使得高素质人才集中于东部发达地区，进一步加剧了教育资源分布的不均衡。未来缩小地区间教育资源差距，实现区域教育均等化发展，有利于人力资本提质增效，发掘经济增长新动能（邓创、曹子雯，2022）。

3. 人口流动

人口流动与人力资本流动具有一致性（于潇、陈世坤，2020）。中国省际人口迁移流动主要表现为由西向东，特别是向三大城市群核心省、市迁移（王桂新、陈玉娇，2023）。东部地区凭借其优越的就业机会和生活条件，吸引了大量高素质劳动力迁入，而西部地区由于经济发展滞后，缺乏吸引力，难以留住和吸引人才。这种人口的单向流动，导致东部地区人力资本不断积累，而中、西部地区则面临人才短缺的困境，进一步加剧了区域人力资本的失衡。因此，西部地区应加强基础设施建设，鼓励地方特色产业发展，通过税收优惠等财税激励政策吸引企业在西部地区投资发展，从而增强就业市场吸引力，吸引优秀人才流入。

4. 产业结构的影响

不同地区的产业结构对人力资本的积累也有重要影响。东部地区的产业以高附加值的制造业和服务业为主，这些产业对高素质劳动力的需求较大，促使当地人力资本不断积累和提升。而中、西部地区的产业结构相对单一，主要以资源型产业和传统制造业为主，对高素质劳动力的需求有限，导致人力资本积累的动力不足。产业结构的不合理性使得中、西部地区难以创造更多的高质量就业岗位，从而限制了当地人力资本的发展。

5. 政策支持与区域发展战略

政策支持的差异也是造成区域人力资本失衡的重要原因。虽然近年来国家推出了"西部大开发""中部地区崛起"等战略，以促进中、西部地区的发展，但由于历史欠账较多，政策效果还需要时间显现。此外，部分中、西部地区在执行政策时由于地方财政和管理能力的限制，难以有效推动教育水平和人力资本的提升。相对而言，东部地区在政策落实和执行上更为有力，从而在人力资本积累方面保持领先。

二、部分重点城市人力资本变化分析

人力资本水平是指体现在劳动者身上的资本，包括劳动者的知识技能、文化水平和健康状况等，它反映了劳动力所拥有的教育、技能、健康等资本存量。人力资本水平的衡量通常通过学历背景、受教育年限、技能等级等指标来加以评估，最常见的衡量标准是受教育程度。参考詹新宇和刘文彬（2020）的做法，本节采用每万人中高等教育院校在校生人数比例来测度城市人力资本水平。其具体包括两个指标：一是"在校生人数（万人）/全市常住人口（万人）"；二是"在校生人数（万人）/城市户籍人口（万人）"。本节分析了2000—2020年我国35个重点城市的人力资本变化情况。这些城市包括直辖市、省会城市和计划单列市，均是各省份的政治、经济和文化中心，具有较高的行政地位和资源集中度。这些城市具体为：北京、天津、上海、重庆、石家庄、呼和浩特、太原、沈阳、长春、哈尔滨、南京、杭州、合肥、福州、南昌、济南、郑州、武汉、长沙、广州、南宁、海口、成都、贵阳、昆明、西安、兰州、西宁、银川、乌鲁木齐、大连、青岛、宁波、厦门、深圳。结果如表3-3、表3-4所示。

表3-3　我国部分重点城市人力资本变化情况（一）

城市名称	指标一：普通高校在校人数（万人）/全市常住人口（万人）								
	2010年/%	2015年/%	2020年/%	2010—2015年		2015—2020年		2010—2020年	
				变化值（百分点/个）	变化率/%	变化值（百分点/个）	变化率/%	变化值（百分点/个）	变化率/%
北京市	2.95	2.71	2.70	-0.23	-7.91	-0.02	-0.57	-0.25	-8.43
成都市	4.40	5.16	4.43	0.76	17.30	-0.73	-14.17	0.03	0.68
大连市	3.67	4.15	4.37	0.48	13.00	0.22	5.33	0.70	19.03
福州市	3.96	4.28	4.37	0.32	8.10	0.09	2.16	0.41	10.44
广州市	6.64	7.73	6.98	1.09	16.37	-0.75	-9.73	0.34	5.05
贵阳市	5.93	7.97	7.35	2.04	34.42	-0.62	-7.83	1.42	23.89
哈尔滨市	4.53	6.81	5.91	2.28	50.45	-0.90	-13.19	1.39	30.60
海口市	5.08	6.77	5.42	1.70	33.44	-1.36	-20.03	0.34	6.71
杭州市	4.99	5.27	3.89	0.28	5.58	-1.38	-26.18	-1.10	-22.07
合肥市	6.53	6.77	6.26	0.24	3.66	-0.51	-7.55	-0.27	-4.16
呼和浩特市	7.49	7.69	7.20	0.20	2.62	-0.48	-6.28	-0.29	-3.82
济南市	9.42	10.01	7.44	0.59	6.22	-2.57	-25.63	-1.98	-21.01
昆明市	4.19	6.54	8.25	2.34	55.93	1.71	26.22	4.06	96.81
兰州市	7.66	11.28	8.95	3.61	47.12	-2.33	-20.67	1.28	16.71
南昌市	9.72	11.08	10.99	1.35	13.93	-0.09	-0.80	1.27	13.02
南京市	9.91	9.87	9.85	-0.04	-0.42	-0.02	-0.16	-0.06	-0.57
南宁市	4.15	5.37	6.50	1.22	29.42	1.13	21.03	2.35	56.64
宁波市	1.85	1.99	1.79	0.14	7.59	-0.20	-10.24	-0.06	-3.43
青岛市	3.27	3.54	4.26	0.27	8.41	0.72	20.25	0.99	30.36
厦门市	3.61	3.73	3.27	0.12	3.39	-0.46	-12.39	-0.34	-9.42
上海市	2.24	2.08	2.17	-0.16	-7.04	0.09	4.41	-0.07	-2.94
深圳市	0.65	0.79	0.62	0.14	22.00	-0.17	-21.22	-0.03	-3.89
沈阳市	4.30	4.87	4.85	0.57	13.32	-0.02	-0.42	0.55	12.85
石家庄市	3.66	3.92	5.19	0.26	7.03	1.27	32.33	1.53	41.64
太原市	7.84	9.76	9.06	1.92	24.44	-0.69	-7.12	1.22	15.58
天津市	3.30	3.56	4.13	0.26	7.86	0.56	15.74	0.82	24.84

表3-3(续)

城市名称	指标一：普通高校在校人数（万人）/全市常住人口（万人）								
	2010年/%	2015年/%	2020年/%	2010—2015年		2015—2020年		2010—2020年	
				变化值（百分点/个）	变化率/%	变化值（百分点/个）	变化率/%	变化值（百分点/个）	变化率/%
乌鲁木齐市	4.33	5.08	5.87	0.75	17.31	0.78	15.37	1.53	35.34
武汉市	9.01	9.02	8.66	0.01	0.13	-0.36	-4.04	-0.35	-3.91
西安市	8.67	9.75	6.05	1.09	12.53	-3.70	-37.98	-2.62	-30.20
西宁市	2.73	3.02	3.38	0.29	10.63	0.35	11.68	0.64	23.56
银川市	3.48	4.53	4.19	1.05	30.27	-0.34	-7.45	0.72	20.57
长春市	4.83	5.65	5.33	0.82	17.04	-0.32	-5.73	0.50	10.33
长沙市	7.22	7.66	6.93	0.44	6.14	-0.73	-9.52	-0.29	-3.96
郑州市	7.53	8.61	9.19	1.08	14.41	0.58	6.75	1.67	22.13
重庆市	1.96	2.50	2.85	0.54	27.39	0.35	14.18	0.89	45.46

表3-4　我国部分重点城市人力资本变化情况（二）

城市名称	指标二：普通高等学校在校人数（万人）/城市户籍人口（万人）								
	2010年/%	2015年/%	2020年/%	2010—2015年		2015—2020年		2010—2020年	
				变化值（百分点/个）	变化率/%	变化值（百分点/个）	变化率/%	变化值（百分点/个）	变化率/%
北京市	2.55	4.59	4.20	2.04	80.05	-0.39	-8.57	1.65	64.62
成都市	1.39	5.37	6.07	3.99	287.14	0.69	12.91	4.68	337.11
大连市	1.56	4.19	5.42	2.64	169.44	1.22	29.23	3.86	248.19
福州市	1.15	4.36	5.08	3.21	279.32	0.72	16.41	3.93	341.56
广州市	2.64	10.47	13.30	7.83	296.34	2.83	27.02	10.66	403.43
贵阳市	1.60	7.62	10.09	6.02	377.26	2.47	32.41	8.49	531.91
哈尔滨市	1.42	4.85	6.25	3.43	241.65	1.40	28.76	4.83	339.90
海口市	1.42	6.47	7.85	5.05	354.89	1.37	21.20	6.42	451.34
杭州市	1.81	6.31	5.72	4.50	247.76	-0.59	-9.39	3.90	215.12
合肥市	1.58	7.53	7.50	5.95	377.89	-0.03	-0.36	5.93	376.18
呼和浩特市	2.09	9.38	9.86	7.29	348.40	0.49	5.18	7.77	371.62
济南市	1.65	10.64	8.52	8.99	544.59	-2.11	-19.86	6.87	416.55
昆明市	1.44	4.62	11.96	3.18	221.41	7.34	158.79	10.52	731.78
兰州市	2.49	8.57	11.70	6.09	244.77	3.13	36.51	9.22	370.65
南昌市	1.81	9.76	12.79	7.95	439.55	3.02	30.99	10.98	606.73

表3-4(续)

城市名称	指标二：普通高等学校在校人数（万人）/城市户籍人口（万人）								
	2010 年 /%	2015 年 /%	2020 年 /%	2010—2015 年		2015—2020 年		2010—2020 年	
				变化值（百分点/个）	变化率/%	变化值（百分点/个）	变化率/%	变化值（百分点/个）	变化率/%
南京市	3.98	12.55	12.72	8.57	215.20	0.17	1.36	8.74	219.50
南宁市	1.88	3.91	7.19	2.03	107.94	3.28	83.88	5.31	282.37
宁波市	0.48	2.45	2.75	1.97	411.96	0.29	11.93	2.27	473.06
青岛市	0.65	3.73	5.14	3.08	471.27	1.41	37.72	4.48	686.78
厦门市	1.89	7.13	6.22	5.24	276.64	-0.91	-12.70	4.33	228.83
上海市	1.72	3.65	3.65	1.94	112.77	0.00	-0.01	1.93	112.75
深圳市	1.13	2.59	1.86	1.46	129.15	-0.73	-28.16	0.73	64.61
沈阳市	1.90	4.84	5.79	2.94	154.30	0.94	19.48	3.88	203.83
石家庄市	0.83	3.77	5.55	2.94	353.34	1.78	47.18	4.72	567.25
太原市	2.35	9.02	12.38	6.67	283.16	3.36	37.23	10.02	425.81
天津市	1.29	4.36	5.06	3.07	237.73	0.71	16.18	3.77	292.36
乌鲁木齐市	2.74	5.55	—	2.81	102.66	—	—	—	—
武汉市	3.36	10.53	11.60	7.17	213.26	1.07	10.12	8.24	244.96
西安市	2.82	9.38	8.02	6.56	232.57	-1.37	-14.57	5.19	184.13
西宁市	0.65	2.73	3.95	2.09	323.33	1.22	44.64	3.31	512.32
银川市	1.58	4.39	5.85	2.81	178.54	1.46	33.26	4.27	271.17
长春市	1.83	4.82	6.02	2.99	163.93	1.20	24.82	4.19	229.43
长沙市	2.14	7.79	9.31	5.65	263.53	1.52	19.52	7.17	334.48
郑州市	1.88	6.74	12.94	4.87	259.46	6.20	91.92	11.07	589.89
重庆市	0.41	1.71	2.68	1.30	319.30	0.97	56.49	2.27	556.16

（一）指标一相关分析

从存量上看，2010 年城市常住人口中大学生比例最低的是深圳市，仅有 0.65%；而比例最高的是南京市，达到了 9.91%，约是深圳的 15 倍。这种差异反映了不同城市在吸引和培养高素质人才方面的显著差异。深圳作为中国改革开放的前沿城市，虽然经济发展迅速，但外来人口众多，尤其是从事制造业和服务业等劳动密集型产业的劳动力众多。这些外来务工人员的平均受教育水平相对较低，特别是在改革开放初期，这直接影响了深圳的人力资本水平。与之相对，南京（9.91%）、武汉（9.01%）等传统教育中心由于拥有众多历史悠久的高校，其人力资本水平较高。多数省会城市的人力资本水平也较高，如西安（8.67%）、济南（9.42%）和南昌（9.72%）等地的大学生占比均超过8%。此外，大多数城市的大学生比例集中在3%和7%之间。一线城市如北京（2.95%）、上海（2.24%）、广州（6.64%）和深圳（0.65%）的人力资本水平存在显著差异，这说明即使在发达城市中，不同城市的教育资源分布和人力结构也存在较大差异。

从变化率来看，2010—2015年，大部分城市的人力资本水平实现稳步增长，这和城市的定位和发展战略具有紧密联系。例如深圳市（22.00%）和成都市（17.30%）均保持着较高的增长率，因为它们在这一时期都经历了重要的城市转型。深圳从"制造业为主"逐步转向"创新型城市"，注重发展高科技产业和吸引高端人才。而成都则从传统的工业和农业中心转向科技创新中心，并依靠"西部大开发"战略带来的政策红利，逐步从传统产业过渡到创新型经济。增长率最高的城市是昆明市，在校大学生比例从4.19%增长到6.54%，增幅为55.93%。这一显著的增长可能与云南省加强高等教育资源建设以及当地对高校扩展的投资有关。2010年，云南省出台了《云南省中长期教育改革和发展规划纲要（2010—2020年）》，加上共建"一带一路"倡议（2013年）和中国-东盟自由贸易区的正式建成（2010年），使其成为西南地区的交通和经济枢纽，促进了城市发展和人力资本的积累。然而，一些城市在人力资本积累上出现了负增长，如北京和上海分别下降了7.91%和7.04%，这可能与外来务工人员的大量流入以及流动人口基数的扩大有关。

2015—2020年，约1/3的城市增速放缓，另外2/3的城市人力资本水平保持负增长，例如西安市（-37.98%）和济南市（-25.63%）在人力资本增幅上出现了显著的下降。出现这一现象的原因可能有四个方面：一是城市经济发展趋于成熟，受流动人口基数的影响较大。例如北京市（-0.57%）这一时期加大了对人口规模的控制，尤其是针对低学历外来人口的调控；同时，人口政策和住房成本增加使得部分高学历人才选择外迁到生活成本较低的二线城市。二是部分城市产业结构调整，影响了对高学历人才的吸引力。例如西安市（-37.98%）由于近年大量外来务工人员涌入，加之制造业和传统产业的规模不断扩大，对高学历人群的吸引力较弱，其本地毕业生留存率降低，使得其人力资本水平在所有城市中变化率下降最快。而济南市（-25.63%）作为山东省的省会，尽管拥有一定的高校资源，但其经济发展速度相对较慢，难以提供足够的高端岗位，导致部分高学历人才流失严重。三是高等教育发展不均衡及资源限制。如兰州市（-20.67%）高等教育资源较为有限，难以吸引大量外地学生，且经济发展滞后，高端产业不足，这导致本地培养的大学生外流现象较为严重。四是生活成本上升，如深圳市（-21.22%）和杭州市（-26.18%），房价和生活成本的迅速增长使得高学历人才选择离开这些城市，转向生活成本较低的地区。

长期来看，2010—2020 年昆明市（96.81%）、南宁市（56.64%）等二线省会城市表现出强劲的人力资本增长趋势，而西安（-30.20%）、济南（-21.01%）等城市则面临人力资本变化率下降的挑战，部分一线城市和新一线城市如上海（-2.94%）、南京（-0.57%）、武汉（-3.91%）、成都（0.68%），其人力资本变化率不大。这反映出不同城市在人力资本积累和人才需求方面的差异，经济发达和教育资源丰富的城市对高学历人才的需求逐渐从传统高校转向国际人才和更高级别的研究人员，而传统大学生比例变化相对较小。

（二）指标二相关分析

从存量来看，2000 年城市户籍人口中在校大学生占比最高的是南京市（3.98%），是占比最低的重庆市（0.41%）的近 10 倍，大多数城市的大学生占比集中在 1% 和 2% 之间。如南京市（3.98%）、武汉市（3.36%）、北京市（2.55%）、上海市（1.72%）这类教育资源集中和经济发达的城市，其人力资本水平均位于前列。2000 年，中国大力推进高等教育扩招政策，这对高等教育资源丰富的城市人力资本水平影响更为显著。与之相对的是，一些高校资源相对匮乏的城市，如石家庄市（0.83%）和西宁市（0.65%），由于难以吸引外地大学生，其人力资本水平明显偏低。与此同时，像广州市（2.64%）、深圳市（1.13%）这样经济发达、外来人口众多的城市，常住人口远多于户籍人口，导致这一比例可能出现偏高的现象。此外，一些中、西部省会城市如重庆市（0.41%），户籍人口较多且流动性较低，加之本地教育资源较为有限，导致人力资本水平偏低。

从变化率来看，2000—2010 年，所有城市的人力资本水平呈现显著增长趋势。尤其是中、西部城市，由于经济发展以及高等教育的推广，该指标增长迅速，呼和浩特市（348.40%）、石家庄市（353.34%）和贵阳市（377.26%）等城市增幅均超过了 300%。相比之下，北京市（80.05%）、上海市（112.77%）等一线城市由于其成熟的高等教育资源和严格的户籍管理政策，其增长率相对稳定。增长率位于前五的城市分别是济南市

（544.59%）、青岛市（471.27%）、南昌市（439.55%）、宁波市（411.96%）、合肥市（377.89%），这可能得益于高校扩招和高等教育资源向中、西部倾斜的政策调整（《教育部关于实施"对口支援西部地区高等学校计划"的通知》，2001年）。对于这类本身高等教育资源贫瘠的城市来说，相关政策带来的边际增长更为显著。

2010—2020年的阶段变化呈现出典型的两极化趋势，大部分城市的人力资本水平增速放缓，少部分城市甚至出现下降的趋势。深圳市（−28.16%）、济南市（−19.86%）、西安市（−14.57%）、厦门市（−12.70%）、杭州市（−9.39%）是降速最快的5个城市。与此同时，昆明市（158.79%）、郑州市（91.92%）、重庆市（56.49%）、贵阳市（32.41%）等城市保持了强劲的增长趋势。从2000年至2020年的长期变化来看，绝大多数城市的人力资本水平呈现出显著增长趋势，特别是一些中、西部城市如昆明市（731.78%）、郑州市（589.89%）和南昌市（606.73%）的人力资本水平快速提升。济南市的人力资本水平虽然在2010—2020年出现了下滑，但从长期看，该指标依然增长了416.55%，表现出前10年的快速增长对长期变化的拉动作用。北京市（64.62%）和上海市（112.75%）等一线城市虽然仍有一定增长，但总体增幅不如中、西部城市，说明高等教育资源有逐渐向全国各地均衡分布的趋势。

第二节　人力资本变化和经济发展相关关系分析

一、省级人力资本与经济发展的相关关系分析

以人力资本为因变量、经济发展水平为自变量，绘制2010—2020年人力资本与经济发展的相关关系散点图，结果如图3-1、图3-2和图3-3所示。在这些散点图中，横轴代表经济发展水平，纵轴代表人力资本水平，图中的点代表各省份的具体观测值。其中，经济发展水平通过计算我国31个省、自治区、直辖市人均GDP得到，为了消除物价变动的干扰，借助人均GDP平减指数，将人均生产总值指标转化为以2000年为基期的数据；人力资本水平用平均受教育年限表示，具体测算方式如下：平均受教育年限=（文盲人数×1+小学学历人数×6+初中学历人数×9+高中和中专学历人数×12+大专及本科以上学历人数×16）/6岁以上人口总数。

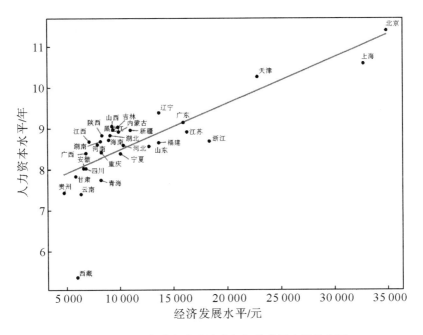

图 3-1　2010 年省级人力资本与经济发展水平散点图

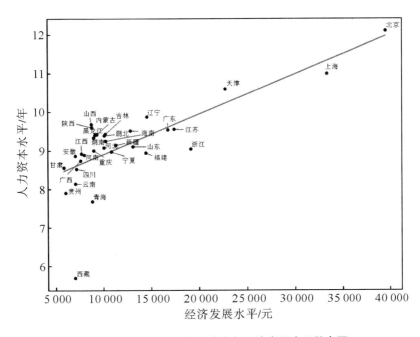

图 3-2　2015 年省级人力资本与经济发展水平散点图

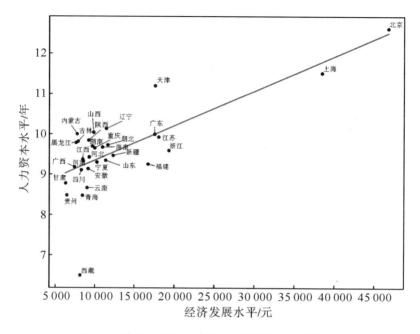

图 3-3　2020 年省级人力资本与经济发展水平散点图

　　从整体上看，图 3-1 至图 3-3 中 31 个省、自治区、直辖市的观测值都大致分布在一条直线上，说明人力资本与经济发展水平存在较强的线性关系。具体来看，散点图中观测值的分布呈向上倾斜的趋势，表明两者之间存在正相关关系，即随着一个地区经济发展水平的提高，其人力资本水平也会随之上升。此外，大部分观测值的经济发展水平介于 5 000 和 20 000 元之间，人力资本水平介于 7 和 10 年之间。而分布在较高水平的观测值主要集中在北京、上海和天津，这三个地区的经济发展水平和人力资本均显著高于其他省份。这表明经济发达地区的高等教育资源更加丰富，高水平的经济发展为人力资本的积累提供了更好的条件。同时离群点代表的是西藏地区的观测值，其经济发展水平和人力资本水平落后于东部发达省份，反映了我国东西部地区之间在经济发展和教育资源分布上的不均衡性。

　　从变化趋势看，2015 年的散点图较 2010 年更为分散。虽然随着经济增长，各省、区、市的人力资本水平普遍提高，但是各观测点间的差距变大了，尤其是离群观测点与其他观测点间的差距更加明显。这可能因为经济发展促使资源进一步向发达地区集中，不同地区间教育资源和经济基础的差异逐渐加大，导致其人力资本的积累方式和速度存在明显差异。但从更长的时间看，2020 年的散点图相较于 2010 年和 2015 年分布更为密集，说明人力资本与经济发展的相关性在这一阶段有所增强。观测值分布的密集化表明，不同地区之间在教育资源和经济发展的积累上逐渐趋于均衡，表明国家在教育均衡发展和区域协调发展方面的努力取得了一定成效。值得注意的是，从 2010 年到 2020 年总体趋势向好，但经济发达地区和欠发达地区的人力资本增长轨迹有所不同。经济发达地区如北京、上海、天津等，人力资本积累速度相对稳定，而中、西部地区则受益于教育政策倾斜和经济投入，表现出快速增长的态势。

二、七大地区人力资本与经济发展的相关关系分析

在上述分析的基础上，该部分通过绘制 2010 年、2015 年和 2020 年七大地区人力资本与经济发展水平的散点图，进一步讨论二者的相关关系。通过图 3-4、图 3-5 和图 3-6 可以看到，观测点大多聚集在呈倾斜向上趋势的拟合直线附近，表明人力资本与经济发展水平存在正相关关系。主要的离群点有两个。分布在拟合直线上方的离群点代表华北地区的观测值，该地区在人力资本和经济发展水平上都表现出较高水平，是七大地区中人力资本最高的地区，同时也是经济发展水平第二高的地区。这可能得益于政府的有效政策导向，尤其是在教育投资和人才引进方面的政策倾斜，使得该地区具备了吸引和培养高素质人力资源的有利条件。高水平的人力资本不仅有效提升了该地区的劳动生产率和创新能力，也推动了经济的快速发展，而经济的增长又进一步促进了人力资本的积累，形成了良性循环，推动了地区整体的发展。分布在拟合直线下方的离群点代表西南地区的观测值，西南地区虽然经济发展水平处于七大地区的中等水平，但人力资本水平较低，说明地方政府在教育资源和基础设施方面的支持不足，未能为人力资本的积累创造良好的条件。这导致教育质量偏低，制约了人力资本的增长，进而影响了经济的持续发展。值得注意的是，华南地区的观测点最靠近拟合直线，该地区的人力资本与经济发展水平相关性最强。2010—2020 年，随着地区经济发展水平的提高，华南地区人力资本显著增长，从 8.76 年提升到了 9.63 年。

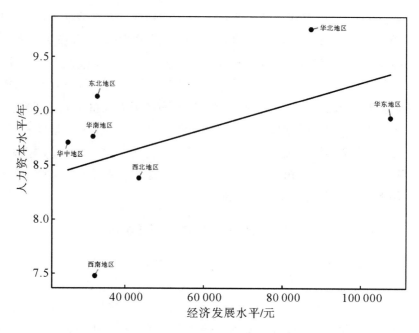

图 3-4　2010 年七大地区人力资本与经济发展水平散点图

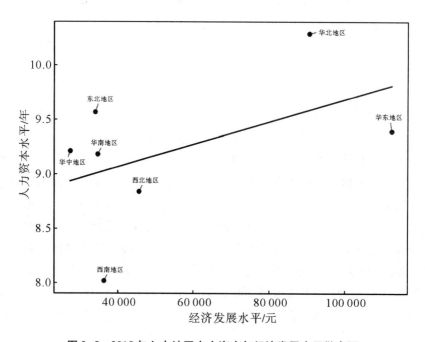

图 3-5　2015 年七大地区人力资本与经济发展水平散点图

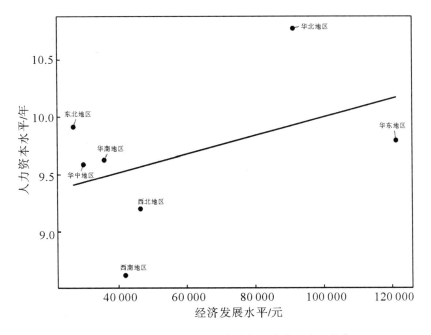

图 3-6　2020 年七大地区人力资本与经济发展水平散点图

　　从变化趋势看，位于拟合直线下方的离群点（西南地区观测点）与拟合直线的差距逐步缩小。一方面，由于政府实施人才引进、加大教育投入力度等针对性政策，西南地区人力资本水平逐渐提高；另一方面，西南地区的产业转型升级和资源配置优化也对人力资本的积累产生了更高的需求，从而使得经济增长与人力资本之间的关系变得更加紧密。位于拟合直线上方的离群点（华北地区）与拟合直线间的距离呈拉大趋势，这可能是由于该地区在政策和市场发展方面的因素使得人力资本的价值未能充分反映在经济发展上，导致观测点偏离拟合直线。这告诉我们，在重视人力资本积累的同时，还需关注区域经济结构的优化和市场需求的变化，确保人力资本得到更为有效的利用。总体来看，2010—2020 年观测值的分布逐渐向拟合直线靠拢，表明经济增长与人力资本之间的相互关系不断增强。这种增强可能是由于在技术进步和产业结构升级的背景下，经济发展对高素质人力资本的需求逐步增加，从而推动人力资本与经济发展形成更强的关联性。

三、城市人力资本发展和经济发展相关关系分析

本节进一步阐述了城市人力资本水平和经济发展的相关性。本章选取了部分重点城市的人均 GDP（元）作为经济发展水平的衡量指标，为了消除物价变动的干扰，同样使用各个城市的 GDP 平减指数，将城市人均 GDP 指标转化以 2000 年为基期的数据。具体为：实际人均 GDP = 名义人均 GDP/GDP 平减指数。

（一）指标一相关分析

本节首先绘制了 2010 年、2015 年、2020 年人力资本水平和经济发展水平的散点图，如图 3-7、图 3-8、图 3-9 所示。图中横轴代表城市人均 GDP，纵轴代表人力资本水平（在校大学生数/常住人口）。结果从图中可以看出，人力资本与经济发展水平整体存在负相关关系，和前文省级层面的分析结果相差较大。这可能是因为在经济更发达的城市，尽管高等教育资源较丰富，但由于人口基数较大，所以在校大学生与常住人口的比例相对较低。位于散点图右上方的离群点，其人力资本水平和人均 GDP 均相对较高。可能因为特殊的教育政策环境（南京市），或者是特定的行业聚集效应（广州市），促使这些城市在人力资本积累方面有较好的表现。

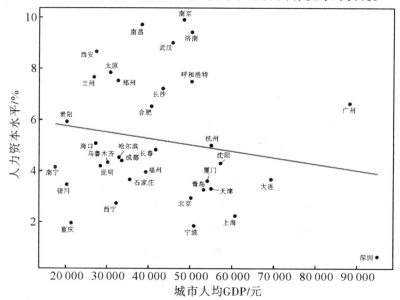

图 3-7　2010 年市级人力资本与经济发展水平散点图

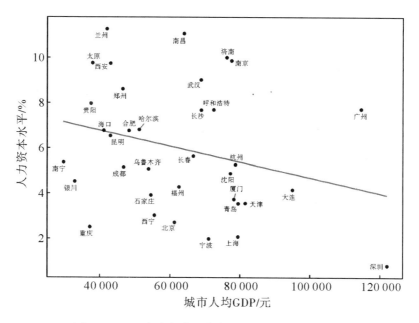

图 3-8 2015 年市级人力资本与经济发展水平散点图

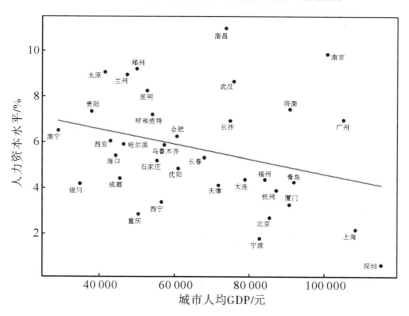

图 3-9 2020 年市级人力资本与经济发展水平散点图

为了更好地理解人力资本增长与经济发展的关系，本节进一步绘制了2015 年、2020 年人力资本水平年增长率和经济发展水平年增长率的散点图，结果如图 3-10、图 3-11 所示。图中横轴代表城市人均 GDP 增长率，纵轴代表人力资本水平年增长率。为了平滑短期内经济波动和偶发因素影响，研究稳定一致的长期增长趋势，本章还将年增长率替换为五年增长率，结果如图 3-12、3-13 所示。整体来看，人力资本增长率与经济发展水平增长率存在正相关关系。这意味着一个地区经济增长得越快，其人力资本水平也提升得越高，即经济的快速增长或衰退会直接影响城市人力资本的积累速度。短期来看，2015 年数据点分布较分散，所有城市的经济水平稳步增长，大部分城市的人力资本增长率集中在较低的区域。到 2020年，数据点的分布比 2015 年更加集中，拟合线倾斜程度增加，呈现出更强的相关性。这表明随着中国经济的持续发展，各地在高等教育和人才培养上的投入也相应增加，特别是在经济增长较快的城市。

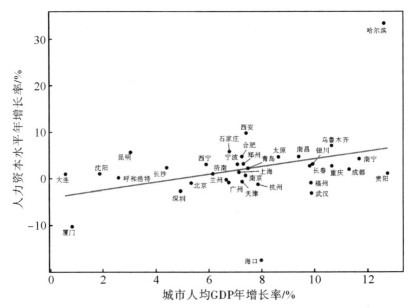

图 3-10　2015 年市级人力资本年增长率与经济发展水平年增长率散点图

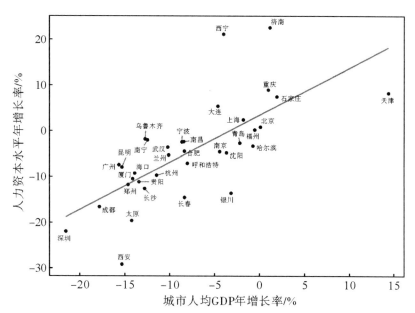

图 3-11 2020 年市级人力资本增长率与经济发展水平增长率散点图

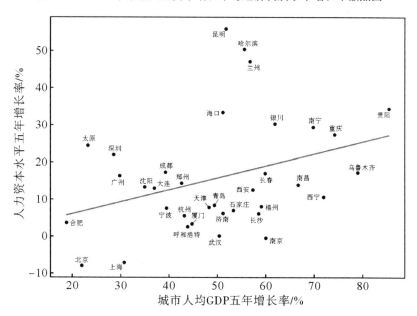

图 3-12 2015 年市级人力资本五年增长率与经济发展水平五年增长率散点图

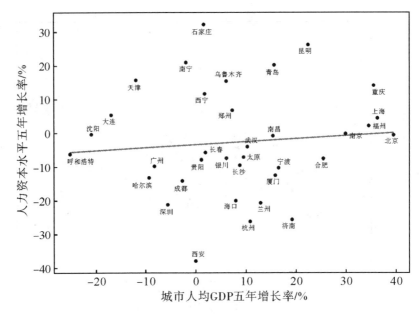

图 3-13 2020 年市级人力资本五年增长率与经济发展水平五年增长率散点图

长期来看，2015 年和 2020 年人力资本五年增长率和人均 GDP 五年增长率均表现出正相关性。一方面，当城市经济快速增长时，政府和私人部门往往会增加对高等教育的投入；另一方面，城市经济的快速发展伴随着创新水平提升和产业结构升级，对高端劳动力的需求更高，较高的工资水平和更多的职业机会为劳动力带来更高的教育回报，这些因素共同推动了人力资本的增速。但 2020 年的数据分布更为离散，说明各个城市间经济和教育发展的差异在这一时期更为显著。

（二）指标二相关分析

和指标一类似，本节同样绘制了 2000 年、2010 年、2020 年人力资本水平（在校大学生数/户籍人口）和经济发展水平的散点图，结果如图 3-14、图 3-15、图 3-16 所示。同时绘制人力资本水平年增长率/十年增长率和经济发展水平增长率/十年增长率的散点图，结果如图 3-17、图 3-18、图 3-19、图 3-20 所示。从人力资本和经济发展水平的绝对值来看，2000 年、2010 年和 2020 年均未表现出明显的相关性。2000 年，大多数数据点集中在人均 GDP 较低的区域，人力资本水平也普遍较低。而经济较发达的城市如深圳、上海，其人力资本水平也并非最高。反观一些人力资本水平较高的城市，例如西安和武汉，其经济发展水平位于中等水平，反映出高等教育资源的分布与经济发展水平并非完全同步。2010 年和 2020 年，数据的分布变得更加离散，且人力资本水平普遍提升。这可能得益于高等教育的大规模扩招政策，大学和学院的数量迅速增加，特别是在一些非一线城市。这导致全国范围内的大学生人数大幅上升，从而推高了人力资本的水平。

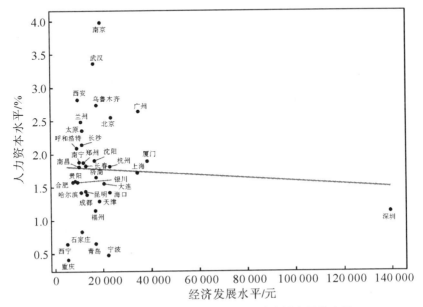

图 3-14 2000 年市级人力资本与经济发展水平散点图

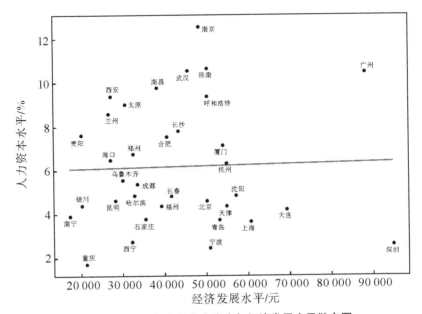

图 3-15 2010 年市级人力资本与经济发展水平散点图

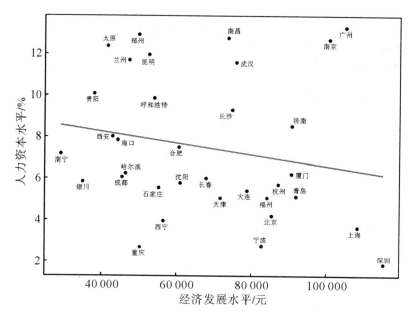

图 3-16　2020 年市级人力资本与经济发展水平散点图

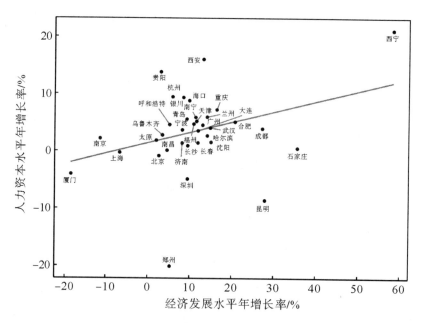

图 3-17　2010 年市级人力资本年增长率与经济发展水平年增长率散点图

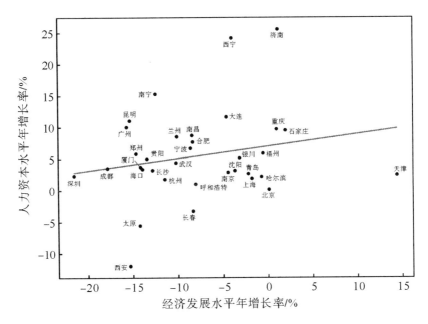

图 3-18　2020 年市级人力资本年增长率与经济发展水平年增长率散点图

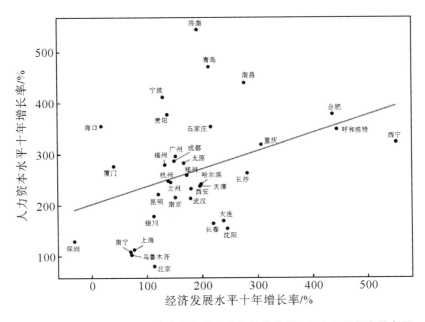

图 3-19　2010 年市级人力资本十年增长率与经济发展水平十年增长率散点图

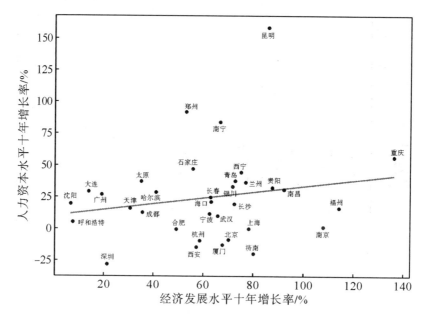

图 3-20　2020 年市级人力资本十年增长率与经济发展水平十年增长率散点图

从人力资本增长率和经济发展水平增长率来看，短期和长期都呈现出正相关性，说明经济增长速度越快，人力资本增长速率也越快。

短期来看，2010 年经济增长对人力资本提升的驱动作用较强；2020年，二者的正相关性变得更加微弱甚至在某些城市变得反向相关，这可能与部分城市经济结构变化、人才流动或城市发展阶段的差异有关。如西宁市在 2010 年表现出了较快的人力资本增速和人均 GDP 增速；而到 2020年，尽管西宁市的人力资本增长率较高，但 GDP 增长未能跟上。如何实现高端人力资本在生产动能上的转化，是这些城市亟须解决的问题。相反，像深圳市和天津市这样的发达城市，尽管人均 GDP 有所增长，但人力资本增长却相对疲软。这些城市可能面临生活成本过高、产业结构调整带来的人才瓶颈或人才外流等问题。

长期来看，从 2010 年到 2020 年，拟合线的倾斜度有所下降，意味着经济发展与人力资本增长之间的正相关性减弱。这可能是由于经济增长在某些城市达到一定水平后，因户籍制度限制等因素以致人才的进一步积累遇到了瓶颈。在年增长率散点图中，一些城市可能会表现出短期的人力资本快速增长或衰退现象，如西宁市和济南市都表现为高峰值，但在十年增长率中这些城市的波动性被平滑，表现相对平稳。十年增长率更能突出长期经济和人力资本积累较为均衡的城市（如合肥市和呼和浩特市），这些城市的经济增长和人力资本增长在长期内呈现出稳定的正相关。整体来看，2020 年相较于 2010 年数据分布变得更加密集，表明不同城市在十年的长期表现差异减小。无论是经济发达的城市还是发展中的城市，它们在人力资本和人均 GDP 增长上的相对表现都更趋向一致。这种更加密集的分布也意味着，虽然 GDP 和人力资本的增长率之间的关联减弱，但总体上各城市的人力资本和 GDP 增长并未出现极端离散的情况，更多的城市表现为更接近整体的平均趋势。某种程度上，各个城市在这两者的增长上实现了更为均衡的发展。

第三节　省会城市与其他城市人力资本差距演变分析

随着中国经济的快速发展和城市化进程的不断推进，区域经济发展的不平衡问题逐渐显现。省会中心城市通常作为区域的经济、政治和文化中心，集中了大量的优质资源，吸引了高素质的人才。相比之下，周边的非省会城市由于资源相对匮乏，经济发展较为滞后，人力资本积累较慢。然而，近年来，随着国家大力推进实施区域协调发展战略以及不断完善交通、通信等基础设施，周边城市的经济和社会资源逐步优化，人力资本差距的缩小趋势逐渐显现。

在本部分研究中，本章选择了各省份的省会城市和非省会城市作为研究对象，重点分析它们在人力资本水平上的变化趋势。具体而言，由于省份之间差异较大无法直接比较，因此本节选取各省份内部省会城市与该省内部非省会城市平均人力资本的比值来衡量该省人力资本相对差异。通过对这一指标的时间序列分析，我们可以直观地看到各省份中，省会城市和周边城市人力资本差距是否随时间的推移和经济的发展而变化。这种分析方法具有较高的可操作性，并且通过折线图，可以捕捉到不同时间节点上省会城市与其他城市人力资本差距的波动，不仅有助于揭示区域间人才分布的格局演变，还能够为政府制定更为科学合理的区域协调发展政策提供重要的参考依据。通过本节的分析，我们可以知道我国未来区域发展中需要进一步促进省会城市与周边城市在人力资本水平上的平衡发展，从而推动区域经济的全面协调发展。

如第二节所述，城市人力资本一般采用城市人口中高等教育在校生人数比例来衡量，本节从指标一"在校生人数/城市常住人口"和指标二"在校生人数/城市户籍人口"两个角度出发，分别绘制了各省内部人力资本相对差距——"省会城市人力资本/其他非省会城市平均人力资本"的折线图（图3-21），并且计算了全国整体平均值。进一步地，将全国各省按照地理位置分为东部地区、中部地区和西部地区，并绘制折线图、计算平均值。

一、指标一相关分析

图3-21展示了全国各省内部人力资本相对差距的变化情况，图中的全国平均值（灰色粗线条）显示出全局上的下降趋势，灰色带状区域为误差带。这表明随着时间的推移，省会城市与非省会城市的人力资本差距总体在逐渐缩小，各地省会城市与非省会城市之间的人力资本差距趋向均衡。这样的变化可能有几方面原因：首先，随着经济的持续增长，政府和企业对非省会城市的基础设施建设投入增加，特别是交通、通信、医疗、教育等方面的改善，使得这些城市能够提供更好的生活和工作条件。这种公共服务的改善降低了省会城市工作对高素质人才的吸引力，促使人力资本逐步向非省会城市流动。其次，经济发展往往伴随着产业结构的调整，传统劳动密集型产业逐渐向非省会城市转移，而省会城市则向高端制造业和服务业升级。这种产业梯度转移创造了更多适合高素质人才的就业机会，使得非省会城市对人力资本的需求和吸引力不断增强，减少了人才集聚于省会城市的现象。再次，随着高等教育的普及，非省会城市的教育资源逐渐扩展，许多非省会城市开始建设高水平的高校和科研机构，提供了更多的受教育机会。最后，信息化发展和交通便利化极大提升了人才的流动性，减少了在非省会城市生活和工作的障碍，使得人才能够更自由地在区域内选择工作和生活。

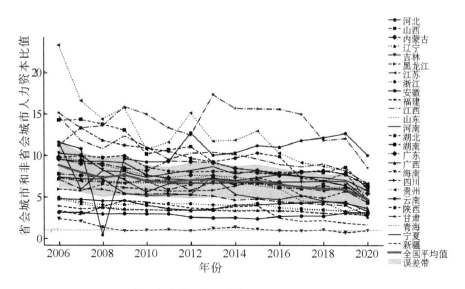

图 3-21　全国省会城市与非省会城市平均人力资本比值变化

　　具体来看，虽然大部分省份的人力资本比值随着时间的推移呈现出逐步下降的趋势，但是各省份的省会城市与非省会城市的人力资本差距存在显著的区域差异。例如，部分西部省份（如贵州）的人力资本比值在早期非常高，省会城市的人力资本水平是非省会城市平均水平的20倍之多；随后迅速下降，说明这些省份省会城市的教育资源集中度较高，但随着时间的推移，资源逐渐分散到其他地区。相较而言，部分东部沿海地区（如江苏）的比值相对稳定，说明其省会城市与周边城市在教育资源上的相对差异较小，省内各城市发展比较均衡。其中灰色虚线（参考线，$y=1$）代表了省会城市与非省会城市人力资本水平完全相等的情况，大多数省份的比值始终高于该参考线，说明省会城市相对于非省会城市在人力资本积累上依然具有优势。不过，部分省份的比值开始逐渐接近参考线，表明人力资本向非省会城市的流动加速，区域内教育资源分布趋于均衡。值得注意的是，海南省始终接近参考线，说明其中心城市和其他城市在人力资本积累上的差异较小。可能和海南省较小的整体人口基数和旅游经济有关，不同城市资源分布上的差异较弱，人力资本的分布较为均衡。

　　在上文的基础上，本节进一步划分了东、中、西部三个地区进行对比分析（如图3-22、图3-23、图3-24）。整体来看，东、中、西三大地区的人力资本比值平均值随时间变化均表现出下降的趋势，表明各大地区的中心城市和非中心城市人力资本差距在逐渐缩小。具体而言，东部地区的初始人力资本相对差距平均在5.5左右，远远低于中部（平均为9.5）和西部（平均为12）。且东部地区的差距收敛最为显著，中部次之，而西部地区相对较慢。这说明经济越发达的地区，人力资本在区域之间积累越均衡。但是东部各省之间仍存在一定差异，例如，江苏省和浙江省的人力资本比值一直维持在较高水平，而福建省的比值则接近参考线，这可能与各省内城市化程度不同、教育资源分布不均等因素有关。中部地区作为近年来国家政策重点扶持的区域，工业转移和基础设施建设显著提高了非省会城市的吸引力。尽管中部地区在经济基础上不如东部地区强，但得益于政策支持和区域间的资源均衡分配，差距逐步缩小，特别是在2019年之后，这一趋势尤为明显。部分省份如江西、河南等的比值在2020年仍保持较高水平，说明这些省份省会城市仍具有人力资本集聚优势，而其他省份如湖北、湖南的比值已经接近全国平均水平。西部地区由于历史原因和地理因素，经济发展相对滞后，非省会城市的人力资本积累速度较慢，差距收敛速度较慢、区域间差距较大。许多非省会城市的教育资源、基础设施水平依然不足，导致省会城市仍然是高素质人才的主要集聚地，非省会城市的吸引力仍然不足。

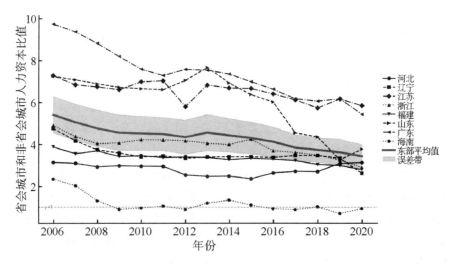

图3-22　东部地区省会城市与非省会城市平均人力资本比值变化

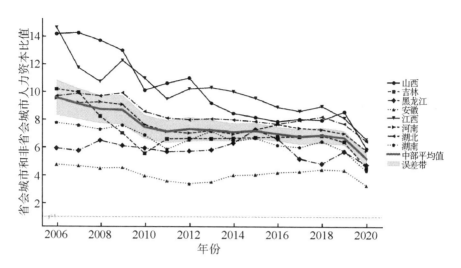

图 3-23 中部地区省会城市与非省会城市平均人力资本比值变化

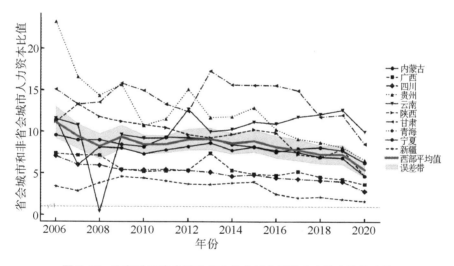

图 3-24 西部地区省会城市与非省会城市平均人力资本比值变化

二、指标二相关分析

和指标一类似，图 3-25 显示了全国范围内的变化情况，图 3-26 至图 3-28 分别显示了东、中、西部三大地区的人力资本省内差距变化情况。整体来看，从 2000 年到 2020 年，全国平均人力资本差距呈现下降并趋于平稳的趋势，特别是在 2005 年之后，这一趋势更为明显。西部地区的新疆维吾尔自治区变化最为显著，尤其是在 2000—2005 年期间，省会城市和非省会城市的人力资本差距急剧缩小，说明这一期间的高等教育在全省范围内得到了均衡发展。总体上使用指标二（平均为 11）衡量的值比指标一（平均为 9）更高，并且使用指标一衡量的人力资本相对差距起伏较为剧烈，而指标二的曲线除个别省份外波动相对较小，说明省会城市和其他城市在人力资本方面的差距受到城市常住人口的影响更大。长期来说城市户籍人口的变动相对稳定，省会城市的流动人口会比户籍人口更多地受到经济、政策、就业机会等多种因素的影响，导致其人口结构变化更为剧烈。两种指标在人力资本衡量中的差异主要源于人口基数的不同、高等教育资源分布的差异以及流动人口的影响，但是均显示出省会城市与其他城市的人力资本差距逐渐缩小趋势，说明高等教育资源和地区间的高等人力资本积累正逐步均衡化分布。

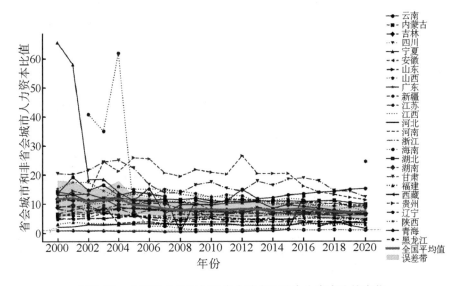

图 3-25　全国省会城市与非省会城市平均人力资本比值变化

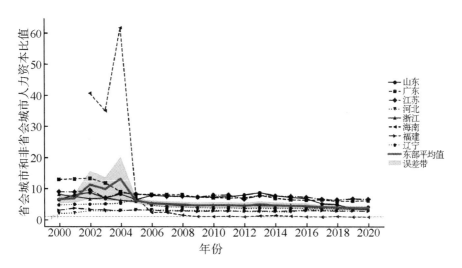

图 3-26　东部地区省会城市与非省会城市平均人力资本比值变化

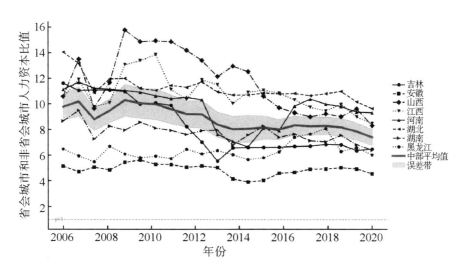

图 3-27　中部地区省会城市与非省会城市平均人力资本比值变化

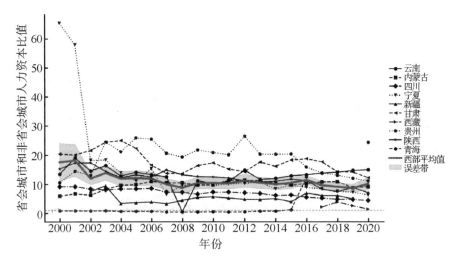

图 3-28 西部地区省会城市与非省会城市平均人力资本比值变化

具体来看，东、中、西部三大地区的平均值均随时间的变化呈现出下降的趋势，说明随着时间变化和经济发展，中心城市和其他城市人力资本差距逐年缩小。东部地区由于其经济发达、高等教育资源集中，省会城市和其他城市之间的差距较小。而中部和西部地区在人力资本上的差距大于东部地区，尤其是在发展初期。西部和东部地区除了个别省份，如海南省、新疆维吾尔自治区，整体差距和变化更接近全国平均水平。反而是中部地区波动较大，平均差距从 2000 年的接近 10 下降到 2020 年的 7，且中部地区的各个省份波动都很剧烈。中部地区在过去 20 年经历了快速的城市化和工业化，一些省份（如河南省、湖南省）都是传统的人口输出大省，许多大学生毕业后流向东部和南部经济发达地区，这可能导致中部地区省会城市的人力资本水平相对于其他城市更难保持稳定。而东部地区拥有成熟的高等教育体系和持续的经济增长能力，教育资源的变化对这一指标的影响相对较弱；西部地区户籍人口相对较少且较为固定，同时高等教育资源相对集中在省会城市，如四川、陕西等大省的省会城市在区域中的主导作用更强。加之"西部大开发"等政策导向，这种集中效应反而使得西部地区人力资本差距变化趋势接近全国的总体水平，更多体现为稳定的差距。

第四章 我国各行业人力资本 演变趋势与规律

　　人力资本不仅是推动区域经济发展的重要驱动力，也是实现行业产业升级的关键因素。然而，不同地区和行业在人力资本积累方面仍然存在显著差异，这不仅体现在对高学历人才吸纳能力的不同，也对企业创新效率和经济绩效产生深远影响。作为经济活动的重要主体和代表性样本，上市公司在人力资本的积累及其结构演化方面具有较高的研究价值。本章将系统分析上市公司人力资本的动态变化，并探讨其与企业财务绩效之间的关系。

　　由于不同行业在生产特性与技术水平方面的差异，其对高学历人才的需求存在显著不同，因此本书将数据聚合至行业层面进行分析。这一方法有助于识别和量化各行业在高学历劳动力吸纳方面的差异，同时通过跨行业比较深入理解人力资本在行业发展中的核心作用。通常而言，高学历员工能够创造更高的经济产出，尤其是在知识密集型和创新驱动型行业中，其生产力、适应力和创新能力尤为突出。本章选择本科及以上学历员工的占比作为衡量企业人力资本的指标。在数据处理过程中，参考国家统计局《国民经济行业分类》，清洗了 2011—2020 年沪深京所有上市公司数据，最终筛选出 19 个行业大类作为研究对象，并剔除了 ST 企业以及当年上市的新企业。这 19 个行业包括：A 农林牧渔业；B 采矿业；C 制造业；D 电力、热力、燃气及水生产和供应业；E 建筑业；F 批发和零售业；G 交通运输、仓储和邮政业；H 住宿和餐饮业；I 信息传输、软件和信息服务业；J 金融业；K 房地产业；L 租赁和商务服务业；M 科学研究和技术服务业；N 水利、环境和公共设施管理业；O 居民服务、修理和其他服务业；P 教育；Q 卫生和社会工作；R 文化、体育和娱乐业；S 公共管理、社会保障和社会组织。

第一节　2011—2020 年上市公司行业人力资本变化

一、上市公司人力资本整体变化趋势

本节绘制了 2011—2020 年各行业人力资本变化趋势图，以揭示高学历员工比例在不同行业中的动态变化规律，如图 4-1 所示。从整体来看，大多数行业呈现出高端人力资本占比稳步增长的趋势，更多企业倾向于吸纳具有本科及以上学历的人才。这种现象与知识经济快速发展的时代背景相契合。在知识驱动型经济模式中，企业的竞争力越来越依赖于人力资本的质量，这使得高学历人才成为劳动市场中的稀缺资源。具体数据显示，在 2011 年，19 个行业中本科及以上学历员工的比例高于 40% 的仅有信息传输、软件和信息服务业，本科及以上学历员工比例高于 30% 的有 5 个行业，约占总行业的 26%；然而到了 2020 年，这一比例已经显著增加，本科及以上学历员工占比高于 40% 的行业已经有 6 个，而高学历员工占比超过 30% 的行业为 10 个，约占总行业的 53%。这一变化反映了我国劳动市场对高学历人才需求的普遍增加，这一趋势不仅表明企业对专业技术能力的重视，还反映了整个社会对教育价值的认可程度的不断提高。

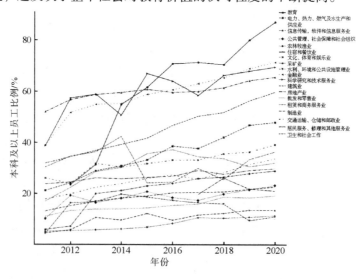

图 4-1　2011—2020 年各行业人力资本变化

在技术驱动型行业中，高端人力资本占比增长尤为显著，例如信息技术、科学研究和金融业。这些行业对高学历人才的依赖性较强，拥有专业知识和高端技术技能的高学历员工成为行业发展的重要驱动力。尽管科学研究和技术服务业的高学历员工比例总体趋势向好，但在2014年后波动较大，高学历员工比例出现下降。这一变化可能与以下两个主要因素相关。第一是互联网行业在这一时期的快速崛起，大量科研和技术服务业的高学历人才流向信息技术、金融科技等行业。这种人才流动性不仅体现了高学历人才对更高收入和更好职业发展机会的追求，也反映了不同行业对高端技能需求的竞争加剧。第二是在2014年后，我国部分地方政府和企业对科研的投资增速有所放缓，导致部分研究机构缩减了人员编制或招聘规模。这种情况可能进一步加剧了行业内部的高学历人才流失。相比技术驱动型行业，某些传统行业（如电力、热力、水生产与供应业）的人力资本水平总体较低，但波动较为显著。这种波动可能受到行业结构调整和政策因素的显著影响。从2015年底开始，中国启动了供给侧结构性改革，能源行业是重点领域之一；2016年，国家大力推动风能和太阳能等可再生能源的发展，国家电网公司也在全国范围内推进智能电网建设。这一时期对技术复合型人才的需求上涨，导致该行业本科以上员工比例显著提高。而2016—2017年高学历员工占比出现略微下降趋势，这可能是因为2016年第二轮售电侧市场化改革加速，新增了许多独立售电公司，这些公司主要关注市场营销和基础电力销售，对技术型高学历人才需求较少。还有部分行业的人力资本结构在过去十年中变化幅度较小。例如，农业和传统服务业对高学历人才的需求相对较低，这些行业中，高学历员工的占比长期保持较低水平，且变化不大。这主要是因为这些行业对技术和创新的依赖性较弱，其岗位技能要求通常可以通过非学历教育或在职培训获得。而教育行业则在此期间保持了相对稳定的高学历员工比例，这主要源于该行业的职业特点，其对从业者学历要求较高。特别是在2013—2016年期间，教育行业高学历人才需求显著增加。这可能和在线教育的初步兴起以及互联网和数字技术在教育领域的逐步应用有关，同时国家在此阶段大力推动职业教育发展，出台政策鼓励高素质教育人才的引入，这些因素共同促进了教育行业高学历人力资本的持续增长。总体来看，各行业高端人力资本变化受到多重因素的综合作用，包括技术进步、经济政策、市场需求和行业特性等。未来，通过提升教育与产业的协同效应、完善人才流动机制以及明确行业政策导向，能够更好地实现人力资本的科学配置与高效利用，为经济高质量发展提供坚实支撑。

二、上市公司行业人力资本变化具体分析

表4-1显示了2011年、2015年、2020年和各年间不同行业中本科及以上学历员工占比的具体变化情况，不同行业的学历分布具有显著差异，并与行业知识密集程度、技术含量及产业发展模式密切相关。从存量来看，2011年各行业的本科及以上学历员工比例差异显著。知识密集型行业的人力资本水平较高，其中信息传输、软件和信息服务业（51.90%）位居首位，金融业（38.87%）及科学研究和技术服务业（38.57%）紧随其后。这些行业具有较高的技术含量，对从业人员专业技能的要求显著高于传统行业。自2006年中国提出"自主创新"战略以来，信息化和数字化转型加速，使得知识密集型行业对高学历员工的需求显著增加。市场扩张、政策支持、高薪资以及国际化竞争力，进一步强化了这些行业对高学历人才的吸引力。相较之下，传统行业如农林牧渔业（5.01%）以及住宿和餐饮业（4.34%）的本科及以上学历员工比例明显偏低，这与其劳动密集型特征及对低学历劳动力的依赖密切相关。制造业（13.02%）和建筑业（31.71%）的人力资本水平尽管低于知识密集型行业，但高于传统劳动密集型行业，反映出这些行业在向技术密集型方向转型，但对高学历人才的需求尚未完全释放。人力资本水平最低的行业是水利、环境和公共设施管理业（4.25%），这可能和行业早期特点和政策滞后性相关。中国的水利、环境和公共设施管理业早期主要集中在基础设施的运营和维护工作上，例如供水、污水处理、城市绿化和公共设施维护。这些岗位的技术复杂度相对较低，更多依赖于中低技能劳动者。此外，政府早期对该行业投资相对不足，行业发展较为滞后。尤其是在环境保护和公共设施现代化方面重视不够，导致行业对高学历人才吸引力较弱。

表4-1　我国上市公司行业人力资本变化情况　　　　　单位:%

行业代码	行业	2011年	2015年	2020年	2011—2015年 变化率	2015—2020年 变化率	2011—2020年 变化率
A	农林牧渔业	5.01	6.74	11.25	34.70	66.76	124.62
B	采矿业	5.77	22.86	28.78	296.41	25.87	398.95

表4-1(续)

行业代码	行业	2011年	2015年	2020年	2011—2015年变化率	2015—2020年变化率	2011—2020年变化率
C	制造业	13.02	18.93	22.53	45.33	19.07	73.04
D	电力、热力、燃气及水生产和供应业	21.05	33.08	47.79	57.14	44.44	126.98
E	建筑业	31.71	41.59	59.66	31.17	43.43	88.14
F	批发和零售业	10.97	14.25	18.98	29.90	33.26	73.11
G	交通运输、仓储和邮政业	17.66	25.84	33.59	46.26	30.00	90.14
H	住宿和餐饮业	4.34	12.08	13.34	178.18	10.49	207.37
I	信息传输、软件和信息服务业	51.90	60.71	65.50	16.98	7.89	26.21
J	金融业	38.87	58.70	71.19	51.03	21.27	83.16
K	房地产业	23.59	26.17	29.66	10.91	13.34	25.70
L	租赁和商务服务业	16.87	35.53	31.94	110.65	−10.08	89.40
M	科学研究和技术服务业	38.57	66.90	69.43	73.44	3.77	79.99
N	水利、环境和公共设施管理业	4.25	18.50	10.84	335.64	−41.43	155.16
O	居民服务、修理和其他服务业	11.55	—	20.90	—	—	80.94
P	教育	—	61.54	86.93	—	41.25	—
Q	卫生和社会工作	30.20	24.04	36.26	−20.39	50.84	20.09
R	文化、体育和娱乐业	25.89	31.61	39.07	22.09	23.61	50.92
S	公共管理、社会保障和社会组织	10.03	20.65	23.06	106.00	11.67	130.03

　　到2015年，各行业的本科及以上员工比例普遍有所提升，这一趋势与中国经济转型升级以及产业结构优化密不可分。一方面，人力资本水平最高的行业是科学研究和技术服务业，从38.57%增长至66.90%；其次是信息传输、软件和信息服务业，从51.90%增长至60.71%。这些行业的显著增长直接得益于国家对科技创新、高端服务业的政策支持。另一方面，技术升级驱动的产业变革在建筑业（41.59%）和制造业（18.93%）中表现明显，体现了"产业升级"和"制造强国"战略的实施带来的高学历劳动

力需求提升。传统劳动密集型行业如农林牧渔业（6.74%）以及住宿和餐饮业（12.08%）尽管也有增长，但总体人力资本水平仍处于低位。水利、环境和公共设施管理业及采矿业的高学历员工比例在此阶段显著增长，前者从 2011 年的最低水平跃升至中游。这一变化与国家政策支持及行业转型升级密切相关。随着"十二五"规划（2011—2015 年）的实施，中国政府加大了对水资源管理、环保治理和公共设施建设的投资力度。例如"南水北调"工程（2013 年东线一期通水、2014 年中线一期通水）等重大水利项目和 2013 年的《大气污染防治行动计划》的出台，使得行业更加依赖具备相关专业知识的高学历人才，例如污水处理技术、固体废物处理技术、城市水利工程管理等领域对专业技术的要求显著提高。此外，随着资源开采难度增加和环保要求提高，传统的采矿模式也逐渐被高技术含量的采矿技术所取代。采矿业对地质勘探、开采设备管理、绿色开采技术等专业技能的高标准要求导致行业逐步向高技术含量转型，增加了行业对高学历人才的需求。

随着中国经济进一步向高质量发展迈进，到 2020 年，各行业的人力资本分布逐渐呈现稳定化趋势。总体来看，对于知识密集型行业如金融业（71.19%）和信息传输、软件和信息服务业（65.50%），高学历人才进一步集聚，本科以上员工比例远远高于其他行业。科学研究和技术服务业（69.43%）虽然增长趋缓，但依然保持在高水平。与此同时，传统行业也呈现出稳步提升的趋势，制造业（22.53%）和建筑业（59.66%）的人力资本水平持续上升，表明这些行业在技术升级和现代化过程中对高学历人才的需求持续增加。然而，劳动密集型行业如农林牧渔业（11.25%）以及住宿和餐饮业（13.34%）的人力资本虽有一定增长，但整体水平偏低。其原因可能在于行业本身技术要求不高，对高学历人才的吸引力有限。具体来说，教育（86.93%）的本科及以上员工比例最高，这与行业的天然需求及近年来教师招聘政策愈发严格密切相关，本科及以上学历几乎成为从业的最低标准。而且高等教育的扩张与结构性变化也进一步推动了教育行业高学历人才的储备。值得注意的是，之前处于中游水平的水利、环境和公共设施管理业的高学历员工占比降至最低（10.84%），可能是由于技术升级和智能化系统逐渐替代了对高学历人才的需求。与金融业、信息服务业等行业相比，该行业的薪资水平相对较低，职业吸引力也相对较弱，高学历人才更倾向于离开该领域。2020 年，政府在经济刺激和基础设施建设中的重点逐渐转向交通、能源等领域，水利和环境领域的新增投资放缓。在国家政策导向的影响下，交通运输、仓储和邮政业（33.59%）和电力、热力、燃气及水生产和供应业（47.79%）人力资本水平逐步上升，在 2020 年位于所有行业的中游偏上水平。

从短期变化率来看，2011—2015 年是各行业人力资本增长的高峰期，主要分为三大类。第一类是政策驱动的快速增长行业，如科学研究和技术服务业的增幅（73.44%）位于上游水平，其高速增长主要来自政策和产业结构调整的强大推动力，特别是和中国"创新驱动发展"战略的高度契合。第二类是技术升级的中速增长行业，如建筑业（31.17%）和制造业（45.33%），这类传统行业在技术升级过程中对高学历人才的需求不断增加，人力资本水平稳步增长。第三类是劳动密集型行业，如农林牧渔业（34.70%）以及住宿和餐饮业（178.18%）虽然增幅较高，但由于基数较低，其绝对增长幅度仍然有限。此外，还有依赖行业转型升级快速增长的水利、环境和公共设施管理业（335.64%）和采矿业（296.41%）。在这一阶段，只有卫生和社会工作行业的人力资本水平处于下降趋势，这可能和行业快速扩张带来的平均水平稀释效应有关。《"十二五"卫生事业发展规划》中提出要大幅度增强基层医疗服务能力，推动乡村卫生院和社区卫生服务中心的建设。中国医疗卫生行业进入快速扩张期，新增的医疗岗位以基层技术型和护理岗位为主，对学历要求相对较低。并且，在政府购买服务的推动下，社会服务机构数量大幅增加。这些机构的岗位（社区服务人员、基层社工等）对从业者的学历要求普遍较低，导致整个卫生行业高学历员工比例下降。2015—2020 年，各行业人力资本变化率较前一阶段有所放缓，知识密集型行业如信息传输、软件和信息服务业（7.89%）和金融业（21.27%）进入稳定增长阶段。主要原因在于这些行业在前一阶段已经积累了较高比例的人力资本，高学历人才比例增长平缓。而传统行业农林牧渔业（66.76%）和建筑业（43.43%）由于转型加速，智能化技术和自动化设备应用增加，对高学历人力资本的需求显著上升。科学研究和技术服务业（3.77%）增速则大幅下降，这可能与行业已接近人力资本饱和，以及经济外部压力导致的需求减缓有关。长期来看，2011—2020 年，采矿业（398.95%）和水利、环境和公共设施管理业（155.16%）的增长率最高，对高学历人才的需求在十年内有了巨大飞跃。金融业（83.16%）以及科学研究和技术服务业（79.99%）的高学历人才比例保持稳定增长，但相较于传统行业，其变化率相对较低，这些行业的增长基础扎实但空间有限。农林牧渔业（124.62%）以及住宿和餐饮业（207.37%）等劳动密集型行业由于基数较低，显示出较高的增长率，这类行业对高学历人才的吸引力仍需进一步增强。总体而言，2011—2020年各行业高学历员工比例的长期变化，不仅体现了中国经济结构调整和技术进步对人力资本的深远影响，也揭示了政策导向和产业转型在推动人力资本积累中的重要作用。

第二节　上市公司行业人力资本和资产回报率的关系分析

为了直观展示不同行业在不同时期的资产回报率（return on assets，ROA）和人力资本水平（本科及以上员工占比）之间的关系，本节结合热图和气泡图叠加绘制了可视化结果，如图4-2所示。在图中，颜色深浅表示行业ROA的高低。颜色越深，表示行业平均ROA越高，盈利能力越强；颜色越浅，则表示该行业在对应年份的ROA越低，盈利能力越弱。气泡大小则代表人力资本水平。气泡越大，表示该行业中本科及以上学历员工占比越高；气泡越小，表示行业中高学历员工占比越低。

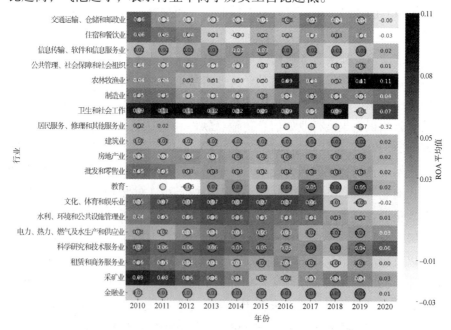

图4-2　2010—2020年各行业人力资本和ROA情况

　　整体来看，各行业人力资本水平和资产回报率之间呈现出显著差异。部分资产回报率较高的行业（例如采矿业）人力资本水平较低。这些行业的盈利能力主要源自其对自然资源的垄断性控制和全球市场需求，而非知识或创新驱动。因此，这类行业对高学历员工的依赖性较弱，其生产流程通常更适合熟练工或经验型劳动者，而非高端技术或知识密集型岗位。尽管采矿业能够在某些年份内实现较高的 ROA，但其对高学历员工的需求增长相对有限。与资源型行业形成对比，公共管理和社会保障相关行业尽管具有较高的人力资本水平，但其资产回报率整体偏低。这些行业的盈利能力通常受限于政策目标和公共服务需求，而非市场竞争力驱动。例如，社会保障行业在维护公共服务体系和执行复杂政策时需要高学历员工支撑，但其盈利性受到政策干预的限制。此类行业在经济增长和转型中对劳动力市场的吸引力主要体现在稳定的就业环境和社会责任，而非经济回报。对于传统劳动密集型行业，如批发零售业和部分制造业，则同时表现出较低的资产回报率和较低的人力资本水平。这些行业的盈利模式主要依赖规模经济，核心竞争力体现在供应链效率和成本控制上。由于技术门槛较低，这类行业对高学历员工的需求较弱，同时也缺乏吸引高端人才的资源和能力。与之形成对比的是，部分资本密集型行业（如金融业、文化体育和娱乐业）呈现出"高资产回报率+高人力资本"的双高特征。这些行业不仅需要大量资本资源，同时对高端人力资本也高度依赖。例如，金融行业需要通过吸引具有专业资质和高水平技能的人才（如金融分析师和量化交易员）来支持其复杂运营和高回报业务；文化娱乐行业则通过高学历技术人才推动数字化内容创作和市场创新。此外，技术密集型行业（如信息传输、软件服务业，科学研究和技术服务业）的人力资本与资产回报率之间的正相关性尤为显著。这类行业的高 ROA 源于其持续的创新能力，而创新能力的提升又高度依赖高学历员工的专业知识和技术技能。

　　从时间维度来看，技术密集型行业（如信息传输、软件服务业，科学研究和技术服务业）的高学历员工占比与资产回报率在时间轴上呈现出同步上升趋势。尤其是在政策和技术环境利好的年份（如 2015 年的"互联网+"政策），这种上升趋势更加明显。随着科技进步和创新需求的增强，这些行业通过吸纳高学历员工获得了更高的盈利能力，充分体现了技术与知识密集型行业的高回报特点。即使在 2020 年受疫情冲击的大环境下，尽管大部分行业的资产回报率有所下降，这些行业也保持了较高的盈利水平。这些行业的抗风险能力得益于其高度的知识密集化和数字化运作模式。例如，在疫情期间，在线教育、远程办公和电子商务等新兴业务对技术型人才的需求持续增长，这些变化不仅维持了行业的稳定性，还推动了新的盈利增长点的出现。相比之下，劳动密集型和资源依赖型行业的资产回报率更容易受到经济周期波动的影响。这些行业的盈利模式更多依赖于外部市场需求的稳定性，其人力资本水平则表现出较低的整体增长趋势。例如，制造业在贸易摩擦背景下的外需减少导致盈利能力下降；批发零售业在消费环境不确定性增强时也容易受到冲击。

通过上述分析可以发现，人力资本与资产回报率之间的关系并非单向决定，而是通过动态循环机制相互促进。对此我们具体可以总结为以下两个方面：第一，经济实力与人力资本积累。拥有较高 ROA 的行业通常具备更强的经济实力，能够通过提供高薪、福利和职业发展机会吸引并雇佣更多高学历员工。例如，金融行业的高收入水平和职业晋升空间对高端人才的吸引力显著增强。第二，高端人力资本对盈利能力的提升。高端人力资本的积累进一步提高了企业的创新能力与运营效率，从而提升了资产回报率。这种效应在知识和技术密集型行业尤为显著。高学历员工的知识储备和技能应用直接增强了企业在技术开发、市场开拓和运营管理等方面的竞争力。因此，随着人力资本与资产回报率的双向提升，行业内部逐渐形成了良性循环，进而巩固了特定行业的竞争优势。

不同行业人力资本与资产回报率的关联特征反映了中国经济转型过程中显著的结构性变化。总体上，各行业高学历员工比例的稳步上升表明知识经济时代对高端劳动力的需求持续增长，无论是传统行业还是新兴行业，生产与服务的日益复杂化对人力资本结构的优化提出了更高要求。然而，值得注意的是，人力资本的分布不均与资源配置效率之间依然存在矛盾。例如，部分劳动密集型行业由于盈利能力有限，难以吸引高端人力资本；政策导向型行业虽然具备较高的人力资本水平，但其资源使用效率和市场竞争力尚有提升空间。未来，通过推动教育与产业的深度融合，优化人才流动机制，提升传统行业的技术密集化程度，可以进一步促进人力资本与经济发展的协调统一。

第三节　上市公司行业人力资本和营业收入增长率的关系分析

本节进一步研究不同行业在不同时期的营业收入增长率和本科及以上员工占比（人力资本占比）之间的关系，并同样使用营业收入增长率热图和人力资本气泡图叠加绘制，结果如图 4-3 所示。其中颜色深浅表示营业收入增长率的高低：颜色越深，表示行业平均营业收入增长率越高，市场扩张力越强；颜色越浅，则表示该行业在对应年份的营业收入增长率较低。气泡大小表示人力资本水平：气泡越大，表示该行业中本科及以上学历员工占比越高；气泡越小，表示高学历员工占比越低。

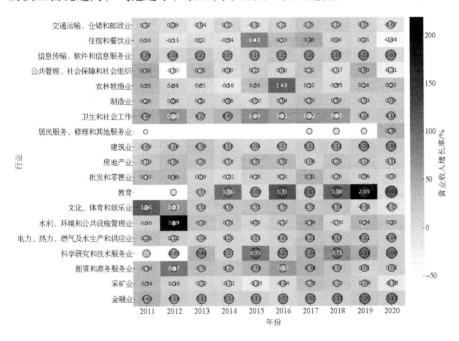

图 4-3　2011—2020 年各行业人力资本和收入增长率情况

人力资本水平和营业收入增长率的关系在不同行业中表现出显著差异。其具体分为以下三类。

一是在知识型密集型行业中有显著正相关关系。如信息传输、软件和信息服务业以及科学研究和技术服务业，本科及以上学历员工占比较高的年份往往伴随着较高的营业收入增长率。这些行业高度依赖技术创新和研发能力，其增长模式主要建立在知识与技能驱动基础之上。高学历员工具备较强的专业能力与创新能力，在技术研发、市场创新和产品升级等方面起到了不可替代的作用。例如，信息技术行业在"互联网+"政策推动下快速发展，行业内企业通过吸纳大量高学历人才完成技术突破，从而实现了营业收入的显著增长。行业创新驱动与市场需求会保持一定的良性互动：一方面，高学历员工推动了内部技术与产品的不断创新；另一方面，这些创新带来的产品和服务更容易满足市场对高附加值和高科技内容的需求，从而形成行业增长与人力资本积累的良性循环。

二是在传统服务行业中相关性较弱，例如批发零售业、交通运输、仓储和邮政业等。这些行业的增长更多依赖市场需求、基础设施投入和规模经济，而非高学历人才。一方面，市场需求占据了主导地位。传统服务行业的业务模式以满足基础性需求为主，其增长更多依赖外部市场扩张和物流网络优化，而非内部创新驱动。例如，在某些年份，这些行业尽管营业收入增长率较高，但高学历员工占比变化不大。这表明，行业的增长动力更多来自外部需求变化，而非内部人力资本的提升。另一方面，高学历人才的需求有一定局限。在批发零售业和交通运输行业，高学历员工的作用主要集中在少数管理岗位和技术岗位中，大量基层岗位对劳动力技能的要求较低。因此，即便行业营业收入实现了较高增长，对高学历人才的需求仍然有限。

三是周期性行业受到更为复杂的外部影响，营业收入增长率与人力资本水平之间的关系并不显著，如金融业和房地产业。这类周期性行业的增长往往受到宏观经济和政策环境的显著影响。例如，在 2015 年和 2016 年，随着房地产市场的快速升温和金融市场的扩张，这些行业的营业收入增长率显著提高，但人力资本水平并未出现明显变化。这说明这类周期性行业的增长主要依赖政策刺激和市场需求，而非人力资本提升。然而，从长期趋势来看，这些行业的人力资本水平依然呈现稳步上升态势。尽管短期内人力资本水平与营业收入增长率的关系不显著，但从长期趋势来看，金融和房地产业的人力资本水平呈现出稳步上升的态势。这表明，即便外部环境是这些行业增长的主要驱动力，高端人力资本的积累也是提升企业长期核心竞争力的重要因素。

总体来说，人力资本在通过内部和外部影响共同推动行业发展中起到了不可忽视的作用。高学历劳动力不仅为企业内部管理效率和资源利用效率的优化提供了关键支撑，还通过技术创新和市场扩张为企业的外部竞争力提升做出了重要贡献。从企业内部因素来看，高学历人力资本为企业资产回报率的提升奠定了坚实基础。在技术密集型行业，高学历员工的知识储备与技能应用能够显著提升企业的研发效率。例如，高端人才还能通过提升企业研发效率、优化生产流程、降低产品成本来提升利润率。这种内部优化效应在信息技术、软件开发和生物医药等行业尤为显著。这种内生驱动的资源配置优化，不仅提升了企业的资产回报率，还在一定程度上增强了企业抗风险能力。从外部因素来看，高学历人力资本通过技术创新和产品升级，为企业市场份额的扩张注入了新动力。例如，新技术的研发和应用不仅能够提升产品的附加值，还能催生新的消费需求，进而开辟新市场。以互联网行业为例，云计算、大数据等技术的快速发展得益于高学历人力资本的创新能力，这些技术不仅扩展了行业边界，还推动了企业收入的显著增长。此外，高学历人力资本还能够提高企业对市场环境的适应能力。特别是在快速变化的市场中，企业通过吸纳高技能劳动力可以更迅速地开发符合消费者需求的新产品，抢占市场先机。例如，文化娱乐行业通过吸纳数字技术专业人才推动数字化内容的创作，既满足了消费者的个性化需求，也为行业收入增长提供了新的增长点。

人力资本对行业发展的作用在不同行业中呈现出明显差异性，主要体现在内外部作用的重点不同。对于成长型行业如教育业和文化娱乐业，高端人力资本的作用主要体现在外部市场扩张方面。高技能劳动力通过推动新业务的开发和市场的开拓，为行业注入了持续增长的活力。从 2013 年到 2016 年，这些行业的人力资本水平稳步上升，与此同时营业收入也呈现显著增长。而在电力、热力服务业等成熟型行业，由于技术路径和业务模式较为固定，高端人力资本的主要作用体现在提升企业资产管理效率和盈利能力方面。然而，这类行业对营业收入增长的依赖相对较小，高端人力资本对市场扩张的贡献也相对有限。

为了更好地发挥人力资本的作用，政府首先应当优化教育资源配置，提升人力资本供给质量，要进一步加大对高等教育和职业教育的投入，特别是支持与知识密集型行业发展相匹配的学科和专业建设。同时，应鼓励高校与企业合作，推动产学研一体化发展，培养更多适应行业需求的高端人才。其次，高端人力资本的流动性是其发挥作用的重要前提。政策应鼓励区域间、行业间的人才合理流动，特别是通过放宽落户政策和优化就业环境，吸引更多高学历人才流向中、西部地区和传统行业。这不仅有助于提升人力资本的整体利用效率，也能促进区域经济协调发展。最后，政府应当重视推动传统行业技术升级，根据不同行业特点制定行业支持政策，增强高端人力资本吸引力。对于劳动密集型和传统服务行业，应通过政策支持其技术改造和业务模式升级，例如通过智能制造、绿色能源等领域的技术创新，传统行业可以逐步从成本竞争转向价值竞争，为高学历人才提供更多施展空间。对于教育业、文化娱乐业等成长型行业，政府应进一步加大相关政策支持力度，通过减税优惠和专项基金鼓励行业企业加大高端人力资本的投入。同时，通过优化知识产权保护政策，为技术创新型企业创造更加公平的竞争环境。

第四节　上市公司行业人力资本和全要素生产率的关系分析

在现代经济中，人力资本作为生产要素的重要组成部分，其影响已被广泛认可。特别是在知识密集型产业，人力资本对提升全要素生产率（total factor productivity，TFP）的贡献愈发显著。本节通过绘制人力资本气泡图和全要素生产率热图的叠加可视化，比较分析了上市公司行业人力资本和全要素生产率之间的关系，如图4-4所示。颜色深浅表示行业全要素生产率的高低：颜色越深，表示行业 TFP 越高；颜色越浅，则表示该行业 TFP 越低。气泡大小则代表人力资本水平：气泡越大，表示该行业中本科及以上学历员工占比越高；气泡越小，表示行业中高学历员工占比越低。

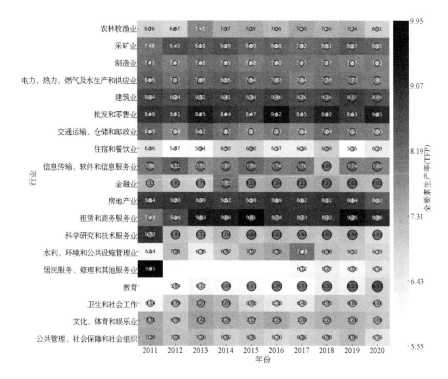

图 4-4　2011—2020 年各行业人力资本和全要素生产率情况

　　由于采用最小二乘法（ordinary least squares，OLS）估计 TFP 不能解决内生性问题，不仅会高估劳动和资本产出弹性，而且会低估生产率水平（杨汝岱，2015），因此现有研究一般使用改进后的 OP 法（Olley-Pakes 法）和 LP 法（Levinsohn-Petrin 法）测算全要素生产率。由于不同企业之间差异较大，本节选择使用 OP 方法计算单个企业的全要素生产率，再使用企业数据聚合到行业层面计算行业全要素生产率。考虑到行业内资源配置效率的影响，比如资源（资本、劳动、市场份额等）可能更多地流向高生产率企业从而影响整个行业的全要素生产率，本节借鉴 Olley-Pakes 分解的思路（Olley and Pakes，1996），将行业 TFP 分解为简单均值部分和资源配置效率部分，并使用产出（Y）的比例计算每个企业的市场份额（s_i）用于测算分配效率。具体计算公式如下：

$$\overline{\text{TFP}}_{\text{industry}} = \overline{\text{TFP}} + \sum_i (s_i - \bar{s})(\text{TFP}_i - \overline{\text{TFP}}) \tag{4-1}$$

　　此外，由于金融行业的投入和产出与实物生产行业不同，很难用传统的生产函数进行量化，因此去掉了金融行业的样本。

从图 4-4 可以看出，人力资本与全要素生产率（TFP）之间的关系在不同行业中呈现显著差异。总体而言，各行业的 TFP 与人力资本之间并非简单的正相关关系，而是受到多种因素的制约和影响。例如，从静态来看，教育和卫生行业虽然具备较高的人力资本，但由于政策约束和优先考虑社会效益，其高学历劳动力对效率提升的作用未能充分发挥，其全要素生产率长期处于较低的水平；批发零售行业则依赖资源优化和技术替代劳动，在较低人力资本水平下实现了较高的全要素生产率。从动态来看，技术密集型行业如信息服务业和科学研究业尽管起点较低，但是全要素生产率和人力资本水平的增长率表现出较强的正相关关系；而劳动密集型行业的全要素生产率和人力资本水平的增长率表现出"双低"的特征，对劳动数量的依赖未转化为生产效率的显著提升。这种差异表明，不同行业的生产效率受到技术、资源、政策等多维因素的综合影响。基于行业特性、生产模式和资源禀赋的差异，本节从技术密集型、劳动密集型、政策驱动型、资本密集型和资源型五个维度深入分析人力资本与全要素生产率之间的关系及其发展规律。

第一，技术密集型行业（如信息传输、软件和信息服务业，科学研究和技术服务业）早期的全要素生产率位于中低水平，但增长率显著。图中气泡较大且增长明显，说明人力资本的提升与技术创新相辅相成，共同推动生产效率加速增长。例如，信息服务业受益于数字化技术（如云计算和大数据）的普及及商业模式创新，其 TFP 实现快速提升；科学研究和技术服务业则通过高人力资本水平加速技术成果转化。然而，由于技术积累尚需时间，行业对全要素生产率的全面提升仍存在潜力空间。第二，在劳动密集型行业如住宿餐饮业、居民服务业，人力资本与全要素生产率长期稳定在较低的水平。由于劳动力技能门槛较低，行业对高端劳动力吸引力不足，生产流程技术壁垒也相对较低，自动化程度有限。因此，劳动密集型行业的 TFP 更多依赖外部支持（如政府补贴和市场需求）。未来可通过职业技能培训提升劳动者技术水平，同时推动自动化和数字化技术应用（如智能服务终端、线上预订平台），以提高生产效率。第三，对于政策驱动型行业如教育、卫生行业，尽管这类行业具有人力资本水平高的特征，但其 TFP 长期处于低位，效率提升受政策约束和管理效率限制。这些行业更注重社会效益而非经济效益，资源配置缺乏市场驱动。提高管理效率和推广技术应用是提升生产效率的关键路径，例如引入数字化教学平台和智能医疗设备，以优化资源配置并提升生产效率。第四，资本密集型行业如建筑业、电力、热力、燃气及水生产和供应业，其全要素生产率较高但是增长率有限，生产效率提升的潜力较小。人力资本水平也一直维持中等稳定的水平，对生产效率的推动作用有限。未来可通过绿色发展和数字化转型进一步挖掘效率提升潜力。例如，在建筑业推广模块化建筑技术和智能施工管理系统，在能源供应行业引入智能化设备以提升资本使用效率。第五，资源型行业（如采矿业和水利、环境管理行业）的 TFP 长期处于中低水平，技术进步渗透缓慢，这一现象可能与资源型行业对自然资源禀赋的高度依赖密切相关。这些行业的人力资本水平也长期处于较低水平，本科及以上学历员工比例增长缓慢。资源型行业的生产流程以机械化设备和熟练工操作为主，技术门槛相对较低。如矿井的开采、石油的提炼等作业环节高度依赖固定资产和流程化操作，高学历员工的参与度较低，这导致行业中人力资本比例的提升空间有限。尽管资源型行业对人力资本的依赖较弱，但随着未来资源枯竭和环境监管压力加剧，通过人力资本提升创新技术和促进管理优化或成为一个必然的方向。推动资源型行业向绿色经济和循环经济转型，也将有助于其实现全要素生产率的跃升。

第五章 生育政策、生育间隔
与女性劳动参与度

第一节 问题的提出

在中国，女性劳动力人口从 1990 年的 2.88 亿增长到 2018 年的 3.41 亿，占全球女性劳动力的 25%以上①。然而，在近三十年的时间里，中国女性劳动参与率急剧下降。如图 5-1 所示，1990—2000 年间，女性劳动力参与率从 73.2%平稳下降至 70%，2002 年进一步跌破 70%，到 2018 年迅速下降至 60.9%。中国女性劳动力的持续下降参与率越来越受到学者的关注。目前文献显示劳动参与率对中国经济增长的贡献率为 7.5%（Zhu，2012），因此女性劳动参与率的下降趋势可能威胁到中国未来的经济表现。

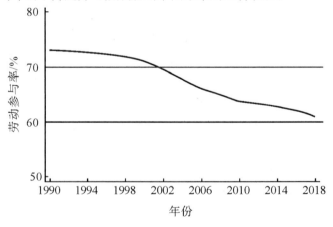

图 5-1 女性劳动参与率（15 岁以上）

（资料来源：世界银行世界发展指标）

---

① 数据来自世界银行的世界发展指标。

生育时机通常被认为是女性劳动力参与的关键决定因素，其对劳动力供给的重要性已被政策制定者和学者广泛讨论。现有研究主要聚焦于首次生育时间对女性劳动力市场表现的动态影响（Amuedo-Dorantes and Kimmel，2005；Ashcraft，Fernández-Val，and Lang，2013；Karimi，2014a；Miller，2011），仅有少数研究探讨了生育间隔对女性劳动力市场结果的潜在影响（Gough，2017；Karimi，2014b；Peltola，2004；Troske and Voicu，2013）。

此外，现有研究并未关注一胎和二胎的生育间隔对中国女性劳动力市场参与度的影响。在中国劳动力市场竞争激烈且保护不足的环境下，女性生育二胎的机会成本大幅上升，主要表现为失业风险的增加。研究生育间隔如何影响女性劳动力市场参与，对于理解推迟生育在减轻母职惩罚中的作用，以及制定促进中国女性劳动力参与率的政府政策至关重要。本章利用中国的独生子女政策（one child policy，OCP），揭示生育间隔对女性劳动力市场参与的因果效应，并识别其潜在机制。

生育间隔是影响女性劳动力市场的重要生育选择。首先，较长的生育间隔可能有助于女性在继续教育方面进行更多投资，从而通过人力资本积累机制达到改善女性劳动力市场的结果（Becker，1985；Troske and Voicu，2013）。其次，现有研究表明，过短的生育间隔与较高的孕产妇健康风险相关（Grundy and Kravdal，2014），这意味着较长的生育间隔可能会通过改善母亲健康状况来促使女性进入劳动力市场并达到她们想要的结果。最后，由于间隔较近的生育往往会增加儿童的健康风险（Corcnan，Noonan，and Reichman，2005），由此形成的育儿压力可能抑制女性劳动参与，因此合理延长生育间隔可能通过改善子代健康对女性劳动力市场参与产生正向溢出效应。

本章根据 Ebenstein（2010）的 OCP 惩罚乘数汇编了中国健康与营养调查（China health and nutrition survey，CHNS）的面板数据，该乘数被定义为省级未经授权生育的家庭年收入乘数（年）（Scharping，2003）。本书使用的样本仅限于城市地区只有两个孩子的妇女，因为 OCP 是针对城市居民严格执行的。继之前的文献（Ebenstein，2010；Huang，Lei，and Zhao，2016；Wang，Zhao L，and Zhao Z，2017），本章采用 OCP 惩罚乘数作为工具变量（instrumental variable，IV）来处理生育间隔的潜在内生性。

本章实证结果表明，较长的生育间隔对女性劳动力市场参与度产生积极影响。平均而言，推迟一年生育二胎，城镇已婚女性参与劳动力市场的概率将显著提高 11.51 个百分点。在考虑进行非线性规范、观察和未观察变量的选择以及合理的外生工具的各种稳健性检查后，生育间隔的积极影响是稳健的。此外，本章还发现，生育间隔的影响对于第一胎为女孩的女性、第一胎较晚的女性（年龄 > 23 岁）和受教育程度较低的女性（教育年限 < 9 年）更为明显。此外，在机制分析中，本章的实证证据表明生育间隔较长的女性往往会在继续教育上投入更多，并且健康状况较好。

首先，本章为当前关于女性生育决策在解释劳动力市场结果方面的作用的文献做出了贡献。大量研究表明，生育会因职业中断而减少女性的劳动力供给和工资水平，这意味着生育会带来巨大的机会成本，包括放弃人力资本投资和可能的技能折旧（Angrist and Evans，1998；Bronars and Grogger，1994；Buckles，2008；Jacobsen，Pearce，and Rosenbloom，1999；Vere，2011）。此外，关注生育时间对女性劳动力市场表现的影响的研究人员也越来越多。现有文献表明，推迟生育会对母亲随后的劳动力市场结果产生积极影响（Amuedo-Dorantes and Kimmel，2005；Bratti and Cavalli，2014；Miller，2011；Taniguchi，1999）。本章的分析提供了额外的证据来补充之前关于生育时机在劳动力市场行为中的作用的研究结果（Karimi，2014a；Troske and Voicu，2013）。

其次，本章补充了关注生育间隔对儿童人力资本投资和女性劳动力市场结果的影响的新兴研究。例如，Buckles 和 Munnich（2012）表明，较长的生育间隔显著提高了年长子女的考试成绩。Karimi（2014b）表明，较长的生育间隔会在生育二胎后的很长一段时间内提高女性劳动力市场的参与度和收入。本章的研究确定了生育间隔对中国女性劳动力市场参与的因果影响，这对研究两个孩子之间的时间间隔如何影响女性劳动力市场结果的文献做出了宝贵的贡献。本章的结果还揭示，妇女教育和健康是推广主要成果的关键点。

再次，本章的研究有助于实证策略文献的不断涌现。Buckles 和 Munnich（2012）以及 Karimi（2014b）采用生物生育冲击，例如前两次活产之间的流产和死产，作为解决生育间隔内生性问题的 IV。这种识别策略在之前的研究中被广泛使用，以检验第一生育时间对女性劳动力市场行为的影响（Bratti and Cavalli，2014；Miller，2011）。然而，用生物生育冲击作为 IV 是有问题的，因为这些事件可能是非随机的，并且与某些不健康行为有关，这些行为通过对健康的影响直接影响女性劳动力市场的结果（Bratti，2015）。本书采用 OCP 惩罚乘数作为 IV 来消除估计中的内生性问题。从现有文献可知，在关于生育间隔对女性劳动力供给作用的实证研究中，本书系首次采用计划生育罚款来解决内生性问题。

最后，本书通过调查生育间隔对发展中国家女性劳动力市场结果的影响来补充现有文献。目前的研究充分证明了生育间隔对发达国家女性劳动力市场行为的积极作用（Gough，2017；Karimi，2014b）。相比之下，很少有研究关注生育间隔如何影响发展中国家的女性劳动力市场结果。由于制度差异，各国的经验证据可能有所不同（Bratti，2015；Karimi，2014b），本章的研究为经验型文献提供了宝贵的补充。此外，本书增强了目前对中国女性劳动力供给的认识。越来越多的研究开始调查女性劳动力市场参与的决定因素，包括教育促进（Hare，2016）、经济改革（Ding，Dong，and Li，2009）、社会规范（Chen and Ge，2018）、出生数量（He and Zhu，2016）、第一胎生育时机（Ma and Zhang，2018）、儿童保育和老年护理支持（Liu，Dong，and Zheng，2010；Maurer-Fazio et al.，2011）等。然而，很少有研究揭示生育间隔对中国女性劳动力供给的影响。因此，本书试图填补这一研究空白。

第二节　计划生育政策的演变

一、1962—1978 年

1962 年 12 月，党中央、国务院发布了第一个正式文件（国发〔62〕698 号），介绍了计划生育政策。值得注意的是，政府主要通过政治和社会运动推动政策落实，并没有对三孩以上家庭进行处罚①。1971 年 7 月，中国政府发布〔71〕51 号文件加强计划生育政策的执行。这一政策又被称为"晚、长、少"政策：建议结婚年龄为男性 25 岁或以上，女性 23 岁或以上（"晚婚"）；生育间隔应该至少为 3 年（"长"）；一对夫妇最多可以有两个孩子（"少"）。这一阶段，政府开始对违反官方儿童配额的家庭进行处罚。例如，食物供应受到出生人数增加的影响（Wang，2012）。

---

① 此时，一般每个家庭的孩子名额是三个。

二、1979—2010 年

随着中国人口在 20 世纪 70 年代末迅速增至近 10 亿，中央政府于 1979 年颁布了新版计划生育政策——独生子女政策，以进一步控制人口规模。OCP 于 1980 年正式成为规范化的国家政策①。此阶段的计划生育政策比之前的版本更加全面和严格。起初，与之前允许每个家庭生两个或三个孩子的政策相比，OCP 严格规定一个家庭只能生一个孩子。此外，中央和地方政府通过罚款和补贴立法加强了 OCP 的执行（Ebenstein，2010）②。

值得注意的是，考虑到各省人口和社会经济状况的差异，中央政府于 1984 年决定再次修订独生子女政策，允许省级政府增加地方政策细节，包括生育配额、生育间隔和罚款。此外，政府将 OCP 与官方任命和财政激励挂钩。完成 OCP 的管理是官员任命的关键绩效指标，如果完成了预定任务，地方政府将获得财政奖励（Zhang，2017）。

在接下来的二十年里，中央政府对 OCP 进行了进一步修订③。值得注意的是，在《人口普查计划》下，政府严格执行城市地区独生子女限制政策，但对某些群体给予有限的排除，包括第一胎为女性的农村居民、边远地区家庭、少数民族、第一个孩子残障的居民、再婚居民等（Greenhalgh，1986；Gu et al，2007）。超过生育限制的夫妇需要面临被迫支付社会抚养费的金钱处罚，这通常被视为 OCP 处罚的主要组成部分，反映了自 1979 年以来政策执行的限制性（Goodkind，2011）。

三、2011 年至今

自 2011 年起，我国开始逐步放宽计划生育政策，以应对人口老龄化挑战。2011 年 11 月，中央政府要求地方允许独生子女夫妇生育两个孩子。2013 年 11 月，这一政策进行了修改，如果父母中至少有一个是独生子女，

---

① 1980 年 9 月 25 日，中共中央发出公开信，号召全国公民遵守 OCP。该日期通常被认为是 OCP 的正式开始日期。

② 20 世纪 80 年代初，罚款被称为"超生罚金"。1992 年改为"家庭计划外生育费"。1996 年《中华人民共和国行政处罚法》颁布后，政府明确对超过法定限额的家庭不得处以"罚款"，但家庭计划外生育费可以征收。2000 年，财政部和国家计生委联合下发文件，要求各地将"计划外家庭生育费"改为"社会抚养费"（西方有时称为"计划生育罚款"）。

③ 1991 年 5 月，中共中央、国务院联合发文，继续严格控制人口增长。2002 年 9 月，《中华人民共和国人口与计划生育法》正式实施。

则允许生两个孩子。截至 2015 年 5 月，尽管生育政策有所放松，但二胎申请率仍低于 15%（Zeng and Hesketh，2016）。2015 年 10 月，中央宣布全面二孩政策取代独生子女政策。这项新政策适用于全体公民，旨在促进中国人口长期均衡发展。2021 年 8 月 20 日，全国人大常委会表决通过了关于修改人口与计划生育法的决定。修改后的人口计生法规定，国家提倡适龄婚育、优生优育，一对夫妻可以生育三个子女。

四、数据

本书的数据来自中国健康与营养调查（CHNS），这是一项广泛使用的中国劳动力市场家庭调查（Chamon，Liu，and Prasad，2013；Wang，2013）。该调查由北卡罗来纳大学教堂山分校和中国疾病预防控制中心的国际团队进行。它是通过多阶段和随机集群设计进行采样的[①]。中国各省县按收入水平（低收入、中等收入和高收入）进行分层，每个省根据加权抽样设计随机抽取 4 个县。本章使用 CHNS 数据的原因如下。首先，它提供了详细的个人和家庭信息，如年龄、性别、教育程度、婚姻状况、种族、就业状况、工作时间、工资、家庭收入等。其次，该数据使我们得以构建城市双孩已婚女性的面板数据样本，这些地区正是独生子女政策实施最为严格的区域。

利用家庭关系信息，本书计算出一名妇女的生育间隔（即两个孩子的年龄之差），并将其与所有调查年份的劳动力市场结果相匹配。本书使用的样本仅限于城市地区 20~55 岁、仅有两个孩子（年龄≥1）的已婚女性。在中国，女性最低结婚年龄为 20 岁，女职工的法定退休年龄为 50 岁，女公务员的法定退休年龄为 55 岁[②]。考虑到 CHNS 中 57.5% 的女性在 50~55 岁仍在工作，本书将样本年龄上限设定为 55 岁。因此，最终样本由 1989—2011 年期间九个省份的 1 373 个观测值组成[③]。

本研究的关键因变量为劳动力市场参与度，其取值为二分变量：若个体当前处于就业状态则赋值为 1，否则为 0。核心自变量为生育间隔，定义

---

① 中国国家统计局于 1989 年开始对辽宁、江苏、山东、河南、湖北、湖南、广西、贵州 8 个省份进行调查。1997 年新增黑龙江省，2011 年新增北京、重庆、上海。
② 本书使用的女性退休年龄数据系延迟退休政策执行前的数据。
③ 本书使用的调查年份包括 1989 年、1991 年、1993 年、1997 年、2000 年、2004 年、2006 年、2009 年和 2011 年。

为第一胎与第二胎的时间间隔。如图 5-2 所示。

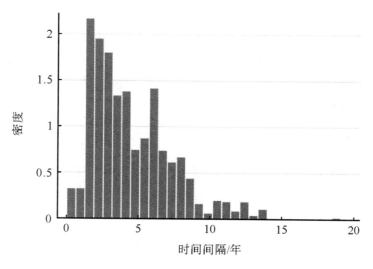

图 5-2　生育间隔样本分布

（资料来源：1989—2011 年 CHNS）[1]

图 5-2 显示，很少有女性的生育间隔超过 10 年的。本书采用的工具变量是 Ebenstein（2010）的 OCP 惩罚乘数。该指标是基于每个省份计划生育罚金额度相对于省级家庭年平均收入的倍数计算所得（Scharping，2003）。

本书进一步将每个妇女的生育间隔与第一个孩子出生年份的省 OCP 乘数合并，因为夫妇生完第一胎后就会开始考虑什么时候生二胎。此外，本书还包括了丰富的控制变量，包括年龄、受教育年限、非少数民族虚拟变量（是=1）、家庭收入（不包括自己的劳动收入）、家庭耐用资产、社区家庭收入、社区城镇化指数和出生顺序虚拟变量（男-女、女-男、女-女）。所有货币变量均使用中国国家统计局的消费者价格指数折算的 2011 年人民币。

表 5-1 显示了关键变量的汇总统计数据。平均生育间隔为 4.46 年，标准差为 2.79 年。个人平均年龄为 39.7 岁，受教育年限为 7.65 年，其中 67%的人进入劳动力市场。家庭除自身劳动收入外的平均年收入为 19 700

---

① 样本包含城市地区年龄为 20~55 岁、只有两个孩子（年龄≥1）的已婚妇女。样本量为 1 373 个观察值。本书中的生育间隔定义为第一胎和第二胎之间的时间间隔（年）。

元，家庭耐用资产为 5 300 元。第一胎为女孩、第二胎为男孩的出生顺序
占样本的 40%。

表 5-1 描述性统计

	均值	标准方差	观察量
独生子女政策			
罚款（年）1979—2000	1.78	1.22	198
个人层面的变量			
劳动力市场参与度（是＝1）	0.67	0.47	1 373
年龄/岁	39.70	7.17	1 373
受教育年限/年	7.65	3.60	1 373
非少数民族（是＝1）	0.83	0.38	1 373
继续教育（是＝1）	0.38	0.49	1 086
女性健康状况（差＝1）	0.03	0.18	886
儿童健康状况（至少一项，差＝1）	0.02	0.15	488
家庭层面的变量			
生育间隔/年	4.46	2.79	1 373
家庭收入/万元	1.97	2.36	1 373
家庭耐用资产/万元	0.53	0.79	1 373
社区层面的变量			
家庭平均收入/万元	2.39	1.47	1 373
城镇化指数	62.62	18.42	1 373
出生顺序			
男–男/%	0.21	0.41	1 373
男–女/%	21	41	1 373
女–男/%	40	49	1 373
女–女/%	18	38	1 373

资料来源：1989—2011 年 CHNS 和 Ebenstein（2010）[①]。

---

① 2011 年所有货币变量均以万元为单位，根据中国国家统计局的居民消费价格指数进行
调整。

第三节　识别策略

本章的研究采用线性概率模型（linear probability model，LPM）来评估生育间隔对女性劳动力市场参与的影响。模型设定如下：

$$y_{ist} = \alpha + \beta BS_{ist} + X'_{ist}\eta + \varphi_s + \tau_t + \varepsilon_{ist} \qquad (5-1)$$

其中 i、s 和 t 分别表示女性、省份和调查年份。因变量 y_{ist} 表示女性劳动力市场参与度的二元指标，如果个人目前正在工作，则等于 1，否则等于 0。主要关注的自变量 BS_{ist} 是生育间隔，即第一胎和第二胎之间的时间间隔。系数 β 捕捉生育间隔对女性劳动力市场参与的影响。X_{ist} 包含一组已在第 3 节中讨论的控制变量。φ_s 和 τ_t 分别是省和年份的固定效应。α 是常数项，且 ε_{ist} 是一个误差项。标准误在省份-年份层面进行聚类。

回归方程（5－1）中生育间隔可能因以下原因而出现内生性问题。首先，影响生育间隔和分娩决策的个体属性可能存在未观察到的异质性（Karimi，2014b）。例如，能力强的女性可能会积极进入劳动力市场并延长生育间隔。其次，不能排除劳动力市场参与和生育间隔之间的反向因果关系。个体的生育间隔决策可能受到工作状况与职场环境的影响。为解决上述内生性问题，本研究采用工具变量法（IV），将独生子女政策惩罚乘数作为工具变量。第一阶段回归由下式给出。

$$BS_{ist} = \omega + \rho\, Fine_{st} + X'_{ist}\xi + \varphi_s + \tau_t + \upsilon_{ist} \qquad (5-2)$$

其中 $Fine_{st}$ 表示 OCP 惩罚乘数。根据之前对 OCP 的研究（Ebenstein，2010；Huang，Lei，and Zhao，2016），本书采用这种 IV 有两个原因。首先，本指标衡量计划生育政策的执行力度。由于违反生育限制和生育间隔的夫妇被迫缴纳 OCP 罚款，因此生育间隔必然与惩罚政策的严格程度正相关。OCP 惩罚乘数（家庭年平均收入年数）越高，意味着政策执行越严格，迫使人们更多地遵守生育间隔规定。如图 5-3 所示，在研究样本中，生育间隔与 OCP 惩罚乘数之间存在很强的正相关性。其次，它满足排除限制。由于省级乘数是由地方政府在出生年份确定的，因此该 IV 不太可能与 CHNS 调查年份的劳动力市场参与度的其他决定因素相关。

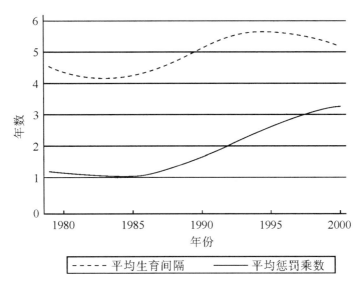

图 5-3　生育间隔和独生子女政策罚款

［资料来源：1989—2011 年 CHNS 和 Ebenstein（2010）］[1]

第四节　实证结果

一、主要成果

表 5-2 显示了生育间隔对女性劳动力市场参与度影响的结果。在第
（1）列中，LPM 表明生育间隔的系数估计值为正，并且在 5% 的水平上具
有统计显著性。平均而言，推迟一年生育二胎会使女性参与劳动力市场的
可能性显著增加 1.09 个百分点。然而，必须谨慎解释这一结果，因为 OLS
估计可能会受到遗漏变量偏差和反向因果关系引起的内生性问题的影响。

为了解决这些问题，本书采用第（2）列中的 IV 估计。结果表明，生
育间隔的系数估计值仍然为正，且在 5% 的水平上具有统计显著性，但幅
度远大于第（1）列中的系数。IV 估计显示，平均推迟一年生育二胎，女

---

[1]　本书中的生育间隔定义为第一胎和第二胎之间的时间间隔（年）。样本量为 1 373 个观察
值。该图绘制了生育间隔和罚款与第一出生年份的平均值。第一生育年份从 1979 年独生子女政策
正式实施时开始，到 2000 年结束，这与 OCP 惩罚乘数的最后一年相匹配。

性参与劳动力市场的概率增加 11.51 个百分点。第一阶段系数为正，且在 1% 水平上具有统计显著性，表明生育间隔与 OCP 惩罚乘数之间存在很强的正相关关系。此外，F 检验的统计值通过了弱工具变量检验。总体而言，研究结果证明，较长的生育间隔对女性劳动力市场参与度有积极影响。

表 5-2　生育间隔对女性劳动力市场参与的影响

变量	（1）	（2）
	最小二乘法	工具变量法
因变量：劳动力市场参与度（是=1）		
生育间隔	0.010 9** (0.004 3)	0.115 1** (0.046 1)
年龄	−0.004 7** (0.002 3)	0.001 9 (0.004 2)
受教育年限	0.024 2*** (0.003 2)	0.019 9*** (0.004 5)
非少数民族（是=1）	0.003 2 (0.029 4)	0.008 5 (0.039 5)
家庭收入	−0.009 3 (0.005 7)	−0.001 9 (0.006 2)
家庭耐用资产	−0.039 6** (0.019 2)	−0.036 9 (0.024 0)
社区家庭收入	0.024 3 (0.017 0)	0.034 1** (0.017 1)
社区城镇化指数	−0.007 3*** (0.000 8)	−0.012 2*** (0.002 4)
观测值	1 373	1 373
第一阶段系数	—	0.349 7*** (0.109 4)
克拉格-唐纳德沃尔德 F 检验	—	12.20
出生顺序	是	是
省份固定效应	是	是
年份固定效应	是	是

资料来源：主要数据来自 1989—2011 年 CHNS[①]。

---

① 对于出生顺序，基准回归中包含三个虚拟变量（男-女、女-男和女-女）。标准误聚类在省份-年份层级。***、** 和 * 分别表示在 1%、5% 和 10% 水平上的显著性。

　　值得注意的是，本书的样本由城市地区仅育有两个孩子的已婚女性组成，因此该样本可能存在选择偏差。为了验证本书的样本是否缺乏总体代表性，我们将包含两个孩子的母亲的样本与其他母亲的样本进行了比较。统计数据显示，这两个样本之间除家庭收入外的所有协变量均显著不同。本书发现，两孩母亲的劳动力市场属性，如劳动参与度和受教育程度，明显低于其他母亲。根据文献（Troske and Voicu，2013），劳动力市场特征较不明显的女性往往面临更严重的母职惩罚。同时，由于我们的观察对象相比其他母亲受教育水平相对较低①，生育间隔的正向效应可能被高估。因此，基于此样本估计出的生育间隔效应可能是对整体人群效应的上限估计。

　　表5-3显示了生育间隔对不同时间窗口的女性劳动力市场参与度的影响情况。在列（1）至（7）中，我们将样本分别限定为二胎出生已满1~7年的已婚女性。在A组中，线性概率回归显示，生育间隔的系数估计值为正，并且在所有列中均具有统计显著性。在B组中，采用工具变量法进行估计，发现前四列中生育间隔的正向效应仍保持统计显著性。然而，在列（5）－（7）中，生育间隔的系数估计值与零没有显著差异。总体而言，延迟二胎生育对女性劳动力市场参与度的积极影响在短期内是中等持续的。

表5-3　不同样本窗口生育间隔对女性劳动力市场参与度的影响

不同的样本窗口	1 年	2 年	3 年	4 年	5 年	6 年	7 年
	（1）	（2）	（3）	（4）	（5）	（6）	（7）
因变量：劳动力市场参与度（是＝1）							
A 组：OLS 估计 生育间隔	0.011 2**	0.012 6***	0.013 0***	0.014 8***	0.015 3***	0.018 1***	0.020 0***
	(0.004 3)	(0.004 6)	(0.004 8)	(0.005 3)	(0.005 7)	(0.006 5)	(0.006 6)
观测值	1 370	1 298	1 217	1 143	1 078	1 000	936
B 组：IV 估计 生育间隔	0.123 4**	0.135 3**	0.139 6*	0.177 0**	0.214 7	0.236 5	0.500 8
	(0.049 5)	(0.068 5)	(0.075 1)	(0.089 7)	(0.144 4)	(0.196 7)	(0.852 5)
观测值	1 370	1 298	1 217	1 143	1 078	1 000	936
人口控制	是	是	是	是	是	是	是
出生顺序	是	是	是	是	是	是	是
省份固定效应	是	是	是	是	是	是	是
年份固定效应	是	是	是	是	是	是	是

资料来源：主要数据来自1989—2011年CHNS②。

---

　　①　第三节的结果表明，生育间隔对劳动力市场结果的影响对于受教育程度较低的母亲来说更为明显。

　　②　基于表5-2的样本，我们分别筛选出次胎出生后已满1~7年的女性群体。表中的生育间隔系数为边际效应。人口层面的控制变量包括年龄、受教育年限、非少数民族虚拟变量（是＝1）、家庭总收入（不包括自己的劳动收入）、家庭耐用资产、社区家庭收入和社区城镇化指数。采用省份-年份层面的标准误进行双向聚类调整。***、** 和 * 分别表示在1%、5%和10%水平上的显著性。

本研究与先前的研究（Karimi，2014b；Newman，1983；Troske and Voicu，2013）的结论一致，即较长的生育间隔对女性未来的劳动力市场表现产生积极影响。具体来说，Troske 和 Voicu（2013）发现，二胎生育间隔增加了二胎生育前的劳动力市场参与水平，并减少了二胎对劳动力市场参与的负面影响。Karimi（2014b）指出，从长远来看，生育间隔的增加会导致劳动力市场参与度、劳动力收入和工资的增加。由于生理原因，女性在较短的时间间隔内连续生育的可能性较小。相对较长的生育间隔可以帮助女性改善健康状况、取得更大的教育成就，从而使她们在未来的劳动力市场有更好的表现。

二、稳健性检验

（一）非线性规范

本书中的因变量是二元结果，LPM 可能无法正确指定女性劳动力市场参与度与生育间隔之间的关系，从而导致估计偏差。为了解决这个问题，本书采用概率估计进行稳健性分析。结果如表 5-4 所示。第（1）列中的概率模型表明，生育间隔的系数估计值是正的，并且在 5% 的水平上具有统计显著性。在第（2）列中，结果显示生育间隔的边际效应为 0.92%，接近表 5-2 中的 LPM 结果（1.09%）。由于概率估计可能会遇到 LPM 中建议的内生问题，因此本书采用以 OCP 惩罚乘数为工具的 IV 概率模型。如第（3）列所示，生育间隔的系数估计在 1% 水平上仍然为正且具有统计显著性，其幅度（0.269 4）远大于概率模型中的幅度（0.036 1）。第（4）列表明 IV 概率模型的生育间隔边际效应为 6.98%，小于表 5-2 第（2）列中的基准 IV 结果。总体来说，这些发现证实本章的主要结果对于替代非线性模型是稳健的。

表 5-4　稳健性检查：概率和 IV 概率估计

	（1）	（2）	（3）	（4）
	因变量：劳动力市场参与度（是=1）			
	概率估计		IV 概率估计	
	系数	边际效应	系数	边际效应
生育间隔	0.036 1 ** (0.015 3)	0.009 2 ** (0.003 9)	0.269 4 *** (0.086 5)	0.069 8 *** (0.025 0)

表5-4(续)

	(1)	(2)	(3)	(4)
	因变量：劳动力市场参与度（是=1）			
	概率估计		IV 概率估计	
	系数	边际效应	系数	边际效应
年龄	-0.017 7** (0.008 5)	-0.004 5** (0.002 1)	0.001 4 (0.012 3)	0.000 4 (0.003 2)
受教育年限	0.093 4*** (0.011 5)	0.023 7*** (0.002 6)	0.066 0*** (0.022 5)	0.017 1*** (0.005 2)
非少数民族（是=1）	-0.020 7 (0.147 2)	-0.005 2 (0.037 3)	-0.006 2 (0.138 0)	-0.001 6 (0.035 8)
家庭收入	-0.027 2 (0.017 9)	-0.006 9 (0.004 6)	-0.005 4 (0.015 8)	-0.001 4 (0.004 1)
家庭耐用资产	-0.123 5* (0.063 4)	-0.031 3** (0.015 9)	-0.092 3 (0.067 6)	-0.023 9 (0.017 1)
社区家庭收入	0.067 6 (0.053 2)	0.017 1 (0.013 6)	0.077 2* (0.042 1)	0.020 0* (0.010 9)
社区城镇化指数	-0.025 2*** (0.003 0)	-0.006 4*** (0.000 7)	-0.031 8*** (0.002 6)	-0.008 2*** (0.000 7)
观测值	1 373	1 373	1 373	1 373
第一阶段系数	—	—	0.349 7*** (0.109 4)	—
克拉格-唐纳德沃尔德 F 检验	—	—	12.20	—
出生顺序	是	是	是	是
省份固定效应	是	是	是	是
年份固定效应	是	是	是	是

资料来源：主要数据来自 1989—2011 年 CHNS[①]。

（二）选择观察到的和未观察到的变量

在本小节里，本书采用由 Oster（2019）提出的方法，对研究结果在遗漏变量偏差方面的稳健性予以检验。该方法的核心要义在于，凭借已观测变量消除的偏差，来合理推测未观测变量可能引发的潜在偏差。特别需要指出的是，Oster（2019）的这一方法建立在对两个关键参数，即 δ 与 R^2_{max}

---

① 标准误聚类在省份-年份层级。***、** 和* 分别表示在1%、5%和10%水平上的显著性。

的假设基础之上。其中，δ 用以表征在选择过程中观测到的变量与未观测到的变量各自的相对重要程度；而 $R^2_{\max}$ 则代表着从涵盖所有观测到的以及未观测到的变量的结果回归当中所能获取的最大可能的 R^2 值。此外，Oster（2019）还提议，出于实际操作与实施层面的考量，可以在针对 δ 的多种不同假设情境下，对偏差调整效应加以估算。

本书在数据分析过程中严格遵循了 Oster（2019）所提出的建议，通过表5-5的第（2）至（4）列详尽显示了生育间隔经偏差调整后的影响结果。具体来看，当 $R^2_{\max}$ 约为依据式（5-1）所求得的 R^2 的 1.3 倍时，在 A 组情境下，生育间隔的偏差调整效应处于 0.010 9 和 0.018 9 这一区间范围。值得注意的是，在此情形下存在遗漏变量偏差。进一步地，在 $R^2_{\max}$ 等于 0.712 以及 $R^2_{\max}$ 等于 1 的条件设定下，B 组和 C 组所呈现的生育间隔偏差调整效应分别为 0.010 9 至 0.053 8 以及 0.010 9 至 0.107 1。综合上述各项分析结果可以有力地证明，即便存在由不可观察因素诱发的潜在偏差，生育间隔依旧对女性劳动力市场参与度有着不容置疑的积极促进作用。换言之，本章通过严谨研究所得出的结果，在运用不同程度的选择信息实施偏差调整估计时，均展现出了高度的稳健性，具备较强的可靠性与说服力。

表 5-5　稳健性检查：生育间隔的偏差调整效应

	因变量：劳动力市场参与度（是=1）			
	（1）	（2）	（3）	（4）
	β	$\bar{\beta}$	$\bar{\beta}$	$\bar{\beta}$
A 组 生育间隔	0.010 9** （0.004 3）	0.010 9	0.014 7	0.018 9
观测值	1 373	1 373	1 373	1 373
R^2	0.316	—	—	—
最大 R^2	—	0.411	0.411	0.411
δ	—	0	0.5	1
B 组 生育间隔	0.010 9** （0.004 3）	0.010 9	0.028 5	0.053 8
预测值	1 373	1 373	1 373	1 373
R^2	0.316	—	—	—

表5-5(续)

	因变量：劳动力市场参与度（是=1）			
	（1）	（2）	（3）	（4）
	β	$\tilde{\beta}$	$\tilde{\beta}$	$\tilde{\beta}$
最大 R^2	—	0.711	0.711	0.711
δ	—	0	0.5	1
C 组 生育间隔	0.010 9** （0.004 3）	0.010 9	0.044 3	0.107 1
观测值	1 373	1 373	1 373	1 373
R^2	0.316	—	—	—
最大 R^2	—	1	1	1
δ	—	0	0.5	1
人口层面控制变量	是	是	是	是
出生顺序	是	是	是	是
年份固定效应	是	是	是	是
省份固定效应	是	是	是	是

资料来源：主要数据来自 1989—2011 年 CHNS[1]。

（三）放宽工具变量的外生性假设

我们在研究中，运用 IV 识别时面临一个潜在隐患，即存在违反排除限制的风险。这一风险的诱因主要有两方面：一方面，OCP 惩罚乘数可能会对女性劳动力市场参与产生直接作用；另一方面，该工具与那些未被观测到却能左右女性劳动力市场参与的决定因素之间存在相关性，进而产生间接影响。以上两种情况均有可能引发违反排除限制的问题。例如，OCP 惩罚乘数可能会通过恶化家庭预算或抑制生育行为来影响女性劳动力市场决策。此外，OCP 惩罚乘数被发现是对未经批准生育的妇女利用产科医疗保健的一个关键威慑因素（Doherty，Norton，and Veney，2001），这可能通过影响健康资本积累而影响女性劳动力市场的参与。

---

① 系数 β 反映了生育间隔对女性劳动力市场参与度的影响。系数 $\tilde{\beta}$ 是特定 δ 下特定 R^2_{max} 的生育间隔的偏差调整效应。标准误聚类在省份-年份层级。*** 、** 和 * 分别表示在 1%、5% 和 10% 水平上的显著性。

考虑到上述问题，本节采用 Conley 等（2012）提出的一种合理外生性方法进行敏感性分析。这种方法能够检验在女性劳动力市场参与度与 OCP 惩罚乘数之间存在相关性的情况下，我们的结果是否稳健。具体而言，我们直接将工具变量引入回归方程（5-1）后得到如下方程：

$$y_{ist} = \alpha + \beta BS_{ist} + \gamma Fine_{st} + X_{ist}'\eta + \varphi_s + \tau_t + \varepsilon_{ist} \qquad (5-3)$$

在回归方程（5-3）中，γ 是该工具变量的系数估计值，反映了 OCP 乘数对女性劳动力市场参与度的影响。值得注意的是，工具变量（IV）的排除限制等同于 γ 恒等于 0 的条件，而合理外生性的定义则对应于 γ 接近 0 但不完全等于 0 的条件。按照 Conley 等（2012）的方法，我们采用"置信区间联合"方法来推导生育间隔对女性劳动力市场参与的因果效应的边界。假设 γ 均匀分布在区间 $[0, \delta]$ 中，其中 $\delta > 0$，我们可以确定 β 下限低于零的阈值，这意味着工具变量（IV）结果在 10% 的显著性水平下变得不显著。

图 5-4 报告结果的置信区间为 90%。实线和虚线分别表示置信区间的上限和下限。本书发现置信区间在 $\gamma = 3.1\%$ 时排除零。换句话说，这意味着即使 OCP 乘数对女性劳动力市场参与概率的直接影响高达 3.1%，我们的 2SLS 估计结果仍然稳健。现有文献没有发现 OCP 对女性劳动力供给有直接影响，这表明在合理外生性的回归分析中，γ 可能在统计上不显著。例如，Wang 等（2017）和 Zhang（2017）没有发现 OCP 通过家庭支持（例如祖父母提供儿童保育）下的生育渠道影响父母的劳动力供给。总体而言，这些研究结果表明，排除限制假设的违背可能并不会成为一个关键问题。

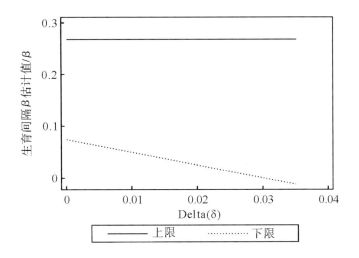

图 5-4 主效应的 90% 置信区间

（资料来源：主要数据来自 1989—2011 年 CHNS）[①]

三、异质性效应

现有文献充分证明，人力资本是个人劳动力市场结果的关键决定因素（Becker，1985）。此外，劳动力市场的生育惩罚与人力资本存量相关（Bratti，2015；Gough，2017）。因此，研究生育间隔对女性劳动力市场参与的影响是否会随着其人力资本状况的变化而变化至关重要。

（一）教育经历

受教育程度较低的女性往往比受教育程度较高的女性更有动力去积累更多的教育经验以促进就业。受教育程度较低的女性的教育边际回报可能高于受教育程度较高的女性。由于推迟二胎生育将使女性有更多机会追求更高的教育水平，因此教育水平较低的女性应该从较长的生育间隔中获得更多的教育改善，这可以使她们在就业市场有更好的表现。

表 5-6 的 A 组中，为了检验生育间隔对不同教育背景女性劳动力市场参与的潜在异质性影响，本节将样本分为两组：受教育程度较低的女性

---

① 我们采用 Conley 等（2012）开发的看似合理的外生工具回归法计算生育间隔对女性劳动力市场参与度影响的 90% 置信区间的上限和下限。我们假设 IV 对女性劳动力市场参与度的直接影响均匀分布在区间 $[0, \delta]$ 中，且 $\delta > 0$。区间大小 δ 绘制在 x 轴上。生育间隔对女性劳动力市场参与度（β）的第二阶段系数估计值的界限绘制在 y 轴上。

（受教育程度＜9 年）和受过良好教育的女性（受教育年限≥9 年）。对于第（1）列中受教育程度较低的女性，生育间隔的系数估计为正且具有统计显著性，而对于第（2）列中受过良好教育的女性，估计效果并不显著。平均而言，推迟一年生育二胎会使受教育程度较低的女性参与劳动力市场的可能性显著提高 14.35 个百分点[①]。这些发现表明，生育间隔对女性劳动力市场参与度的积极影响对于受教育程度较低的女性更为明显。

表 5-6　异质效应

	因变量：劳动力市场参与度（是=1）	
	（1）	（2）
A 组：教育	受教育程度低（<9 岁）	受过良好教育（≥9 年）
生育间隔	0.143 5* (0.082 9)	0.111 5 (0.077 0)
观测值	593	780
第一阶段系数	0.344 2*** (0.091 6)	0.270 2 (0.225 9)
克拉格-唐纳德沃尔德 F 检验	6.76	3.18
B 组：第一胎出生时间	早产（年龄≤23 岁）	晚产（年龄>23 岁）
生育间隔	0.047 9 (0.470 5)	0.092 4*** (0.022 4)
观测值	638	735
第一阶段系数	−0.091 9 (0.180 7)	0.666 8*** (0.101 2)
克拉格-唐纳德沃尔德 F 检验	0.31	26.66
C 组：初生性别	儿子	女儿
生育间隔	0.082 8 (0.061 5)	0.135 2** (0.053 0)
观测值	574	799
第一阶段系数	0.554 7*** (0.113 5)	0.386 7*** (0.121 5)
克拉格-唐纳德沃尔德 F 检验	9.47	10.53

---

① 两个子样本中第一阶段回归的 F 值均小于 10，因此 IV 是一个较弱的工具。

表5-6(续)

	因变量：劳动力市场参与度（是=1）	
	（1）	（2）
人口层面控制变量	是	是
出生顺序	是	是
省份固定效应	是	是
年份固定效应	是	是

资料来源：主要数据来自 1989—2011 年 CHNS[①]。

（二）健康状况

相较于健康欠佳的女性，身体素质良好的女性在就业市场中往往更具优势，展现出更佳的职业表现。从边际回报的视角来看，健康状况处于劣势的女性，其每提升一分健康水平所带来的回报，相较于健康状况良好的女性更为可观。而推迟二胎生育这一举措，对于减轻女性生育引发的身体损耗功效显著。如此一来，那些初始健康状态不佳的女性，便能凭借较长的生育间隔，更大程度地改善自身健康状况，进而使得自身劳动力供给能力得到提升，为融入职场、贡献价值创造更为有利的条件。

我们利用 CHNS 的信息构建了两种评估女性健康状况的方法。

第一，我们利用女性第一次生育的时间来衡量她第二次生育后的健康状况。由于年轻女性更容易从分娩中恢复，因此可以合理地假设，第一胎生育的时间越早可能使女性拥有相对越好的健康状况。

第二，我们采用第一胎性别作为衡量妇女生育第二胎后健康状况的另一个指标。现有研究表明，由于许多中国家庭的性别偏好，第一胎是男孩的女性对第二胎的性别选择行为比第一胎是女孩的女性要少（Babiarz et al.，2018；Chen and Fang，2018；Ebenstein，2010；Zhang，2017）。因此，第一胎是男孩的女性在第二胎之前的健康状况可能比第一胎是女孩的女性更好。

为了检验第一胎时间造成的异质性影响，我们将样本分为两组：第一胎过早（第一胎年龄≤23岁）的女性和第一胎较晚（第一胎年龄>23岁）的女性。在表5-6的B组中，第（1）列显示系数估计值是正值，但对于

---

① 标准误聚类在省份-年份层级。***、** 和 * 分别表示在1%、5%和10%水平上的显著性。

第一胎早产的妇女来说并不显著，而第（2）列表明系数估计值是正值，并且对于第一胎晚产的妇女来说具有统计显著性。第（2）列的估计效果表明，将第二胎推迟一年可以使第一胎晚产的女性参与劳动力市场的可能性显著提高 9.24 个百分点。

如表 5-6 的 C 组所示我们按第一个孩子的性别将样本分为两组。第一列显示了第一胎为男孩的女性的结果，第二列显示了第一胎为女孩的女性的结果。列（1）的结果表明，对于第一胎为男孩的女性，生育间隔的估计系数在统计上不显著；而列（2）的结果显示，对于第一胎为女孩的女性，生育间隔的影响显著且为正。平均来看，推迟第二次生育一年能够显著提高第一胎为女孩的女性 13.52 个百分点的劳动力市场参与概率。

总体而言，结果表明，生育间隔的影响对于健康状况较差和受教育程度较低的女性更为明显。较长的生育间隔将使人力资本存量不足的妇女群体受益。因此，生育间隔对促使女性在劳动力市场好的表现的积极作用本质上依赖于女性人力资本水平的提升。

第五节　机制分析

在本节中，我们研究生育间隔影响女性劳动力市场参与（包括教育和健康）的潜在机制。我们采用 IV 概率法来解决估计中的内生性问题，结果如表 5-7 所示。

表 5-7　机制分析

	A 组		B 组		C 组	
分组	已婚妇女		已婚妇女		两个孩子	
因变量	继续教育（是=1）		健康状况（差=1）		健康状况（至少一项，差=1）	
IV 概率估计	系数	边际效应	系数	边际效应	系数	边际效应
	（1）	（2）	（3）	（4）	（5）	（6）
生育间隔	0.259 3 *** (0.079 8)	0.079 6 *** (0.021 7)	−0.436 4 *** (0.017 3)	−0.125 2 *** (0.006 8)	−0.438 2 *** (0.036 7)	−0.112 3 *** (0.040 5)
观测值	1 086	1 086	886	886	488	488

表5-7(续)

	A 组		B 组		C 组	
分组	已婚妇女		已婚妇女		两个孩子	
因变量	继续教育（是=1）		健康状况（差=1）		健康状况（至少一项，差=1）	
IV 概率估计	系数	边际效应	系数	边际效应	系数	边际效应
	(1)	(2)	(3)	(4)	(5)	(6)
第一阶段系数	0.368 4*** (0.132 2)	—	0.463 7*** (0.157 2)	—	0.412 2 (0.382 6)	—
克拉格-唐纳德沃尔德 F 检验	10.245	—	10.069	—	1.161	—
人口层面控制变量	是	是	是	是	是	是
出生顺序	是	是	是	是	—	—
省份固定效应	是	是	是	是	是	是
年份固定效应	是	是	是	是	是	是

资料来源：主要数据来自 1989—2011 年 CHNS[1]。

一、教育

一方面，Grimshaw 和 Rubery（2015）以及 Herr（2016）认为，母职惩罚的程度可能因教育、种族和地点的不同而有所不同。另一方面，现有文献也证明教育对劳动力市场表现有积极影响（Mincer and Polachek，1974）。鉴于这一证据，可以合理推测，推迟第二次生育的女性可能会更多地投资于教育，以提升自己在劳动力市场中的技能。

在 A 组中，本书分析了推迟二胎生育是否会影响女性教育投资。我们将 IV 概率模型中的因变量替换为继续教育虚拟变量。继续教育虚拟变量表示女性在劳动力市场工作时是否增加了受教育年限。如果一名女性在调查年份 t 及之后的调查年份中，其受教育年限首次增加，则该变量取值为 1，否则取值为 0。第（1）列显示生育间隔的系数估计值为 0.259 3，在 1% 水平上具有统计显著性。第（2）列估计的边际效应表明，推迟二胎生育会

---

① 在所有估计中，生育间隔均采用 OCP 惩罚乘数来衡量。标准误聚类在省份-年份层级。
***、** 和 * 分别表示在 1%、5% 和 10% 水平上的显著性。

使增加教育的可能性提高 7.96 个百分点。因此，本章的实证证据支持教育在增强生育间隔对劳动力市场参与影响方面的作用。

二、健康状况

（一）母亲的健康

研究表明，生育间隔过短会对父母的健康产生长期不利影响（Grundy and Kravdal，2014）。推迟二胎出生有助于改善母亲的健康状况，这是劳动力市场参与的关键决定因素之一（Currie and Madrian，1999）。在 B 组中，我们研究了较长的生育间隔是否可以改善女性的健康。因变量是女性的健康状况，如果健康状况不佳，则该变量等于 1，否则等于 0。由于问卷设计的原因，1989 年、2009 年和 2011 年的 CHNS 个人健康状况数据不可用。因此，本次分析的样本量减少到 886 个观测值。第（3）列显示系数估计值为负，且在 1% 水平上具有统计显著性。第（4）列估计的边际效应表明，推迟二胎生育一年可以使女性报告健康状况不佳的概率显著降低 12.52 个百分点，这与 Grundy 和 Kravdal（2014）的研究结果一致。总之，这些结果证实健康是解释生育间隔对女性劳动力市场参与度影响的重要机制。

（二）儿童的健康

现有文献充分探讨了子女数量与质量的权衡关系（Henderson et al.，2008；Millimet and Wang，2011），表明生育率下降会增加对儿童的人力资本投资。生育间隔与儿童质量之间的关系与这种模式类似，因为大量文献表明，生育间隔过短会增加不良儿童健康结果的风险（Miller and Karra，2020）。儿童健康状况不佳往往会导致母亲花在育儿上的时间增加，从而对其劳动力市场表现产生不利影响。例如，Corcnan 等（2005）发现，孩子健康状况不佳会使母亲参与劳动力市场的可能性降低 8 个百分点，并且职业母亲每周的工作时间会减少 3 小时。因此，儿童健康可能是生育间隔影响女性劳动力市场参与的一种机制。

C 组探讨了生育间隔对儿童健康的影响。我们为两个孩子的健康状况构建了一个因变量，如果家庭中至少有一个孩子的健康状况不佳，则该因变量等于 1，否则等于 0。值得注意的是，CHNS 仅记录 12 岁及以上儿童的健康信息。此外，如上所述，可获取 1991 年至 2006 年的健康数据。因此，本次分析中使用的样本量减少至 488 个观察值。第（5）列的结果表

明，生育间隔的系数估计值为-0.438 2，在1%水平上具有统计显著性。第
（6）列的估计边际效应表明，推迟二胎出生一年可以使至少一个孩子健康
状况不佳的概率显著降低11.23个百分点。然而，必须谨慎解释这一经验
证据，因为第一阶段系数为正，但在统计上不显著，这可能是由样本量较
小所致。因此，儿童健康可能不是导致主要结果的有效机制。

第六节　本章小结

相较于学界已积累的大量有关第一胎出生时间对劳动力市场行为影响
的证据，生育间隔与劳动力市场行为二者间的关联鲜有人问津。在本章的
研究中，我们依托中国家庭追踪调查数据，并引入OCP惩罚乘数这一创新
性方法，深入探究了二胎生育推迟现象是如何作用于女性劳动力市场参与
度的，旨在填补该领域的研究空白，为后续相关探讨开辟新路径。

本章实证研究成果带来诸多启示：其一，生育间隔与女性劳动力市场
参与度紧密关联，且呈正向促进态势。经大量数据统计分析发现，在中国
城市地区，二胎生育时间每推迟一年，女性投身劳动力市场的概率便会得
到极为显著的提升。其二，进一步探究不同群体差异后可知，生育间隔的
影响在特定女性群体中表现得更为突出。比如首胎生育女孩的女性，她们
在生育间隔变化时，劳动力市场参与行为所受影响更为显著；生育首胎时
年龄相对偏大的女性，同样在生育间隔影响就业抉择方面敏感度更高；还
有受教育程度较低的女性群体，其劳动力市场参与度受生育间隔的波动影
响也不容小觑。

本书从多个关键维度为相关文献增添了具有价值的内容。其一，聚焦
于生育推迟所衍生的经济效应这一研究领域，我们的探索不仅对前人成果
予以有力补充，更实现了突破性的拓展。在研究方法上，创新性地引入
OCP惩罚乘数，凭借这一精巧工具，巧妙化解了内生性难题，进而精准量
化出二胎生育推迟对女性劳动力市场参与程度所产生的因果关联程度，为
该领域研究提供了更为可靠的实证依据。其二，2016年我国实行全面二孩
政策，取代一胎政策。本研究成果为这一新政策提供了有益启示，助力生
育政策的进一步完善与优化。现有研究表明，瑞典较长的生育间隔对女性

劳动力市场结果的积极影响比美国更持久（Gough, 2017; Karimi, 2014b）①，这种差异可能源于瑞典在福利政策和医疗保健体系方面相对于美国的优势（Gough, 2017）。我们的研究结果表明，生育间隔对中国女性劳动力市场结果的影响持续时间长于美国，但短于瑞典。与瑞典的情况进行比较后，本章研究发现中国女性享受的带薪休假时间相对较短，公共托儿服务的可及性较低，生育后获得的免费医疗保健也较少。此外，中国女性参加公共继续教育项目的机会比瑞典女性少。因此，中国决策者可以在带薪休假、公共卫生和继续教育等方面制定更优惠的政策，以减轻劳动力市场对中国女性生育二胎的潜在惩罚。

---

① Gough（2017）发现，对于生育间隔超过两年但少于六年的美国女性来说，累积劳动力市场结果的惩罚正在递减。Karimi（2014b）表明，较长的生育间隔会提高劳动力市场的参与度，并在第二次生育后的很长一段时间内提高收入水平。

第六章 固定资产加速折旧政策、机器人应用与制造业企业就业

第一节 问题的提出

一、研究背景和意义

（一）研究背景

实现经济高质量发展是我国新时代新征程的使命任务之一，而就业是经济发展的关键支撑，就业稳定是保障国民经济高质量发展的坚实基础，因此，如何维护我国就业稳定、推动社会经济健康高质量发展，是当前政府和学者密切关注的问题。我国始终坚持人民至上，将人民就业问题放在全党全国工作的首要位置，把稳定就业视为最大的民生，把扩大就业规模作为经济发展的优先目标。2018 年 7 月，中央提出"六稳"战略方针，并将"稳就业"置于宏观政策的首位，2020 年 4 月，中央在"六稳"的基础上，加大工作力度，提出"六保"政策，以"保"促"稳"，体现了中央对就业问题的高度重视。在具体措施方面，2019 年，我国出台《关于进一步做好稳就业工作的意见》（国发〔2019〕28 号），从就业岗位供给端出发，要求深挖内需，鼓励企业加大投资，扩大劳动需求，拓展就业空间。2021 年，国务院印发《关于"十四五"就业促进规划的通知》（国发〔2021〕14 号），再次强调，要通过有效投资拉动就业，并提出强化财政政策支持就业的导向，为制造业降本减负，减缓资金压力，强化制造业企业吸收劳动力能力，推动社会充分就业。为此，我国政府实施了一系列"减税降费"的财政政策，以期通过税收优惠的方式实现制造业投资增加，

进而强化其带动就业的功能。

考虑到固定资产是制造业企业的第一资产，是保障企业生产经营能力的重要前提，同时，其偏高的成本是制约企业扩大投资的关键因素，我国针对固定资产出台了专项的加速折旧政策，以期通过将折旧额提前的方式，降低企业应纳税额总额的现值，进而降低企业生产成本，以鼓励制造业企业加大投资，推动产业升级。据此，本章以 2014 年、2015 年出台的加速折旧政策为研究对象，运用多期双重差分（difference-in-differences，DID）模型，探究具有投资偏向的税收优惠政策如何影响制造业企业的就业规模，以此来评估该项税收优惠政策的就业效应，考察加速折旧税收优惠政策是否具有"投资以稳就业"的作用。本章的研究不仅丰富了加速折旧税收优惠政策的效应研究内容，还有助于把握影响制造业就业规模的因素，为今后我国"稳就业保就业"工作寻找可行途径提供了理论解释和经验证据。

（二）研究意义

1. 理论意义

第一，有助于丰富固定资产加速折旧政策的效应研究文献。目前，学者对加速折旧政策的效应分析多从投资创新、融资约束、人力资本角度展开，其中在人力资本的影响研究中，学者大多探究该项税收优惠政策对人力资本结构和员工薪酬的作用，而将该政策与企业雇佣劳动力规模进行综合研究的并不多见。此外，目前学者对该政策效应的研究主要采用以 2014 年为政策冲击的双重差分模型，但实际上，我国出台的加速折旧政策属于渐进式税收优惠，只考虑 2014 年可能导致结果不准确。而本章以制造业企业就业为视角，综合考虑 2014 年和 2015 年两项政策，对加速折旧政策就业效应进行研究，在研究视角和研究方法两方面对相关研究进行有益补充，有助于全面理解和把握该项税收优惠政策的作用。

第二，有助于厘清以工业机器人为代表的先进固定资产对劳动力需求影响的作用机制。基于市场失灵理论、税收激励理论、资本成本理论和资本-劳动替代理论，剖析企业面对资本使用成本降低，加大先进固定资产投资对劳动力需求带来的具体影响机制，从微观上探索机器人应用水平的提升对企业雇佣劳动力数量影响机制的变化特征和内在规律。

2. 现实意义

第一，有助于进一步完善固定资产加速折旧税收优惠政策。我国固定资产加速折旧政策经历了 2014 年初次试点、2015 年适用范围进一步扩大以及 2019 年制造业全覆盖，体现出我国对利用税收优惠政策进行专项激励的重视，研究该项税收优惠政策对就业规模的影响，不仅可以评估该政策的整体就业效应，还可以得到该项政策的就业效应在不同地区、不同规模、不同融资约束企业中的差异以及在不同劳动技能群体中的差异，进而发现固定资产加速折旧政策在实际实施过程中的不足之处，为下一步完善该项税收政策提供了理论参考。

第二，有助于掌握机器人应用对制造业就业的综合影响。先进机器人的应用对劳动力具有替代作用和规模扩大作用，本章通过微观数据进行了实证检验，明晰了当前制造业使用工业机器人对劳动力的综合影响，为政府制定机器人应用与劳动力相关政策提供了参考。

二、研究方法和研究内容

（一）研究方法

1. 文献分析法

整理了有关固定资产加速折旧政策、机器人应用以及就业的相关文献，并对其进行系统梳理和归纳总结，掌握该项税收优惠政策效应的具体体现、评估方法，以及工业机器人的作用机理和影响就业的主要因素，由此，对固定资产加速折旧政策如何影响劳动力就业有了初步的掌握，对加速折旧政策影响企业就业的最新研究成果、研究不足以及进一步研究方向有了初步的认识，为本章的研究选题、研究视角、研究方法和研究思路提供了理论指导。

2. 实证研究法

本章从国泰安数据库、Wind 数据库、《中国城市统计年鉴》和国际工业机器人联合会提取了 2011 年至 2018 年制造业 A 股上市公司的相关数据，以 2014 年、2015 年固定资产加速折旧政策为外生冲击，运用多期双重差分（DID）模型，实证研究加速折旧政策与制造业雇用劳动力数量之间的关系。另外，在测算出制造业上市企业机器人渗透度的基础上，采用中介模型，探究工业机器人在两者关系中的作用。

（二）研究内容

本章在梳理和归纳现有相关文献的基础上，利用 2011—2018 年制造业 A 股上市公司的面板数据进行实证研究，分析此项加速折旧政策对制造业企业吸纳劳动力数量的影响，探究了该影响的作用路径，最后提出有针对性的政策性建议。本章的研究内容主要由七个部分构成，具体安排如下：

第一部分：绪论。首先，介绍本章的研究背景，说明探究该项税收优惠政策影响劳动力就业的理论意义和现实意义。其次，陈述了本章运用的研究方法，并对全章研究框架、内容进行了细致的安排。最后，阐述了本章研究的创新点，指出了本章的不足之处。

第二部分：文献综述。该部分首先简要梳理了有关就业的相关文献，对影响就业的因素进行了归纳总结。其次，整理了有关税收政策与劳动力关系研究的文献，从劳动力供给和劳动力需求两个方面对税收政策的就业调节效应进行了介绍。再次，搜集了与固定资产加速折旧政策效应相关的文献，按照研究方向的不同，分别阐述这些研究在国内外的进展，并且本章还梳理了有关机器人对劳动力市场影响的文献。最后，在整合以上相关文献的基础上，本章进行了文献评述，发现了现有文献的不足，并从研究视角、研究方向和作用机制三个方面进行了优化创新。

第三部分：理论分析与研究假设。首先，介绍了与本章研究主题有关的基础理论——分别是市场失灵理论、税收激励理论、资本成本理论和资本-劳动替代理论。其次，本章运用举例的方式直观解释了该项税收优惠政策对企业带来的收益、对资本成本的影响，并利用理论函数，分析了加速折旧政策影响制造业雇用劳动力的理论机制。再次，将机器人应用作为路径，梳理其作用机制。最后，依据理论分析情况，提出本章假设。

第四部分：政策梳理及现状分析。一方面，梳理我国固定资产加速折旧政策试点的发展历程，整理不同阶段政策的规定内容和出台目的。另一方面，介绍与本章主题相关的发展现状，包括固定资产政策实施现状、机器人应用现状以及我国制造业当前的就业现状。

第五部分：实证研究。第一，阐述本章样本选择、数据来源以及数据处理步骤，对依据本章研究主题而选择的各类变量进行一一介绍，并参照现有相关文献，设立计量研究模型。第二，实证探讨固定资产加速折旧政策对制造业就业的影响，并对回归结果进行客观分析。第三，采用机器人应用水平作为中介变量进行机制检验。第四，为证明本章研究模型设定的合理性以及结论的稳健性，进行稳健性检验。

第六部分：异质性分析。考虑到地区差异、融资能力差异、企业规模差异以及劳动技能差异可能受固定资产加速折旧税收优惠政策的影响不同，本章进行异质性分析，分组进行检验，并结合我国国情对回归结果进行客观分析。

第七部分：结论与政策建议。综合本章的理论分析和实证结果，得到研究结论，并据此提出可行的、有针对性的、合理的四项建议。

三、创新点

一是以劳动力就业规模为切入点研究固定资产加速折旧的政策效应。关于固定资产加速折旧政策效应的文献有很多，但研究该项税收优惠政策的就业效应却鲜有，本章的研究将弥补这一不足。本章关注制造业企业雇用劳动力的规模，为加速折旧政策的效应研究提供新的研究视角，丰富现有研究。

二是改进和完善了评估固定资产加速折旧政策效应的研究方法。目前，对于该税收优惠政策效应的评估，大多数学者只考虑了 2014 年的政策出台，事实上，该项税收优惠政策的实施是渐进式的，范围逐步扩大，只考虑单一时点可能导致结果不准确。本章综合考虑了 2014 年和 2015 年的政策，采用多期双重差分模型进行实证检验，与实际情况更加贴合。

三是引入机器人应用水平，完善影响机制研究。目前仅有的研究该主题的文献主要从企业产出、资本劳动比两个角度出发，但依据现有相关理论，以及本章对研究制造业就业影响因素的文献梳理，发现技术进步是影响劳动力市场的重要因素，而固定资产加速折旧政策的出台将促使企业更换更智能化、自动化、先进化的设备，因此，本章认为在分析固定资产加速折旧政策对就业的影响时，应关注机器人应用水平对劳动力的冲击。

第二节　文献综述

一、就业的影响因素

就业稳定是我国经济工作稳中求进的重要前提。现有文献认为一国的就业主要受三方面因素的影响，这些因素分别是经济增长、技术进步和经济结构。其中，经济增长对就业的影响最大，它是解决一国就业问题的根本措施，目前针对经济增长与就业两者关系的研究，主要以奥肯定理、就业理论等基础理论展开，并且大多数学者认为经济增长能有效促进就业。

Okun（1963）利用美国统计资料进行分析，发现 GDP 水平与失业率成反比，即经济水平的提高将提高就业。李佳（2017）运用非线性时空数据（spatial-temporal，ST）模型实证，分析指出经济增长对就业的影响为正，并且呈现显著的非线性特征。吴昊和李萌（2022）基于空间计量模型，指出经济增长能提高就业规模，同时，该作用具有明显的地区异质性，东部地区经济增长对就业的带动作用最大。进一步地，经济增长可以进一步细分为消费、投资和出口，不少学者从细分角度分析经济增长对就业的影响。首先，针对消费，王雪平（2019）研究发现借助消费拉动的经济增长对就业具有正向影响，但存在滞后效应。齐红倩等（2018）则发现当期消费的增加并不能使居民失业率下降，相反会降低就业率，但这种影响仅仅是短期的，消费会增加未来时期的就业率。其次，针对投资，钟坚和张其富（2021）认为随着投资的增加，就业机会增加，失业将显著减少。蒋冠宏（2016）分别从商贸服务和当地生产两类投资分析对就业的影响，发现加大投资均能显著促进企业就业的增长，但其就业效应呈现倒"U"形趋势。最后，针对出口，刘军等（2016）利用省级宏观数据，估算了中国出口对就业的影响，表明出口贸易能显著增加就业总量，并且有明显的地区异质性，中部地区出口贸易对就业的促进作用最大。张川川（2015）也从出口贸易的角度解释就业变动，但他是基于微观人口和贸易数据，研究发现出口增长不仅能提高制造业就业率，还能促进服务业就业。对于驱动经济增长的三因素（消费、投资和出口），张瑜和杨翠红（2022）基于结构分解分析模型得出通过调整消费、投资和出口三者之间的比例，变动需求组成结构，能更好地促进就业的增长。

关于经济结构对就业的影响，学者主要从产业结构的角度进行分析。Katz（1988）研究发现产业结构变动会导致企业对劳动力需求发生变化，进而影响就业规模。Berman 等（1994）认为在工业化发展后期，产业结构的调整会在一定程度上带动就业结构的调整，并且这是市场的自然调节，有利于促进经济增长，并不会扩大收入差距。刘强和李泽锦（2021）在全面测度产业结构优化效果的基础上，研究发现产业结构优化对就业的拉动作用比消费对就业的作用更强。夏杰长（2000）运用结构偏离度的方法，对中国产业结构与就业结构的偏离情况进行了精确的测算，发现第三产业的发展速度太慢在一定程度上阻碍了中国就业结构优化的步伐。

关于技术进步对就业的影响，现有文献主要从就业结构和就业总量两个角度开展研究。一方面，对于就业结构，主要表现在技术进步对部分职业类别和低技能劳动力的替代。Frey 和 Osborne（2017）利用高斯过程多分类器估计了 702 个细分职业存在被智能化代替的概率，研究发现接近一半的美国职业处在高风险中，预计很快被智能化代替，其中物流运输和行政支持岗位被替代的可能性最高。运用同样的研究方法，Pajarinen 和 Rouvinen（2014）测算了芬兰 410 个职业的被替代风险，发现未来 1/3 的职业将会被计算机取代。周广肃等（2021）将美国劳工部标准职业代码与中国职业代码相匹配，研究发现技术进步对中国劳动力就业有明显的替代作用，其中女性、低教育劳动者、大龄劳动者等相对较弱劳动力群体所受冲击较大。另一方面，对于就业总量，结论不一。田开兰等（2018）利用投入产出方法，发现技术发展和进步使得我国的劳动生产率提高，即单位产出所需的劳动力减少，对就业总量产生显著的负面影响。姚曦和续继（2022）从经济周期的角度分析技术进步对劳动力市场的影响，发现在经济下行时，就业替代作用显著，但是在经济上行期，技术进步对制造业就业的影响中创造作用占主要地位，整体表现为对就业规模的扩大，表明技术进步对就业的替代和创造作用随经济周期交替发生。

二、税收对劳动力的影响

税收对劳动力就业的影响，学者们大多从劳动力供给和劳动力需求两个方面进行研究。

一方面，税收主要通过对劳动者个人所得税和教育税收优惠对劳动供给产生影响，其中，国家对劳动者征收个人所得税，理论上产生两种效应：第一种是替代效应，个税的征收导致闲暇相对价格下降，人们会增加对闲暇时间的分配；第二种是收入效应，个税的征收直接导致个人可支配收入减少，劳动者可能会选择增加劳动时间来维持原有生活水平。Blau 和 Goodstein（2010）认为劳动供给对个人所得税收入具有弹性：工资率较低时，替代效应大于收入效应，劳动者将增加闲暇时间；但随着工资率上升，并进入高工资率阶段，替代效应占据主要地位，劳动者反而会增加劳动供给时间以获得更高的收入。冯楠等（2021）和刘蓉等（2019）均发现在人口老龄化背景下，中国个税改革会提高中老劳动者的劳动参与率。叶菁菁等（2017）发现个税改革存在收入方面的异质性，即个税改革对中高收入层级的劳动激励作用高于低收入群体。张世伟和周闯（2010）以 2006

年个税改革进行研究，发现个人所得税还存在性别异质性，个税改革导致的收入增长将促进女性劳动力供给的增加，已婚男性供给缺乏弹性。同时，刘万霞（2013）认为职业教育投资会使农村劳动者具备必要的工作技能，从而增加就业，增加教育税收优惠是提高就业率的重要举措。

另一方面，税收通过对企业课税这一路径作用于劳动力需求，对劳动力需求规模和结构产生影响，现有文献主要聚焦于增值税和企业所得税对企业劳动力需求的影响。聂辉华等（2009）以2004年东北增值税转型这一政策冲击，发现增值税改革显著促进了企业的固定资产投资，提高了劳动生产率，通过资本替代劳动的方式减少就业。但刘璟和袁诚（2012）以相同的政策冲击进行研究，却发现增值税改革对劳动力的需求具有显著的促进作用。为更细致地研究增值税变动对不同行业的影响，毛捷等（2014）以2009年增值税全面转型改革为政策冲击进行研究，发现此次改革推动了石油化工行业、电力行业和装备制造业的投资，但对汽车制造、采掘企业的投资有一定的抑制作用，表明增值税改革存在明显的行业异质性。孙正（2017）运用非均衡增长模型，分析发现"营改增"减轻了第三产业的税负，提高了第三产业在国民经济中的占比，促进了产业结构的升级演进。另外，对于企业所得税影响企业劳动力需求这一话题，Devereux和Griffith（1998）认为企业所得税的征收会降低资本边际效率，一定程度上抑制了企业投资，进而降低企业的劳动力雇佣需求。王跃堂等（2012）以2007年企业所得税改革为研究对象，发现征税提高了企业资本成本，降低了企业利润，缩小了企业用工需求，并且在控制权方面存在异质性，国有企业的税收敏感性较低。

三、固定资产加速折旧税收政策效应研究

通过对现有文献的梳理，我们发现针对固定资产加速折旧税收政策效应的研究十分丰富，学者大多从投资创新、融资约束和人力资本三个方面开展讨论。下面将细分文献分别进行阐述。

当前针对加速折旧政策对投资创新的影响的研究较多，观点也比较一致，大多认为该项税收优惠政策对企业投资创新有显著的促进作用。其中，Archibald（1967）调查了53家企业，固定资产折旧方法由直线法改为加速折旧，利润率平均提高10.18%，肯定了资产加速折旧政策的作用和意义。Zwick和Mahon（2017）通过分析12万家上市公司的数据，发现固

定资产税收优惠政策的出台，对企业产生了即时的现金流，减轻了企业初期购置固定资产的资金负担，极大地促进了企业进行固定资产投资。徐晔等（2021）指出，在理论上，加速折旧政策可以提高投资的净现值，投资利润加大驱使企业进行投资，同时该政策还可以通过降低资本服务的租金成本促使企业进行固定资产投资。陈煜和方军雄（2018）认为固定资产加速折旧政策有直接的节税效应，增加企业的净利润，并以 2008 年出台的固定资产加速折旧所得税新政为出发点，实证表明新政显著提升投资水平。另外，也有部分学者通过实证检验，得出加速折旧政策对企业投资无影响的结论。Desai 和 Goolsbee（2004）以美国 2002 年和 2003 年对设备投资发放津贴为研究对象，研究发现，这种优惠只能给予企业部分收入，对企业投资并无实际激励效果。曹越和陈文瑞（2017）研究发现加速折旧政策的出台，并未使企业固定资产规模扩大，并进一步从所有权性质、盈利性和成长性三个层面进行细致的分析，得出试点公司和非试点公司投资规模无显著差异的结论，但该政策使得试点企业的创新投入增加。陈志勇等（2022）认为先进的设备是提升企业创新产出的必要条件，加速折旧政策所产生的减税收益为企业创新提供了条件，促进企业进行创新投入。王宗军等（2019）通过实证，证实了该政策对企业创新有滞后的促进作用。

关于固定资产加速折旧对融资约束的影响，目前研究结论尚未统一。部分学者认为该项税收优惠政策有助于缓解企业的融资约束。妥晓芬（2021）认为此项政策对于企业来说，相当于无息贷款，能有效缓解新成立企业的现金流压力，持续增加投资金额会使得有效税率永久降低。童锦治等（2020）认为加速折旧政策重构了企业现金流关系，赞同此项税收优惠等价于税务部门给予正在进行投资行为的企业一笔无息贷款的观点，研究发现加速折旧政策不仅会大幅度减少因信息不对称而产生的融资约束，还因为其申报享受的方式特殊，采用申报备查制，大大降低企业交易成本，减轻融资负担。但史燕平和杨文涛（2020）认为企业享受加速折旧政策所带来的税收优惠是在年终汇算清缴时，并未减轻购置设备初期的资金交付压力，当企业内部融资不足以支付设备成本时，企业将倾向于通过租赁融资的方式满足固定资产需求，这只会扩大企业租赁融资的规模。曹越和陈文瑞（2017）将融资约束来源分为内源融资约束和外源融资约束，研究发现加速折旧政策对试点企业的内源融资约束有缓解作用，但对外源融资约束无影响。另外，部分学者通过调查规范的方式探究固定资产加速折旧政策对企业融资约束的效应。赵美娜（2015）和唐恒书等（2018）结合案例，从会计和税法角度分析固定资产加速折旧政策对企业现金流量的影响。唐飞鹏（2017）则通过实地问卷调查，了解加速折旧政策在东莞市967户企业的实施情况，结果显示只有8.21%的企业表示此项政策能缓解资金压力。

关于加速折旧政策对人力资本的影响，目前文献较少，并且研究主要集中在对人力资本结构和员工薪酬两方面。李建强和赵西亮（2021）表示新购置的固定资产往往经过改良和升级，拥有更高的技术配置，技能劳动力拥有更强的适应能力。加速折旧政策出台后，刺激企业加大资产投资，为充分利用新购置的固定资产，企业将倾向于雇佣技能人员，这将重塑企业人力资本结构。谢申祥和王晖（2021）以及刘啟仁和赵灿（2020）以2014年固定资产加速折旧政策为研究对象，利用单期双重差分法，研究发现该政策能显著增加技能劳动力的雇佣量，促进试点企业人力资本升级。伍红等（2019）还表示该项政策的出台会使试点企业加大对创新人力的投资。在员工薪酬方面，目前王贤彬和何溢诗（2022）以2014年为一次政策冲击，研究发现税收激励政策会给试点企业带来间接的补助，增加试点企业的可分配利润，进而促进企业员工的薪酬提高。

四、机器人应用对就业的影响

工业机器人是人工智能技术在制造业应用的具体表现，对于机器人应用对劳动力市场的影响，大部分学者都认为存在两种效应，即劳动岗位替代效应和创造效应，具体哪种效应占据主导地位，关键在于其负向替代作用和正向促进作用的相对大小，需权衡比较，现有文献尚未达成一致结论。

首先，部分学者认为随着人工智能的发展，机器人应用的提高会占据大量的劳动岗位，取代工人在劳动市场的地位，导致就业率下降。Acemoglu和Restrepo（2018）利用美国1990—2007年的就业数据，分析得出工业机器人对就业有显著的负向影响的结论。具体来讲，每千人工人中增加一个机器人，总就业人数占人口的比例就下降0.37%，其中制造业受到的冲击最为严重。王永钦和董雯（2020）参照类似的办法，构造了企业层面的机器人应用指标，首次利用中国行业机器人应用数据，研究发现机器人渗透度与企业劳动力需求成反比，机器人应用对中国制造业劳动力整体产生了替代效应，并且具有产业链传导效应。进一步地，韩民春和乔刚

（2020）依据工作性质划分劳动力，发现机器人应用对就业的抑制作用只存在于低技能劳动力中，对高技能劳动力就业的影响不显著。

其次，部分学者发现企业应用机器人后，劳动市场总体就业规模没有大规模下降，反而有所上升。Acemoglu 和 Restrepo（2020）依托任务模型，创新性地构造了技术偏好理论模型，从行业层面研究发现劳动是有弹性的，自动化使得简单重复性就业减少，但新任务的增加创造了更多就业机会，增加了企业就业需求。康茜和林光华（2021）利用省级就业数据，发现机器人应用满足"资本－技能"互补假说，对就业有显著的正向影响，并存在地区异质性，极大地增加了东部地区的就业人数。李磊等（2021）利用工业企业机器人进口数据，从微观层面发现，相比于未进口机器人的企业，进口机器人的企业的就业规模显著高出 9.48 个百分点，机器人进口数量每增加 10 个百分点，企业就业水平就上升 0.53 个百分点，其作用主要通过企业产出规模的扩张实现。

最后，部分学者还从中长期和就业结构视角来看待机器人应用对就业的影响。王晓娟等（2022）利用省级面板数据，实证发现在短期内，机器人应用对制造业劳动力就业的影响更多表现为替代作用，特别是在经济越发达的地区，替代作用越大，存在显著的地区异质性；但长期来看，机器人应用带来的经济增长，会对就业数量产生正向影响，岗位创造效应占主导地位。赵春明等（2020）基于中国劳动力动态调查数据，研究发现城市工业机器人的使用并没有造成就业总量的变动，但导致劳动力在不同部门的重新配置，其中存在原有制造业劳动力向服务业流动的趋势。

五、文献述评

通过对现有相关文献的梳理，我们发现针对固定资产加速折旧政策、机器人应用和就业的相关研究已经十分深入，理论分析和实证技术都十分成熟，这为本章研究提供了可借鉴的研究框架。但对现有文献进行上述的梳理和总结之后，我们发现仍存在不少可以深入探究的方面：

一是对于固定资产加速折旧政策效应的研究，研究方向较多集中在该政策对企业投资、研发创新和融资约束的影响上，较少文献研究对劳动力就业的作用，并且在对就业效应的影响中，学者大多探究加速折旧政策对员工薪酬和人力资本结构等的影响，鲜有学者从制造业企业整体的就业视角进行分析。

二是在固定资产加速折旧政策的就业效应结果方面，存在就业增加和就业减少两种观点，结论不一，尚需严谨的实证工作来对上述命题进行量化评估。

三是评估固定资产加速折旧政策效应时，以往研究大多是将该项政策视为 2014 年的一次政策冲击，运用双重差分模型进行实证研究，但我国固定资产加速折旧政策的适用范围是分行业逐步扩大的，这样的设定明显不符合实际政策开展情况，研究结论的准确性有待验证。

四是现有文献对加速折旧政策、机器人应用和劳动力就业的研究，主要集中在对这三者之间两两关系的分析中，较少在统一的研究框架下对这三者的关系进行分析，从机器人应用的视角来分析固定资产加速折旧税收政策对就业的影响还不够深入。

为弥补以上不足，本章在现有研究的基础上，从研究视角、研究方法、作用机制等方面进行了创新优化。首先，本章聚焦制造业企业，从微观企业人力资本总量视角，探究固定资产加速折旧政策对制造业就业的影响。其次，本章以 2014 年和 2015 年两次固定资产加速折旧试点进行自然实验，利用多期双重差分模型，还原事实，真实地评估该项政策的多次冲击效应。再次，本章基于中介效应模型，利用国际机器人联合会（International Federation of Robotics，IFR）工业机器人数据，探究在固定资产加速折旧试点情况下，企业是否通过改变机器人使用量去影响就业规模、丰富其影响机制。最后，固定资产加速折旧政策对制造业就业产生的政策效应极大地影响了新时代我国经济和社会的发展，对两者进行研究，不仅可以客观评价其政策就业效应，还为今后更好实施税收激励政策提供政策启示。

第三节　理论分析与研究假设

一、理论基础

（一）市场失灵理论

市场失灵理论是政府干预市场经济的重要学理支撑。市场失灵理论表明，当市场发生外部性、垄断、公共物品或者信息不对称等问题时，市场调节机制将不能充分发挥作用，资源配置不能达到帕累托最优状态，从而出现市场失灵。解决此类问题需要政府进行适当干预，具体是通过出台合理的政策对市场进行监督和调控，以减少市场无序状态带来的损失，促使市场均衡发展。导致市场失灵的外部性，最早由英国经济学家马歇尔提出，它是指某件事对其他人产生有利或不利影响时，其他人并没有为此影响支付任何成本或者得到应有的补偿。为解决外部性带来的市场失灵问题，目前学者大多认为最有效的办法是将外部性内部化，即通过调整私人边际效益或成本，改变双方行为，实现社会最优。

具体到本章来说，制造业企业购置设备或者更新固定资产，产生更高要求，为研发创新提供了根本驱动力，而企业研发创新是典型的具有正外部性的活动。具体来讲，企业自主研发，一方面，自身获得创新产品或创新技术的收益，另一方面，创新技术将通过技术扩散的方式让模仿者获得益处，但模仿者并没有付出新技术的任何成本，因此，企业创新行为具有正外部性。此外，对于正外部性生产者而言，他们需要承担研发过程中的所有成本费用，还需要承担研发失败的风险，容易产生投资不足的问题，在竞争市场上，也容易陷入投资回报率低的困境，其研发创新积极性由此受到打击。

政府作为创新体系的核心制度制定者和推动者，应对市场经济进行及时的干预和调控，出台有关鼓励企业研发创新的系列政策，通过对产生正外部性的企业给予财政补贴，将外部性内部化，纠正市场失灵，增强企业更新固定资产的动力。

（二）税收激励理论

政府干预经济的手段主要有三类：经济类、行政类和法律类。其中，经济手段中的税收政策是政府较为常用的，是政府宏观调控经济的重要杠杆。一般来讲，政府出台的税收政策能对微观个体的经济行为选择产生两种效应——激励效应和抑制效应，其中激励效应是指政府为了实现特定的经济目标，通过税制设计和安排，来鼓励经济个体从事某一经营或生产活动。

目前，政府充分发挥税收政策激励效应的途径主要是出台各项优惠政策，通过给予经济主体税收收益，刺激其从事某些经营和生产活动。按照税收激励的领域不同，可以将税收激励分为国内激励和对外贸易激励，其中国内激励按照对象不同，又可细分为生产一般激励和特别激励。具体到本章，固定资产加速折旧政策属于国内生产特别税收激励，是国家为鼓励企业更新固定资产、加大研发创新、助力产业升级改造而给予特定行业的税收优惠。

（三）资本成本理论

1963 年，Jorgenson 首次提出了资本成本理论，并推导出使用者资本成本的估算公式。该理论表示资本成本是影响企业投资行为的核心因素，它是企业从资本中获得一单位服务所必须承担的最低成本，主要受折旧安排、资本价格变动、融资成本、投资品和产出品之比等因素的影响。在此基础上，1967 年，Robert 和 Jorgenson 利用新古典最优资本积累理论，研究了税收政策和资本成本的关系，提出在考虑税收政策的静态条件下，所得税率、投资优惠率以及实施税收优惠后单位货币可以折旧的现值均会影响资本成本的大小，其中单位美元投资所能进行的折旧额现值越大，使用者的资本成本越小。

1991 年，Jorgenson 和 Kun-Young Yun 将资本成本方法延伸到税收领域，指出资本在企业经营的不同时期为生产提供服务，是企业的生产要素之一，资本租赁价格体现的是资本服务转移到商品或服务的价值，资本的征用价格应与资本所能带来的收益相匹配。另外，Jorgenson 和 Kun-Young Yun 通过公司最简单模型的推导，表明资本成本的大小主要取决于报酬率和折旧。

当前，考虑税收的资本成本理论已经成为各国学者研究本国税收政策对企业投资影响的主要理论。本章的研究对象是固定资产加速折旧政策的就业效应，该政策的出台对企业新购置的固定资产折旧现值产生直接影响，降低了边际资本成本。在理论层面上讲，该项税收政策将促使企业加大投资，调整产业结构，加快产业升级，这也与我国出台固定资产加速折旧政策的目标一致。

（四）资本-劳动替代理论

20 世纪初期，美国经济学家柯布和经济学家保罗·道格拉斯在分析企业投入和产出二者的关系过程中，创造了柯布-道格拉斯生产函数，该生产函数直接体现了资本、劳动和产值三者之间的关系。资本，通常认为是包括企业拥有的或控制的以房屋和设备为代表的固定资产、以原材料和存货为代表的流动资产以及土地。但柯布和道格拉斯认为流动资产是企业在生产制造过程中的结果，不是生产最初始的生产要素，土地也不是由劳动产生的，因此资本应由企业所拥有或者控制的固定资产表示，并选择企业每年雇佣的劳动人员数量来衡量劳动投入。当前，柯布-道格拉斯生产函数的一般形式为：

$$Y_{it} = A^{\gamma} K_{it}^{\alpha} L_{it}^{\beta} \mu \tag{6-1}$$

其中，Y 表示总产出，A 表示技术水平，K 表示生产过程中资本投入量，L 表示生产过程中劳动投入量，γ、α、β 分别表示技术产出弹性、资本产出弹性以及劳动产出弹性，μ 代表其他扰动项。

该函数的贡献之一是为企业选择生产要素提供了理论依据。柯布和道格拉斯认为企业对资本和劳动的投入应根据资本、劳动对生产总值的贡献来决定：当资本或者劳动价格上升时，企业对其购买力下降，需求下降，企业将会采取提高另外一种生产要素需求量的方式来达到预期生产总量。

二、固定资产加速折旧对制造业就业的影响机理

市场通过相对价格来配置资源，对于经济主体而言，资本和劳动的相对价格也会影响企业的生产要素结构。中央出台的固定资产加速折旧政策，给予了试点企业对新设备折旧方法采用加速折旧的权利，使得试点企业在购置新设备初期就能进行更多的税前扣除，减少初期的应纳税所得额，进而减少应纳税额，虽然整体上并未减少纳税金额，但在考虑货币时间价值的情况下，企业获得了超额折旧资金的时间价值，改变了新购固定资产的成本，在劳动力价格不变的情况下，资本的相对价格变化，企业将依据变动情况对自身生产要素结构进行适当调整，进而影响雇佣劳动力的数量。

为阐述固定资产加速折旧政策为企业带来的税收收益，本章参照刘行等（2019）的研究思路，假设企业购买成本为 M 的固定资产，该政策带来的税收收益现值 Z 则为：

$$Z = \sum_{t=1}^{T} \frac{D_t \times M \times \tau}{(1+r)^t} \qquad (6-2)$$

该式中，T 为折旧年限，D_t 为第 t 年的折旧率，τ 为该企业适用的所得税税率，r 为折现率，分子部分（$D_t \times M \times \tau$）则表示第 t 年按照税法规定可以抵扣的折旧额，相比于常规的平均年限法，加速折旧方法改变了固定资产折旧金额的年度分布，提高了前期的折旧额，税收收益现值 Z 更大，使得试点企业享受额外的税收收益。

为了更直观地说明加速折旧方法相对于平均年限法能给企业带来的抵税收益，我们下面进行举例论证。加速试点企业在政策实施后购买价值为100万元的生产设备，按照税法规定最低折旧年限10年进行折旧，所得税税率适用于25%，预计净残值为0，折现率为8%，依据平均年限法、双倍余额递减法、年数总和法和缩短年限法（以最低年限的60%）分别对折旧额现值进行计算，计算结果如表6-1所示。从结果可知，不同的折旧方法会使企业获得的抵税收益不同，导致税收收益现值存在差异。三种加速折旧方法给企业带来的收益均高于平均年限法，分别多出 1.5 万元、1.9 万元和 2.5 万元，其中采用缩短年限法使得企业获益最多，比平均年限法可多享受 2.5% 的税收优惠。从式（6-2）可知，设备购置成本（M）越高，获得的税收优惠越大，降低固定资产成本程度越高。

表 6-1　加速折旧方法与直线法的比较　　　　单位：万元

	年限										
	1	2	3	4	5	6	7	8	9	10	总计
Panel A：平均年限法											
折旧	10	10	10	10	10	10	10	10	10	10	100
抵税收益	2.5	2.5	2.5	2.5	2.5	2.5	2.5	2.5	2.5	2.5	25
现值	2.3	2.1	2.0	1.8	1.7	1.6	1.5	1.4	1.3	1.2	16.9
Panel B：双倍余额递减法											
折旧	20	16	12.8	10.2	8.2	6.6	5.2	4.2	8.4	8.4	100
抵税收益	5	4	3.2	2.6	2.0	1.6	1.3	1.0	2.1	2.1	24.9
现值	4.6	3.4	2.5	1.9	1.4	1.0	0.8	0.6	1.0	1.0	18.2
Panel C：年数总和法											
折旧	18.2	16.4	14.5	12.7	10.9	9.1	7.3	5.5	3.6	1.8	100
抵税收益	4.5	4.1	3.6	3.2	2.7	2.3	1.8	1.4	0.9	0.5	25
现值	4.2	3.5	2.9	2.3	1.9	1.4	1.1	0.7	0.5	0.2	18.7
Panel D：缩短年限法											
折旧	16.7	16.7	16.7	16.7	16.7	16.7	0	0	0	0	100
抵税收益	4.2	4.2	4.2	4.2	4.2	4.2	0	0	0	0	25.2
现值	3.9	3.6	3.3	3.1	2.8	2.6	0	0	0	0	19.3

　　针对资本价格随企业劳动力投入的变化而变化的情况，我们参照聂辉华等（2009）的做法，构建一个典型企业的利润函数进行具体分析。

　　首先，考虑有条件的需求函数，在产量不变的情况下，企业会尽可能减少成本以实现利润最大化。具体函数表示为：

$$C = wL + rK \qquad (6-3)$$

$$Q = f(L, K) \qquad (6-4)$$

其中，C 表示成本，w 和 r 分别表示工资率和利息率，L 和 K 分别表示劳动和资本，Q 表示不变产量，利润最大化要求：

$$\frac{w}{\frac{\partial f}{\partial L}} = \frac{r}{\frac{\partial f}{\partial K}} \tag{6-5}$$

由此得出劳动力投入需求函数为 $L_1 = L_1(Q,\ w,\ r)$。

其次，考虑无条件的需求函数：

$$\text{Max} = P \times Q - (wL + rK) \tag{6-6}$$

$$Q = f(K,\ L) \tag{6-7}$$

利润最大化要求：

$$\frac{w}{\text{MP}_L} = \frac{r}{\text{MP}_K} \tag{6-8}$$

此时，劳动力投入需求函数为 $L_2 = L_2(P,\ w,\ r)$，利润最大化会导致投入的无条件需求函数和条件需求函数相等，即：

$$L_2 = L_2(P,\ w,\ r) = L_1 = L_1(Q,\ w,\ r) \tag{6-9}$$

最后，上式等号两边对利息率求导，得到要素的交叉价格效应：

$$\frac{\partial L_2(P,\ w,\ r)}{\partial r} = \frac{\partial L_1(Q,\ w,\ r)}{\partial r} + \frac{\partial L_1(Q,\ w,\ r)}{\partial Q} \times \frac{\partial Q}{\partial r} \tag{6-10}$$

通过对式（6-10）的分析可知，资本价格的相对变化对企业劳动力需求的影响由两部分组成。一方面，式（6-10）等号右边第一项为资本对劳动力的替代效应，符号为负，表示资本价格相对于劳动力价格降低时，将导致企业加大资本投入，更新的固定资产一般具有更先进、更高效的功能，不仅可以替代工作重复性高的、程序化强的低技能岗位，还可以通过提高劳动生产率，减少企业用工需求。另一方面，式（6-10）等号右边为资本对劳动力的产出效益，由于利润最大化的企业并不面临预算约束，因此产出效应不为 0，应为正数。这其实是企业面对加速折旧政策带来的资本使用成本降低，主动进行设备购买和更新，使得产出增加，进一步扩大企业经营规模，最终导致自身用工需求增加。由此可见，资本价格对劳动力数量的最终影响取决于替代效应和产出效应的相对大小：若替代效应大于产出效应，那么资本价格减少导致的企业资本投入增加，将导致劳动减少；反之，资本和劳动都将增加。

综上所述，固定资产加速折旧政策通过改变试点企业的折旧方法，使得企业获得更多抵税收益，进而影响了固定资产使用成本，但资本价格的变动对企业劳动力雇佣决策的影响尚不确定。因此，本章提出以下两个待验证的研究假说：

H1：当产出效应占主导时，固定资产加速折旧政策可以提高制造业企业雇佣劳动力数量。

H2：当替代效应占主导时，固定资产加速折旧政策将降低制造业企业雇佣劳动力数量。

三、机器人应用的中介效应

根据资本成本理论，固定资产加速折旧税收优惠政策通过改变资产折旧政策，提高固定资产的折旧现值，使得资本使用成本减少，而资本使用成本是企业是否进行投资的关键考虑因素，税收优惠带来的成本降低将使得企业更愿意增加投资，以产生更大的投资收益。中国目前已经成为全球机器人需求量最大的市场，汽车制造、机械、设备制造等领域普遍使用机器人进行生产经营，工业机器人已经成为我国先进制造业开展生产活动的重要支撑，是制造业企业重要的固定资产组成部分，固定资产加速折旧政策的推出，将使制造业企业加大对机器人的应用。同时，依据税收激励理论，固定资产加速折旧是国内生产特别税收政策，国家通过特殊制度安排，鼓励试点企业更换更有利于自身经营的设备，加大投资创新，给予的税收收益也为试点企业更新设备提供了资金支持。

机器人作为智能化固定资产的代表，对劳动力的影响不可避免地存在两方面作用：既能直接替代劳动力岗位，减少就业，又能通过规模扩张和岗位创造，增加劳动力就业。机器人对就业的替代效应，具体有三方面的表现：第一，因为生产环境的特殊性，出于对法律或者人员安全的考虑，人工不适合在此生产环境下劳动，因此企业采用机器进行生产，这部分岗位不再进行人力安排。第二，部分先进制造业生产要求严苛，出于对制品精度和硬度的考虑，在生产环节中采用机器人操作，比如汽车装配、焊接、磨削等操作。第三，企业基于成本效益的考虑，在产量不变的情况下，如果工业机器人年均分摊成本小于工人薪酬，企业对机器人的应用水平将会提升，工人用量降低，导致机器人直接替代劳动力生产岗位。针对机器人对就业的促进效应，一方面，机器人代表了先进生产力，劳动生产率的提高有助于企业增加经营利润，进而刺激企业扩大生产规模以获得更多利润，这就促使企业雇佣更多劳动力来支撑企业经营。另一方面，机器人的应用会创造更多新兴岗位，用工岗位的新增提高了就业机会，也会带动部分就业，比如对机器人研究开发、日常维修以及操控等。

综上所述，固定资产加速折旧政策的出台，导致了资本成本的价格变化，影响企业投资行为。对有较大机器人需求量的制造业而言，资本价格的变化会影响其是否选择增加机器人的安装使用数量，并且机器人作为先进化、智能化资产的代表，其发展应用会对劳动力市场产生一定冲击。据此，提出待验证的假设三：

H3：固定资产加速折旧税收政策通过作用于企业机器人应用水平来影响制造业企业雇佣劳动力数量。

第四节　政策梳理及现状分析

一、固定资产加速折旧税收政策梳理

在《企业会计准则——固定资产》中，固定资产的认定需符合两个条件：其一是持有目的，应是为了生产商品、提供劳务、出租或经营管理而持有；其二是使用时间的长短，固定资产要求能够在多个生命周期内连续使用，因此其使用时长至少大于一个会计年度。在使用过程中，由于有形或者无形的磨损，企业利用固定资产获得的收益逐渐降低，服务潜力下降，资产价值随之降低，固定资产拥有者为了能继续达到生产商品、提供劳务或者经营管理的目的，会主动维护固定资产，进行修理或者更新。此时只有原来固定资产的成本得到足额补偿，余下的收益才是企业的真实收益，因此固定资产折旧实质是一种资本补偿，体现的是固定资产价值转移到商品或服务的过程。

固定资产加速折旧政策起源于第一次工业革命，最早由美国提出，之后其他西方发达国家也逐渐开始采用，而我国市场经济起步晚，对固定资产加速折旧关注也较晚，但随着我国税制改革的逐渐深入，固定资产加速折旧政策经历了初步探索、规范和细化以及全面推广三个阶段，该项税收优惠政策正日趋完善。

具体来讲，国家税务总局在 2000 年出台《企业所得税税前扣除办法》，不仅允许纳税人在税前扣除固定资产按照直接法折旧的金额，还首次规定了固定资产加速折旧政策适用情形。具体而言，常年处于震动、高腐蚀状态的机器设备以及国家鼓励的专有设备，可以采用缩短年限或者加速折旧的办法，但此项税收优惠有严格的审批流程，企业申请成本较高。

2004 年，为支持东北地区老工业基地的振兴，国家税务总局对东北地区工业企业出台一系列税收优惠措施，其中对于固定资产，允许在 40%范围缩短折旧年限。2007 年，第十届全国人大通过了《中华人民共和国企业所得税法》。该税法规定对于频繁更新的固定资产或者处于不利状态的固定资产（比如强震动或者高腐蚀），企业可采用加速折旧法对其计提折旧，之后国家通过下发国务院令第 512 号，对此项规定的具体实施进行了细化解释。2009 年，我国出台了国税发〔2009〕81 号文，这是首个专门针对固定资产加速折旧的政策文件，其中对适用范围、设备更新、购置旧设备以及缩短年限法的最低年限进行了明确规定，此外，还对两种加速折旧方法的具体计算进行了细致规定。2012 年，为推动科技创新和产业升级，国家税务总局针对软件产业和集成电路产业出台专项税收优惠政策，允许符合固定资产确认条件的外购软件和经认定的集成电路企业的生产设备采用缩短年限法。

2014 年，面对我国制造业投资增速下滑的局面，为提高企业在设备投资和更新方面的积极性，解决企业融资困难，鼓励研发创新，我国出台了财税〔2014〕75 号文件，允许六大行业对新购置的固定资产采用加速折旧政策，同时，规定所有企业若购置单价不超 500 万元的固定资产可一次性计入成本费用。2015 年，进一步扩大了固定资产加速折旧政策的适用范围，新增轻工、纺织、机械和汽车四个领域，以加快促进企业产业升级。2019 年，为支持制造业加快更新改造，鼓励设备更新，政府将全部制造业纳入政策试点范围。近年，面对海南自贸试验区的设立等情况，政府也以此为具体措施进行了宏观调控。表 6-2 从行业范围、政策内容和政策文件对我国固定资产加速折旧政策实施进程进行了全面的梳理。

表 6-2　固定资产加速折旧税收政策梳理

政策文件	主要内容	适用范围
《企业所得税税前扣除办法》（国税发〔2000〕84 号）	（1）规定采用年限平均法计算的折旧额可在税前扣除 （2）加速折旧使用的具体情形	所有行业
《关于落实振兴东北老工业基地企业所得税优惠政策的通知》财税〔2004〕153 号	规定在原有基础上，可按不高于 40% 的比例缩短折旧年限	东北地区[①]工业企业

① 东北地区：辽宁（含大连）、吉林和黑龙江。

表6-2(续)

政策文件	主要内容	适用范围
《中华人民共和国企业所得税法》（主席令第 63 号）	规定由于技术进步等原因，确需加速折旧的，可以缩短折旧年限或者采取加速折旧的方法	所有行业
《中华人民共和国企业所得税法实施条例》（国务院令第 512 号）	（1）规定固定资产加速折旧政策适用性情形 （2）规定缩短折旧年限的最低年限① （3）规定加速折旧两种方法②	所有行业
《关于企业固定资产加速折旧所得税处理有关问题的通知》（国税发〔2009〕81 号）	（1）针对企业拥有并使用的固定资产符合加速折旧情形，规定具体处理办法 （2）规定加速折旧两种方法的具体计算	所有行业
《关于进一步鼓励软件产业和集成电路产业发展企业所得税政策的通知》（财税〔2012〕27 号）	（1）经认定后的企业，生产设备的折旧年限可以适当缩短，最短可为 3 年（含） （2）外购的软件，符合固定资产确定条件的，折旧年限可适当缩短，最短可为 2 年（含）	集成电路生产企业
《关于完善固定资产加速折旧企业所得税政策的通知》（财税〔2014〕75 号）	（1）2014 年 1 月 1 日后新购进的固定资产，可缩短折旧年限或采取加速折旧的方法 （2）该六大行业的小型微利企业在 2014 年 1 月 1 日后新购进的研发和生产经营共用的仪器、设备，依据单位价值享受税收优惠③	六大行业④
	（1）2014 年 1 月 1 日后新购进的专门用于研发的仪器、设备，依据单位价值享受税收优惠 （2）企业持有的单位价值不超过 5 000 元的固定资产，可一次性计入当期成本费用	所有行业

①　最低年限：对于新购置的，至少为规定年限的60%；购置已使用过的，至少为剩余使用年限的60%。

②　加速折旧方法：双倍余额递减法、年数总和法。

③　单位价值不超100万元的，可一次性计入当期成本费用；超过的，可采取缩短折旧年限或加速折旧。

④　六大行业：生物药品制造业，专用设备制造业，铁路、船舶、航空航天和其他运输设备制造业，计算机、通信和其他电子设备制造业，仪器仪表制造业，信息传输、软件和信息技术服务业。

表6-2（续）

政策文件	主要内容	适用范围
《关于固定资产加速折旧税收政策有关问题的公告》（国家税务总局公告2014年第64号）	针对《关于完善固定资产加速折旧企业所得税政策的通知》（财税〔2014〕75号）的具体解释	
《关于进一步完善固定资产加速折旧企业所得税政策的通知》（财税〔2015〕106号）	（1）2015年1月1日后新购进的固定资产，可由企业选择缩短折旧年限或采取加速折旧的方法 （2）四个领域重点行业的小型微利行业在2015年1月1日后新购进的研发和生产经营共用的仪器、设备，依据单位价值享受税收优惠	四个领域重点行业①
《关于进一步完善固定资产加速折旧企业所得税政策有关问题的公告》（国家税务总局公告2015年第68号）	针对《关于进一步完善固定资产加速折旧企业所得税政策的通知》（财税〔2015〕106号）的具体解释	
《关于设备器具扣除有关企业所得税政策的通知》（财税〔2018〕54号）	对于企业在2018年1月1日至2020年12月31日新购进的设备、器具，购置单价不超过500万元的，可计入当期成本费用，一次性在税前扣除	所有行业
《关于扩大固定资产加速折旧优惠政策适用范围的公告》（财政部 税务总局公告2019年第66号）	2019年1月1日后新购进的固定资产，可由企业选择缩短折旧年限或采取加速折旧的方法	全部制造业
《关于海南自由贸易港企业所得税优惠政策的通知》（财税〔2020〕31号）	对于新购置（含自建、自行开发）的固定资产，购置单价不超过500万元的，可计入当期成本费用，一次性在税前扣除。超过500万元，可选择缩短折旧年限或采取加速折旧的方法	设立在海南自由贸易港企业

二、固定资产加速折旧政策的实施现状

目前，针对固定资产加速折旧政策的申请情况和减免税总额，尚未有国家层面或者省级层面的权威数据公布，同时，考虑到对上市公司在财务报告附注中披露的固定资产折旧信息收集不全，本章对固定资产加速折旧

---

① 四个领域：轻工、纺织、机械、汽车。

政策实施现状的分析主要依据现有与主题相关的调研文献，从政策适用范围、政策力度和政策效应三个方面进行归纳总结，具体如下：

（一）政策适用范围不断扩大

通过政策梳理可知，我国固定资产加速折旧政策的适用范围最初只针对常年处于震动、高腐蚀的企业。自 2004 年起，其适用行业范围不断扩大，具体表现为：2004 年我国将东北老工业企业纳入其中，2012 年适用企业新增集成电路企业，之后通过 2014 年、2015 年和 2019 年三次范围扩大，如今，制造业全行业企业均可采用加速折旧方法对固定资产进行折旧。另外，在地区方面，2020 年已经实现海南自由贸易试验区企业全覆盖，我们明显看出此项税收优惠政策受惠覆盖面在不断扩大，体现了我国对该项政策的重视、对企业进行"减税降费"行动的决心以及对经济进一步发展的努力。

（二）政策优惠力度不断加大，减税成效显著

固定资产加速折旧政策的税收优惠力度不断加强主要体现在资产范围重新界定、申请程序简化以及适用金额门槛逐步调整三个方面。第一，在政策初期，对于适用加速折旧的固定资产只有定性规定，且较为模糊，企业自我认定存在困难，但自财税〔2014〕75 号开始，我国对适用加速折旧政策的固定资产进行了重新界定，主要以企业价值为划分标准，认定规则更加明确。第二，关于申请流程，在 2000 年出台的国税发〔2000〕84 号文件规定，对固定资产有加速折旧需求的企业，需经过"主动申请—当地税务机关审核—逐级报送—国家税务总局审批"的流程，申请耗时较长且流程过于烦琐，企业申请成本较大；而在 2014 年出台的针对性文件中，政府规定该项税收优惠政策的申请方式采取留存备查制度，企业在预缴企业所得税阶段即可直接享受，后期汇算清缴阶段主管税务机关重点审核即可，极大地减轻了企业申请负担。第三，该项税收优惠政策适用门槛逐步调整，这主要体现在资本购置成本税前一次性扣除方面，从 2014 年的 5 000 元到 2018 年的 100 万元，再到如今的 500 万元，表明更多固定资产可享受税前一次扣除，税收优惠力度进一步加大。

优惠政策范围不断扩大，优惠力度不断加大，使得减税取得重大成效。王中帆等（2016）对某直辖市某区的调研结果显示，2014 年实施固定资产加速折旧政策，为该区企业减税 10.24 亿元；某省国税局固定资产加速折旧课题组和韩建英（2015）也对该省加速折旧政策减税效果进行了问

卷调查，结果显示 2014 年该省的企业减免所得税总额达到 2.19 亿元，2015 年第一季度减税 0.4 亿元，政策红利得到释放，切实为企业减轻了负担。

（三）受惠企业不断增加，且具有集中性

根据沈青（2019）的调研数据，某省享受加速折旧政策的企业与样本总企业数量的比例，从 2014 年的 7.05% 增长到 2015 年的 9.9%，再到 2016 年的 16.22%，越来越多的企业申请该项税收优惠政策，更好地发挥了固定资产减税效应。

对受惠企业进一步分析，本章发现该项税收优惠政策具有明显的异质性，群体特征较为集中。一方面，受益企业多为盈利企业。某省国税局固定资产加速折旧课题组和韩建英（2015）对该省申请享受固定资产加速折旧政策的企业按盈利能力进行了划分，发现盈利企业占比高达 74.7%，表明相对于亏损企业，盈利企业申请度更高，本章认为这可能是因为亏损企业当期不需要缴纳企业所得税，该项政策对其当期现金流不会产生影响，因此亏损企业申请度低。另一方面，中小企业对该项税收优惠政策关注度更高。按照企业规模对受益企业进行划分，调查结果显示资产总额在 500 万元以内的企业占比超过五成，成为申请该项税收优惠政策的主力军。

三、机器人应用现状

近年来，随着科学技术的进一步升级，人工智能应用加深快，机器人的使用数量不断上升，覆盖范围逐步扩大，部分企业开始利用机器人进行重复性、低技能、程序化高的劳动。当前，机器人主要分为两大类：一类是服务机器人，主要从事服务工作；另一类是工业机器人，主要开展生产性活动，其中制造业企业就主要使用工业机器人进行辅助生产，使用量占全球机器人总数的 42%。根据国际机器人联合会（IFR）统计的数据可知，全球机器人应用数量从 2013 年开始持续上升，主要分布在亚洲、欧洲和北美洲，工业机器人安装数量显示，亚洲的安装量最高，拥有全球 71% 的工业机器人，欧洲机器人的安装数量呈现逐年下降趋势，2020 年安装量只有 67 700 台，同比下降 8%，其中汽车行业的需求下降最快，下降幅度达到 20%。

在国家工业机器人应用层面，根据 IFR 最新发布的《2021 年世界机器人报告》，2020 年中国机器人平均安装量达到 168 400 台，打破了国家层面安装量最高纪录，工业机器人运营库存达到 943 223 台，成为世界上工业机器人安装量最大的地区。除了安装数量最大以外，中国机器人安装速度也在逐步上升，平均增长速度为 20%，这种高增长率表明中国正处于快速机器化阶段。在保有量方面，数据显示，在 2014 年之后，中国工业机器人保有量增速明显大幅上升，如图 6-1 所示。此外，报告显示，截至 2020 年，工业机器人累计保有量前五的国家分别是中国、美国、日本、韩国和德国。其中，日本保有量约为 374 000 台，同比增长 5%；韩国保有量为 342 983 台，同比增长 6%；德国的保有量约为 230 000 台，占欧洲总保有量的 33%，是欧洲国家中保有工业机器人最多的国家。

图 6-1　2008—2019 年主要国家工业机器人存量

（资料来源：IFR）

从工业机器人产业整体来看，中国的机器人安装量、运营库存已然位于全球前列，但我国市场规模和劳动力数量较大，与其他国家相比，工业机器人密度较低，而该指标是评估一个国家制造业自动化水平的核心指标，我国在这方面还存在较大提升空间。具体来讲，根据 IFR 公布的世界主要国家工业机器人密度数据来看，截至 2020 年，全球制造业工业机器人密度已经达到 126 台/万人。分国别来看，工业机器人密度最高的是韩国，达到 932 台/万人。同年，中国制造业机器人密度为 246 台/万人，相比新加坡（605 台/万人）、日本（390 台/万人）、德国（371 台/万人）等制造业发达国家仍存在一定差距。

根据我国机器人发展现状可知，我国机器人近年来发展迅速，而机器人能得到快速发展的原因，本章总结主要有三个方面：其一是随着现代技术的不断提高，机器人应用场景增加，相同的机器主体，通过更换不同的执行工具，可以很方便地完成不同类型的工作，工作效率更加高效。其二是我国制造业行业的平均利润较低，劳动力用工成本不断上涨，导致企业利润空间缩小，企业为维持稳定经营以及扩大生产，减少了劳动力雇佣数量。其三是随着经济的不断发展，人们生活水平越来越高，对所购买商品的质量和精度有了更高的要求，工业机器人相比于人工而言，具有显著的精密性特点，不仅可以保证商品的质量，还可以通过低运行出错率，为企业降低生产成本。

四、中国制造业劳动力市场的发展现状

就业是最大的民生，是稳定社会的主要途径，而制造业是吸纳劳动力较多的行业之一，充分发挥制造业吸纳劳动力能力是当今"稳就业"的首要任务。我国是世界第一大制造业国家，如何发挥好制造业稳就业作用更是关键，本章将从制造业就业总量和结构两方面对我国制造业劳动力市场现状展开分析。

在就业总量方面，根据国家统计局发布的城镇单位就业人口数据，分析了制造业 2009—2020 年的就业人数情况，如图 6-2 所示。从图中可以看出，我国制造业就业人口的增长发生在 2009—2013 年，2013 年制造业就业人数达到最高点 5 258 万人，之后呈现逐步下降趋势，其中 2018 年下降人数达到457 万人，下降幅度达到 9.86%。2014 之后制造业就业人口下降原因可能有两方面：一方面，我国制造业正处于结构性转型时期，正面临转型困难，劳动力就业受到的冲击较大；另一方面，2014 年之后，我国"营改增"改革力度加大，服务业快速发展，存在劳动力在产业结构内部流动的情形，但相较于 2009 年的制造业就业人数，2020 年制造业就业人数整体还是处于增加状态。总体来说，制造业依旧具有吸纳大量劳动力的能力。

另外，在就业结构方面，依据制造业就业人数占全行业就业人口的比例，可看出 2013 年之前，比例在小范围内波动，基本维持在 28%，是吸纳劳动力最多的一个行业，但之后呈现下降趋势，存在劳动力转移的现象。此外，本章依据相关年份的《中国科技统计年鉴》数据，以是否为科技活动人员为分类标准，将就业人员分为技能人员和非技能人员进行分析，结果发现制造业非技能人员整体呈现出先上升后下降的趋势特点，其中 2014 年为转折点，非技能人员人数峰值达到 8 430.24 万人。

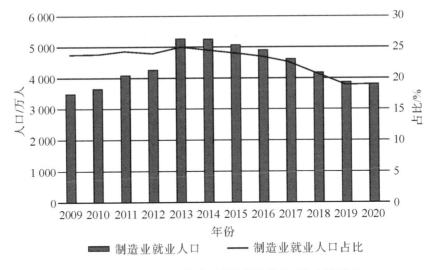

图 6-2　2009—2020 年中国制造业就业人口和占比情况

结合固定资产加速折旧政策、机器人应用数据和我国制造业就业人数，我们发现，自 2014 年我国开始实施加速折旧政策后，我国制造业工业机器人应用大幅增加，呈现迅速发展趋势，同时，制造业吸纳劳动力的能力发生明显变化。为探究这三者之间的经济关系，本章拟采用上市公司微观数据和 IFR 工业机器人应用数据，以 2014 年、2015 年加速折旧政策为冲击，运用渐进双重差分模型实证验证加速折旧政策的就业效应，并深入研究工业机器人应用在固定资产加速折旧政策就业效应中的作用。

第五节　实证分析

一、研究设计

（一）数据来源与样本选取

本章利用 2011—2018 年 A 股制造业上市公司数据考察固定资产加速折旧政策对制造业就业的影响，数据主要来源于国泰安中国经济金融研究（China stock market & accounting research，CSMAR）数据库、Wind 数据库、《中国城市统计年鉴》和国际工业机器人联合会（IFR）。其中上市公司数据主要来自国泰安；企业员工总数及员工结构数据来自 Wind 数据库；城市层面数据来自《中国城市统计年鉴》；国际工业机器人联合会（IFR）主要提供工业机器人数据，该数据涵盖了全球范围内按照行业和机器人类型细分的工业机器人应用情况，被学者广泛应用于机器人相关研究中。同时，本章借鉴了现有相关文献的做法，对收集的数据进行了如下筛选和处理：①删除被标注为 ST 和 *ST 状态的上市企业，仅保留正常上市（非 ST）企业；②删除 2014 年之后上市的公司样本；③对所有连续型变量进行 1% 的缩尾处理，用以排除异常值对本研究的影响；④剔除企业相关财务数据严重缺失的观测值。最后通过筛选，本章得到 2011—2018 年间持续经营的 876 家企业，共计 7 880 个观测值。本章将 2011 年作为样本的初始年份，一方面是因为我国工业机器人的装机量主要从 2011 年开始逐年上升，另一方面是为了尽量排除国际金融危机对研究结果的影响。

（二）变量说明

1. 制造业上市公司劳动力就业水平

本章借鉴谢申祥和王晖（2021）考察固定资产加速折旧的就业效应时的做法，采用制造业上市企业员工总人数的对数来衡量制造业企业就业规模，构建 $\text{lnstaff}_{i,t}$ 变量，定义为 t 年度 i 企业就业人员数量的自然对数。

2. 固定资产加速折旧政策变量

$\text{DID} = \text{Treated}_{i,t} \times \text{Post}_{i,t}$，其中下标 i 表示企业，t 表示年份，$\text{Treated}_{i,t}$ 为分组虚拟变量（当 i 公司处于加速折旧政策试点行业时，$\text{Treated}_{i,t}$ 取 1，反之取 0）。具体而言，若上市公司属于六大制造业行业和四个领域重点行业，其分组变量为 1，否则为 0。$\text{Post}_{i,t}$ 为政策冲击虚拟变量，取值为 1 表示在政策发生之后，取值为 0 表示在政策发生之前。具体而言，针对六大行业，$\text{Post}_{i,t}$ 在 2014 年之前为 0，在 2014 年之后为 1；针对四大领域重点行业，$\text{Post}_{i,t}$ 在 2015 年之前为 0，在 2015 年之后为 1。$\text{Treated}_{i,t}$ 和 $\text{Post}_{i,t}$ 的交互项 DID 表示实验组在政策实施后的效应。

3. 机器人应用水平

为衡量中国制造业企业工业机器人应用水平，本章参照 Acemoglu 和 Restrepo（2020）的做法，借鉴"巴蒂克工具变量"法，采用制造业企业层面工业机器人渗透度来衡量企业机器人应用水平。该办法的核心思想主要基于一个假设，即一个国家或地区的机器人在行业中是均匀分布的。本章参照该做法将 IFR 发布的行业层面工业机器人数据拆解到制造业企业层面，具体处理步骤如下：

首先，将 IFR 发布的分行业工业机器人数据按照我国国民经济行业分类标准重新划分，为后续数据匹配做充分准备。目前，我国企业主要按照2017 版本国民经济行业分类标准进行划分，2017 年之前使用 2011 版本国民经济行业分类标准，IFR 发布的行业数据主要采用国际标准分类。为统一行业分类标准，本研究参照 2011 版国民经济分类标准将中国制造业二位数行业代码统一到 2011 标准，并综合王永钦和董雯（2020）与闫雪凌等（2020）的分类标准，将 IFR 发布的分行业机器人数据与中国 2011 版行业代码进行匹配，得到不同行业机器人存量的情况。

其次，利用 2010 年各行业就业人数和行业机器人数量的保有量，测度行业层面工业机器人渗透指标，记为 $\mathrm{ID}_{s,\,t}$：

$$\mathrm{ID}_{s,\,t} = \frac{\mathrm{MR}_{s,\,t}}{L_{s,\,t=2010}} \tag{6-11}$$

式（6-11）中 s 表示行业，t 表示年份，$\mathrm{MR}_{s,\,t}$ 表示中国制造业的 s 行业在 t 年度的机器人存量，$L_{s,\,t=2010}$ 表示中国制造业 s 行业在 2010 年的就业人数，其中 2010 年视为基期。

最后，以各企业 2011 年生产部门员工占比与制造业所有企业 2011 年生产部门员工占比中位数的比值为权重，将行业层面工业机器人渗透指标拆解到企业层面，记为 $\mathrm{CFD}_{\mathrm{exposuretorobots}_{i,\,s,\,t}}$：

$$\mathrm{CFD}_{\mathrm{exposuretorobots}_{i,\,s,\,t}} = \frac{\mathrm{MR}_{s,\,t}}{L_{s,\,t=2010}} \times \frac{\mathrm{PL}_{i,\,s,\,t=2011}}{\mathrm{ManulPL}_{t=2011}} \tag{6-12}$$

式（6-12）中，$\mathrm{PL}_{i,\,s,\,t=2011}$ 表示中国制造业 s 行业 i 企业在 2011 年生产部门员工的占比，$\mathrm{ManulPL}_{t=2011}$ 表示 2011 年中国制造业所有企业生产部门员工占员工总数比值的中位数。对于单个企业来讲，工业机器人渗透度的变动主要与行业技术有关，因此本章将这两项的比值作为核心解释变量的分解权重，得到企业层面工业机器人渗透数据。

4. 相关控制变量

为尽可能准确地识别加速折旧政策的就业效应，本章参考相关研究的做法，选取了一系列控制变量（包括资产负债率、资产收益率、股权集中度、企业发展周期、地区人均国内生产总值、行业集中度）。选取原因和变量介绍如下：

资产负债率（Lev）：此指标可以很好地衡量企业从外部融资开展经营活动的能力，债权人可以根据此指标评估贷款安全性，企业也可以依据此指标监测自身财务风险。一般来讲，资产负债率过高，表明企业长期偿债能力不足，债权人收回贷款的可能性小，企业存在严重的财务风险；但若资产负债率在适宜水平，则表示企业合理利用了财务杠杆，经营状态良好。本章资产负债率指标用企业年末负债总额与平均资产总额之比来衡量资产负债率。

资产收益率（ROA）：该指标被广泛用于评估企业盈利能力。通常来讲，企业盈利能力越强，表示经营效益越好，发展潜力越足，同时，企业为了追逐更多的利润，将更倾向于更换现有效率较低的固定资产，用更先进的设备支撑企业持续盈利，或者通过增加用工、扩大企业规模来达到此目的。本章以息税前净利润与年度平均总资产的比例来衡量企业资产收益率。

股权集中度（Topten）：该指标直观反映了企业股权结构情况。一方面，该指标大小是衡量企业稳定性强弱的重要依据，稳定性是企业长期发展的重要保障；另一方面，该指标能体现企业内部决策方式，影响企业内部控制质量，一定程度上代表了企业的治理能力。本书用企业前十大股东持股比例之和来衡量股权集中度。

企业发展周期（Age）：依据企业生命周期理论，企业发展一般会经历四个周期，即初创期、成长期、成熟期和衰落期。在不同的发展周期，企业经营策略不同，所采用的劳动力用工策略也有差异，本书以其经营的年限来评估企业发展周期，控制不同发展周期对企业劳动力需求的影响。

地区人均国内生产总值（Pgdp）：此指标是地区层面的控制变量，用于衡量企业所处的外部环境，一般来讲，地区经济发展使得政府有更多资源用于城市基础设施，为企业经营创造优质环境，促进企业经营绩效的增长，进而影响企业劳动力需求。

行业集中度（HHI）：此指标为行业层面的控制变量。本书采用赫芬达尔-赫希曼指数进行衡量，具体是根据总资产占行业所有企业总资产的份额来计算的。

本章所有指标具体情况如表6-3所示，描述性统计情况见表6-4所示。

表 6-3　变量指标含义及数据来源

变量	指标	含义	数据来源
lnstaff	劳动力就业水平	企业年末员工总数的对数	Wind 数据库
DID	政策变量	当年纳入试点为 1，否则为 0	—
CFD	机器人应用水平	企业层面工业机器人渗透度	IFR
Lev	资产负债率	年末负债总额/平均资产总额	国泰安
ROA	资产收益率	息税前净利润/年度平均总资产	国泰安
Topten	股权集中度	前十大股东持股比例之和	国泰安
Age	企业发展周期	企业营业年龄	国泰安
HHI	行业集中度	总资产/行业所有企业总资产	国泰安
Pgdp	地区人均国内生产总值	地区 GDP/人数	《中国城市统计年鉴》

表 6-4　所有变量描述统计

变量	观测值	均值	标准差	最小值	最大值
lnstaff	7 880	7.89	1.127	4.16	12.30
DID	7 880	0.27	0.442	0.00	1.00
CFD	7 880	0.31	0.177	0.03	0.83
Lev	7 880	0.42	0.211	0.01	2.99
ROA	7 880	0.06	0.068	−0.59	0.77
Topten	7 880	0.57	0.148	0.13	0.94
Pgdp	7 880	6.48	2.594	1.64	14.02
HHI	7 880	0.08	0.065	0.02	1.00
Age	7 880	16.42	5.535	2.00	42.00

（三）研究模型

目前，评估一项公共政策的实施效果大多采用双重差分模型。该模型主要以反事实思维进行因果识别，通过比较政策发生后和政策不发生主要观测变量的差异，来评估政策作用方向及大小。具体而言，一项外生政策的出台将样本分为两组，实验组受到政策冲击，对照组未受到政策干扰。在两组可比并且具有相同变动趋势的前提下，构造反事实结果，即将对照组在政策发生前后发生的变化视为实验组假如不受政策干扰时的变化，然后比较实际观测值和反事实之间的差异，得到政策冲击效果。因为政策冲击一般是外生变量，因此这种计量法能有效避免内生性问题。此外，相比于设立政策发生与否虚拟变量的传统政策评估方法，双重差分模型更加科学合理。

基础的双重差分模型一般用来评估单个政策时点的冲击效应，但我国固定资产加速折旧政策经历了 2014 年的初步试点、2015 年的进一步扩大以及 2019 年的制造业全面推广三个阶段，属于渐进式实施政策。为更加精准地评估固定资产加速折旧政策的就业效应，本章采用多期双重差分模型进行实证探究，模型如下：

$$\text{lnstaff}_{i,\,t} = \beta_1 + \beta_2 \text{DID}_{i,\,t} + \sum \theta_{i,\,t} X_{i,\,t} + \varphi_i + \mu_t + \varepsilon_{i,\,t} \qquad (6\text{-}13)$$

式（6 - 13）中，被解释变量为制造业上市企业员工人数，核心解释变量为固定资产加速折旧政策变量，$X_{i,\,t}$ 为控制变量，φ_i 表示个体固定效应，μ_t 表示时间固定效应，$\varepsilon_{i,\,t}$ 为随机干扰项，表示未知干扰因素对结果的影响。其中，β_2 是本书需要重点关注的，它表示固定资产加速折旧政策所带来的就业效应：其数值若显著为正，则表示该项税收优惠政策能促进制造业就业；若数值为负，则表示作用相反。

进一步地，为探究固定资产加速折旧政策对制造业就业的影响是否通过作用于机器人应用水平来实现，本章借鉴李建强和赵西亮（2021）的思路，构造中介效应模型进行实证分析。模型设定如下所示：

$$\text{CFD}_{\text{exposuretorobots}_{i,\,s,\,t}} = \alpha_1 + \alpha_2 \text{DID}_{i,\,t} + \sum \theta_{i,\,t} X_{i,\,t} + \varphi_i + \mu_t + \varepsilon_{i,\,t}$$
$$(6\text{-}14)$$

$$\text{DID}_{i,\,t} = \delta_1 + \delta_2 \text{DID}_{i,\,t} + \delta_3 \text{CFD}_{\text{exposuretorobots}_{i,\,s,\,t}} + \sum \theta_{i,\,t} X_{i,\,t} + \varphi_i + \mu_t + \varepsilon_{i,\,t}$$
$$(6\text{-}15)$$

首先，运用模型（6 - 14）估计固定资产加速折旧政策在 2014 年和 2015 年对制造业企业机器人应用水平的影响，若实证结果中系数 α_2 显著，则说明此项税收优惠政策会影响企业机器人应用水平。再通过模型（6-15）的实证结果判断机器人应用水平作为中介变量的作用路径类型：若 δ_1 不显著，δ_2 显著，则表示机器人应用水平具有完全中介效应；若 δ_1、δ_2 均显著，则表示机器人应用水平具有部分中介效应，固定资产加速折旧政策对制造业就业的影响部分通过机器人应用水平实现；但若 δ_1 显著，δ_2 不显著，则说明此变量不具有中介效应。

二、实证结果

(一) 固定资产加速折旧政策对制造业就业的基准回归

为探究固定资产加速折旧政策对制造业就业的整体效应,本章运用多期双重差分模型进行基准回归,结果如表 6-5 所示。首先,表中 (1) 是在未加入控制变量的情况下,采用双固定效应模型的结果。回归结果显示,回归模型的核心解释变量系数显著为正,表明在 1% 的显著性水平上,固定资产加速折旧政策对制造业企业就业有显著提升作用,具体表现为该项税收优惠政策使得制造业企业的就业总量平均提高了 0.73%。表中 (2) 是在 (1) 的基础上加入系列控制变量的结果,核心解释变量的系数为 0.062,通过 1% 的显著性检验,且拟合优度增加,表明模型拟合效果更好。表中 (3) 是不控制固定效应的结果,回归结果依然显著,基准回归的结果初步检验了固定资产折旧政策对制造业就业的综合影响,其替代效应小于产出效益,整体表现为对就业的促进作用,表明本章的假设一成立。

表 6-5 基准回归结果①

变量	(1)	(2)	(3)
DID	0.073*** (4.77)	0.062*** (4.16)	0.222*** (8.53)
Lev	—	0.835*** (20.42)	2.608*** (45.61)
ROA	—	0.464*** (5.72)	3.447*** (19.93)
Topten	—	0.414*** (6.95)	1.306*** (16.61)
HHI	—	-0.217** (-1.99)	0.656*** (3.82)
Pgdp	—	0.032*** (4.42)	-0.005 (-1.18)
Age	—	0.034*** (8.05)	0.012*** (5.42)

① 表中 *、** 和 *** 分别为 10%、5% 和 1% 的显著性水平,括号内的数值为 t 值 (本章后同)。

表6-5(续)

变量	（1）	（2）	（3）
cons	7.669*** (682.66)	6.467*** (100.20)	5.592*** (78.47)
个体固定效应	是	是	否
时间固定效应	是	是	否
N	7 880	7 880	7 880
R^2	0.125	0.179	0.246

另外，本章依据表（6-5）中（2）的结果发现，控制变量中资产负债率、资产收益率、股权集中度、地区人均国内生产总值和企业发展周期均对制造业企业就业总量有显著正向促进作用，说明企业财务杠杆越高、盈利能力越强、股权越集中、所处地区经济越发达、存续时间越长，则吸纳劳动力的能力越强。具体而言，资产负债率代表了企业的长期偿债能力，是企业经营能力的重要体现，结合描述性统计，样本企业资产负债率平均为0.42。一般而言，对于企业，资产负债率合理范围是40%~60%，适度利用财务杠杆可以提高企业收益，有助于企业扩大经营规模、吸纳更多劳动力。资产收益率是企业经营效益的直接体现，样本企业的收益率平均为6%，这也符合我国制造业的真实经营情况。实证结果显示，在1%的显著性水平下，企业盈利能力每提高1%，其雇佣员工数量会提高0.464%。针对股权集中度指标，实证结果表明，适度集中公司股权，有助于扩大企业用工规模。这可能是因为随着企业股权的集中，股东发挥更大的作用，加强了对企业各方面的监督，促进企业绩效提升，进而扩大经营，增加用工需求。另外，控制变量中行业集中度对企业雇佣员工人数在5%的显著性水平下，呈现负相关关系，行业集中度是行业竞争程度的体现，一般认为，在激烈的竞争环境下，企业具有较强的流动性，而流动性制约企业生产效率，进而抑制企业扩大经营规模，对用工需求产生影响。

（二）机器人应用的中介效应

为验证本章的假设三，本章将制造业企业机器人应用水平作为中介变量，利用中介模型进行实证分析，检验结果如表6-6所示。表6-6的第（1）、（2）表示固定资产加速折旧政策对企业机器人应用水平的影响。从结果可知，固定资产加速折旧政策在1%的显著性水平下，对企业机器人应用水平有正向激励作用，该项税收优惠政策的出台，促使企业增加对机器人的购买应用，加大了设备投资，提高了机器人应用水平。同时，本章发现资产负债率和企业发展周期对企业机器人应用水平表现出显著的负向作用，结合实际，机器人设备的购买需花费大量的初始资金，过高的资产负债率表示企业经营情况相对较差，可支配资金可能受到限制，因此机器人应用水平相对较低。针对企业发展周期，结果显示，企业营业周期每增加一年，机器人应用水平会降低0.026%，本章猜测可能是因为机器人应用水平是现代工业智能化、先进化的体现，存续时间相对长的企业在经营理念上存在老旧思想的情形，对工业机器人的反应较慢，导致其应用水平较低。

表6-6 中介效应检验结果

变量	CFD	CFD	lnstaff	lnstaff
	（1）	（2）	（3）	（4）
DID	0.029*** (6.50)	0.031*** (6.77)	0.070*** (4.56)	0.058*** (3.90)
CFD	—	—	0.105** (2.55)	0.125*** (3.12)
Lev	—	−0.030** (−2.45)	—	0.839*** (20.52)
ROA	—	0.032 (1.30)	—	0.460*** (5.67)
Topten	—	0.042** (2.34)	—	0.409*** (6.86)
HHI	—	0.084** (2.55)	—	−0.228** (−2.09)
Pgdp	—	0.004* (1.69)	—	0.032*** (4.36)
Age	—	−0.026*** (−19.79)	—	0.038*** (8.56)
cons	0.389*** (118.45)	0.677*** (34.84)	7.628*** (389.78)	6.382*** (91.23)
个体固定效应	是	是	是	是
时间固定效应	是	是	是	是
N	7 880	7 880	7 880	7 880
R^2	0.281	0.284	0.126	0.180

如表6-6第（3）列，本章在基本模型的基础上纳入机器人应用变量。在第（2）列显示 α_2 显著为正的基础上，（3）实证结果表明 δ_1 和 δ_2 均在 1%显著性水平下为正，说明机器人应用在固定资产加速折旧政策对制造业企业用工的影响中存在部分中介效应，并且系数 δ_3 为 0.125，表明机器人应用水平能显著提高制造业雇佣劳动力水平，使得就业总体需求增加，存在"固定资产加速折旧政策—机器人应用提高—制造业就业增加"传导机制，机器人在对制造业劳动力市场的影响中，岗位创造效应大于岗位替代效应，整体上具有就业带动作用。

三、稳健性检验

（一）平行趋势检验

双重差分模型可以很好地识别变量之间的因果关系，但识别的必要前提假设是实验组和对照组的观测值在政策发生之前具有一致的潜在变动趋势，即需要符合平行趋势假设，多期双重差分也不例外。为了验证本研究模型使用的合理性，本节进行了动态效应检验，以本章样本数据第一年（2011 年）为基期，借鉴谢申祥和王晖（2021）的做法，构建如下模型：

$$\ln \text{staff}_{i,t} = \gamma_1 + \gamma_2\,\text{Before}_3 + \gamma_3\,\text{Before}_2 + \gamma_4\,\text{Before}_1 + \gamma_5\text{Current} + \gamma_6\,\text{After}_1$$
$$+ \gamma_7\,\text{After}_2 + \gamma_8\,\text{After}_3 + \sum \theta_{i,t}\,X_{i,t} + \varphi_i + \mu_t + \varepsilon_{i,t} \qquad (6\text{-}16)$$

在式（6-16）中，Before 和 After 分别表示固定资产加速折旧政策出台前和出台后的时点哑变量（当年为 1，否则为 0）与 Treated$_{i,t}$ 之间的交互项，Current 表示政策出台当期（2014 年、2015 年）的哑变量和 Treated$_{i,t}$ 之间的交互项，式（6-16）中的交互项系数 γ 用以衡量每期试点企业和非试点企业之间的差异。

动态效应检验结果如图6-3所示。可以看出，在固定资产加速折旧政策出台之前，交互项系数 γ 均不显著，说明试点企业和非试点企业的劳动力数量变化无显著差异。而在该项税收优惠政策出台后一年，交互项系数开始上升，并且呈现逐渐上升趋势，说明加速折旧税收优惠政策对制造业企业就业有明显的促进作用，并且促进作用具有持续性，作用效果逐渐增强，整体验证了本章采用双重差分模型的合理性，也可以说明本研究模型不存在遗漏变量问题。

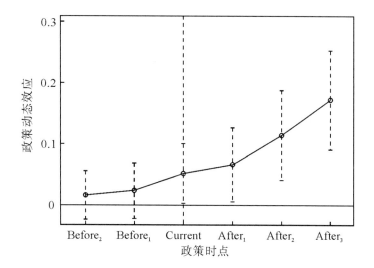

图 6-3　平行趋势图

（二）预期效应

考虑到我国 2014 年和 2015 年出台的固定资产加速折旧政策具有很强的针对性，对于政策敏感度较强的企业，可能存在预期到该项税收优惠政策即将出台而提前加大设备投资，扩大企业规模，改变人力资本战略，雇用更多劳动力的情况，这将对本章研究结果和平行趋势产生影响，为排除这一可能，本章参考刘啟仁和赵灿（2020）以及谢申祥和王晖（2021）的做法，剔除固定资产加速折旧政策出台前一年的数据，再次进行实证回归。回归结果如表 6-7（1）、（2）列所示，政策变量的系数依旧在 1% 的水平下显著为正，与之前的基准回归结果相比，没有发生实质性变化，表明不存在预期效应，本章的结论依然稳健。

表 6-7　稳健性分析结果

变量	预期效应		剔除亏损企业		缩短时间窗口	
	（1）	（2）	（3）	（4）	（5）	（6）
DID	0.080*** (4.55)	0.066*** (3.86)	0.075*** (4.85)	0.067*** (4.46)	0.071*** (4.52)	0.060*** (3.95)
Lev	—	0.833*** (19.72)	—	0.965*** (21.49)	—	0.783*** (17.92)
ROA	—	0.444*** (5.30)	—	0.140 (1.24)	—	0.480*** (5.24)

表6-7(续)

变量	预期效应		剔除亏损企业		缩短时间窗口	
	(1)	(2)	(3)	(4)	(5)	(6)
Topten	—	0.401*** (6.51)	—	0.370*** (6.08)	—	0.413*** (6.52)
HHI	—	−0.245** (−2.16)	—	−0.183* (−1.67)	—	−0.253** (−2.30)
Pgdp	—	0.033*** (4.50)	—	0.029*** (3.90)	—	0.027*** (3.14)
Age	—	0.033*** (7.53)	—	0.037*** (8.63)	—	0.043*** (8.70)
cons	7.672*** (675.07)	6.490*** (97.35)	7.672*** (691.16)	6.462*** (98.09)	7.669*** (712.56)	6.404*** (91.43)
个体固定效应	是	是	是	是	是	是
时间固定效应	是	是	是	是	是	是
N	7 412	7 412	7 144	7 144	6 895	6 895
R^2	0.128	0.182	0.156	0.218	0.124	0.174

（三）剔除亏损企业

理论上，处于固定资产加速折旧政策试点范围的制造业企业，采用固定资产加速折旧政策，缩短了折旧年限，将使固定资产折旧所产生的成本费用前置，在考虑货币时间价值的情况下，试点企业获得加速折旧部分的税收优惠现值收益，调节了实际税负，为企业扩大规模、吸收更多劳动力提供了资金支持。

但若企业处于亏损期间，即使处于加速折旧政策试点范围，但因更换设备的资金能力不足，此项税收优惠政策的出台对其也基本上不产生任何影响。另外，亏损企业当期本身不缴纳企业所得税，即使新购置了固定资产，并采用了加速折旧政策，获得的税收优惠现值收益也会以企业以前年度亏损的形式在之后获得补偿，这将抵消从加速折旧政策中获得的税收收益，进而影响本章政策评估效应结论。为排除此干扰，本节将样本中非连续盈利的企业予以剔除，剔除后的结果如表6-7第（3）、（4）列所示。结果显示，固定资产加速折旧政策变量的系数为0.067，通过了1%的显著性检验，表明固定资产加速折旧政策对制造业企业吸纳劳动力的能力有正向促进作用，相比于前文结论，未发生实质性变化，本章结论依然稳健。

（四）缩短时间窗口

本研究的样本区间为 2011—2018 年，考虑到此期间正处于我国经济结构性改革阶段，时间跨度越长，受到其他政策干扰的可能性越大，导致影响制造业劳动力需求的因素越多，潜在遗漏变量的问题越严重，而本研究无法一一对干扰政策进行识别排除，鉴于此，本节将样本时间窗口缩短到 2011—2017 年，回归结果如表 6-7（5）和（6）列所示。加入控制变量后，核心解释变量系数为 0.060，显著为正，与基准回归结果无根本性变化，同样证明了固定资产加速折旧政策对制造业雇佣工人数量有显著促进作用。

（五）同期政策影响

1. 考虑东北三省

通过对固定资产加速折旧的政策梳理，发现为振兴东北老工业基地企业，我国 2004 年在辽宁（含大连）、吉林和黑龙江三省已经开始实施固定资产加速折旧政策。从具体政策内容来讲，对于东北地区工业企业的固定资产，我国允许企业在 40% 范围内缩短折旧年限进行折旧计算。考虑到此政策可能存在长期效应，为排除该项政策对本研究的影响，本节此处将东北三省制造业企业进行剔除，重新进行回归分析，实证结果见表 6-8（1）、（2）列。可以看到，核心解释变量系数为 0.059，通过了 1% 的显著性检验，因此本章结论并不受东北地区先前的固定资产加速折旧政策影响。

表 6-8　同期政策分析结果

变量	考虑东北三省		考虑"营改增"	
	（1）	（2）	（3）	（4）
DID	0.070 *** (4.47)	0.059 *** (3.86)	0.073 *** (4.77)	0.062 *** (4.14)
Lev	—	0.862 *** (20.63)	—	0.839 *** (20.46)
ROA	—	0.480 *** (5.78)	—	0.462 *** (5.69)
Topten	—	0.396 *** (6.47)	—	0.414 *** (6.94)

表6-8（续）

变量	考虑东北三省		考虑"营改增"	
	（1）	（2）	（3）	（4）
HHI	—	−0.252 ** (−2.30)	—	−0.219 ** (−2.01)
Pgdp	—	0.019 ** (2.43)	—	0.032 *** (4.39)
Age	—	0.043 *** (9.10)	—	0.216 (1.22)
cons	7.662 *** (665.35)	6.421 *** (96.48)	7.669 *** (682.66)	6.462 *** (99.91)
个体固定效应	是	是	是	是
时间固定效应	是	是	是	是
N	7 538	7 538	7 880	7 879
R^2	0.131	0.187	0.125	0.179

2. 考虑"营改增"

我国自 2012 年开始进行"营改增"试点，到 2016 年全面推行"营改增"。固定资产加速折旧政策出台时间正处于"营改增"改革期间，虽然对于制造业企业来说，"营改增"前后一直缴纳增值税，此项税制改革对其未产生直接影响，但因为进项税抵扣链条的打通，制造业企业购买的原属于营业税征收范围的劳务，允许进项抵扣，一定程度上为企业节约了成本，让企业获得了部分税收收益，这与前文分析的固定资产加速折旧政策对企业的影响类似。那么，固定资产加速折旧政策对制造业就业的促进作用是否源于"营改增"？

为排除这一可能，本节在基准回归模型中加入企业增值税税负（value-added tax，VAT）这一控制变量，再次进行回归。企业增值税税负（VAT）的具体含义是企业所缴纳的增值税税额与其营业收入的比值。企业所缴纳的增值税税额数据，本节利用上市公司披露的现金流量表数据，并借助下列算式进行估算得到。

$$\frac{销售商品、提供劳务收到的现金 - 购买商品接受劳务支付的现金}{1 + 增值税税率}$$

（6-17）

加入企业增值税税负变量后的回归结果如表6-8（3）和（4）列所示。可以看到，核心解释变量的系数虽有小幅下降，但仍在1%的水平下显著，与前文结论没有实质性差别，排除了"营改增"对本章结论的影响。

第六节　异质性分析

一、地区异质性

当前，地区经济间发展不平衡是我国的基本国情，并且已经成为我国社会主要矛盾的主要方面。考虑到固定资产加速折旧税收优惠政策可能在不同地区发挥着不同的就业效应，本节参照谢申祥和王晖（2021）地区异质性检验方法，根据不同经济发展水平对中国区域的划分标准，将本研究样本企业划分为东部、西部和中部地区企业，其中因为西部地区样本企业较少，本节将中部地区和西部地区样本企业进行合并，样本整体分为东部地区和中西部地区两组，分别进行回归检验，结果见表6-9。

表6-9　地区异质性检验

变量	东部地区		中西部地区	
	（1）	（2）	（3）	（4）
DID	0.083 *** （4.44）	0.071 *** （3.97）	0.055 ** （2.04）	−0.001 （−0.05）
Lev	—	1.069 *** （20.58）	—	0.216 *** （4.22）
ROA	—	0.389 *** （3.85）	—	−0.283 *** （−2.70）
Topten	—	0.503 *** （6.79）	—	−0.400 *** （−5.23）
HHI	—	−0.226 * （−1.89）	—	0.003 （0.02）
Age	—	0.052 *** （16.95）	—	−0.034 *** （−9.09）

表6-9(续)

变量	东部地区		中西部地区	
	（1）	（2）	（3）	（4）
cons	7.587*** (552.39)	6.208*** (78.05)	7.833*** (404.69)	7.768*** (92.09)
个体固定效应	是	是	是	是
时间固定效应	是	是	是	是
N	5 277	5 277	2 499	2 499
R^2	0.147	0.221	0.089	0.506

从回归结果，我们可以发现，本章样本中有 67.86% 来自东部地区，分布在中西部地区的样本企业较少，只占总样本的 32.14%，这与我国制造业实际空间分布特点相吻合，我国制造业产业园区大多集中在经济发达区域，比如长三角、珠三角地区等。同时，对于东部地区子样本来讲，回归显示，固定资产加速折旧政策在 1% 的显著性水平下，对其雇佣劳动力数量有正向促进作用，平均增加了 7.1% 的劳动力需求。但对于中西部地区制造业企业，该项税收优惠政策对其就业的影响未通过显著性检验，表明我国 2014 年、2015 年出台的固定资产加速折旧政策其就业效应存在明显的地区异质性，仅对东部地区制造业企业具有就业拉动作用。

二、企业规模异质性

企业规模反映企业体量，从新优惠政策的出台到企业调整自身策略进行申请享受，不同体量的公司其适配时长可能存在差异。本节参照谢申祥和王晖（2021）的方法，以行业内企业规模的中位数为划分依据，将样本企业分为大型企业和中小型企业，分别进行回归，结果如表 6-10 所示。结果显示，固定资产加速折旧政策对大型企业雇佣劳动力人数的影响不显著，但对于中小型企业而言，加入相关控制变量后，核心解释变量系数为 0.037，通过了 5% 的显著性检验，表明固定资产加速折旧政策的实施能扩大中小型制造业企业的雇佣规模。

表 6-10　企业规模异质性分析结果

变量	大型企业		中小型企业	
	（1）	（2）	（3）	（4）
DID	0.020 （1.03）	0.013 （0.68）	0.049** （2.38）	0.037* （1.86）
Lev	—	0.618*** （9.37）	—	0.709*** （13.66）
ROA	—	0.149 （1.28）	—	0.452*** （4.63）
Topten	—	0.435*** （5.75）	—	−0.214** （−2.47）
HHI	—	−0.189 （−1.38）	—	0.154 （1.07）
Pgdp	—	0.041*** （4.62）	—	0.049*** （4.56）
Age	—	0.031*** （5.91）	—	0.013** （2.16）
cons	8.403*** （611.95）	7.239*** （83.68）	6.982*** （478.74）	6.441*** （72.14）
个体固定效应	是	是	是	是
时间固定效应	是	是	是	是
N	3 944	3 944	3 936	3 936
R^2	0.125	0.158	0.116	0.182

　　造成企业规模异质性的原因有两个：一方面，依据谢申祥和王晖（2021）的研究，企业规模越小，自身经营决策的调整越容易，面对固定资产加速折旧税收优惠政策，加大资本投入的行为越容易发生，进而增加劳动力需求；而对于规模较大的企业，一般采用稳定、长期性的经营策略，短时间不易改变其生产要素的投入。另一方面，制造业的生产设备一般价值较大，占用资金较多，资产规模相对较小的企业，又普遍存在融资难、成本高的问题，资金问题是制约其更换设备的主要原因。固定资产加速折旧政策的出台，减少了企业购买设备初期投入资金，一定程度上缓解了资金压力，使得其生产设备更新和改造的意愿增强，随之用工需求增加。

三、融资约束异质性

根据前文的理论分析，该项税收优惠政策对企业的直接影响是通过将折旧额提前，给予企业购置固定资产初期更多的所得税抵扣收益，相当于一笔"无息贷款"，改变了企业的内部现金流，缓解了企业的内部融资压力，促进企业加大固定资产投资，影响就业规模。我国企业普遍存在融资难、融资成本高的问题，对于制造业而言，设备投资资金成本高是制约其发展的重要因素，固定资产加速折旧政策的出台，对于融资约束不同的企业可能存在差异化的效应。由此，我们参照朱清华（2023）的做法，以SA 指数①衡量企业融资约束程度，对其取绝对值，绝对值越大的企业融资约束越多，将中位数以上的企业划入多融资约束组，中位数以下的企业划入少融资约束组，分组进行回归，结果如表 6-11 所示。

表 6-11　融资约束异质性

变量	多融资约束企业		少融资约束企业	
	（1）	（2）	（3）	（4）
DID	0. 065 *** （3. 16）	0. 058 *** （2. 86）	0. 017 （0. 84）	0. 007 （0. 38）
Lev	—	0. 520 *** （8. 47）	—	0. 886 *** （16. 40）
ROA	—	0. 039 （0. 38）	—	0. 626 *** （6. 26）
Topten	—	0. 375 *** （4. 61）	—	−0. 003 （−0. 03）
HHI	—	−0. 137 （−0. 75）	—	−0. 211 * （−1. 79）
Pgdp	—	0. 014 （1. 58）	—	0. 082 *** （6. 74）
Age	—	0. 016 ***	—	−0. 007
cons	8. 279 *** （436. 65）	7. 509 *** （75. 03）	7. 224 *** （621. 15）	6. 580 *** （73. 65）

---

① $SA = -0.737 Size + 0.043 Size^2 - 0.040 Age$

表6-11（续）

变量	多融资约束企业		少融资约束企业	
	（1）	（2）	（3）	（4）
个体固定效应	是	是	是	是
时间固定效应	是	是	是	是
N	3 940	3 940	3 940	3 940
R^2	0.033	0.060	0.104	0.199

结果显示，核心解释变量的系数在多融资约束组显著为正，而在少融资约束组未通过10%的显著性检验，表明该项政策在融资约束方面具有显著异质性，企业融资约束越多，该项税收优惠政策的就业促进作用越强。

四、劳动技能异质性

根据现有文献研究可知，2014年和2015年出台的固定资产加速折旧政策积极推动了试点企业进行设备购置和更新改造，而随着我国经济的快速发展，科学技术不断升级，生产设备越来越智能化、自动化，企业为有效使用新设备，必然会提高对招聘员工技能水平的要求。高技能劳动力的专业知识储备较丰富，专业能力较强，能够有效满足企业用工需求。并且从前文中介效应检验结果可知，固定资产加速折旧政策会通过提高企业机器人应用水平这一路径来扩大雇佣规模，而机器人具有鲜明的技术进步特征，决定了所带来的就业促进效应不能均等渗透到所有劳动力上，因此固定资产加速折旧政策对于制造业企业就业的促进作用可能存在较大的群体异质性，进而对就业结构产生影响。

为探究固定资产加速折旧政策在不同劳动技能群体之间的就业效应，本节参照谢申祥和王晖（2021）的做法，以员工学历为劳动技能划分依据，将本科及其以上学历员工划分为高技能员工，本科以下学历员工划分为低技能员工，分组进行回归，结果如表6-12所示。对于高技能员工，在加入相关控制变量之后，核心解释变量系数在5%的显著性水平下显著，为0.048，说明固定资产加速折旧政策的实施，促使制造业企业雇佣高技能人员的数量增加了4.8%，具有正向促进作用；但对于低技能员工而言，未通过显著性检验，说明该项税收优惠政策对企业雇佣低技能员工无显著影响。

表 6-12 劳动技能异质性回归结果

变量	高技能员工		低技能员工	
	（1）	（2）	（3）	（4）
DID	0.057*** （2.71）	0.048** （2.38）	0.018 （1.07）	0.014 （0.87）
Lev	—	0.977*** （17.00）	—	−0.033 （−0.71）
ROA	—	0.636*** （5.71）	—	−0.241*** （−2.65）
Topten	—	1.010*** （12.26）	—	−0.564*** （−8.40）
HHI	—	−0.115 （−0.78）	—	−0.106 （−0.88）
Pgdp	—	0.023** （2.34）	—	0.008 （0.95）
Age	—	0.101*** （17.30）	—	−0.064*** （−13.47）
cons	5.550*** （349.98）	3.097*** （34.39）	2.098*** （166.13）	3.272*** （44.61）
个体固定效应	是	是	是	是
时间固定效应	是	是	是	是
N	7 195	7 195	7 195	7 195
R^2	0.246	0.289	0.104	0.116

第七节　本章小结

一、基本结论

首先，本章通过梳理现有相关文献，从理论上分析了固定资产加速折旧政策、机器人应用和制造业就业三者之间的关系，并提出研究假设。其次，本章基于 2011—2018 年制造业上市公司数据，以 2014 年、2015 年固定资产加速折旧政策为冲击，利用多期双重差分模型，实证检验该项税收优惠政策的就业效应。再次，本章利用国际机器人联盟（IFR）公布的中国分行业机器人数据，运用中介效应模型，分析了机器人应用水平在固定资产加速折旧政策对制造业就业的影响中的作用。最后，通过多项稳健性检验考察了本章结论的正确性，并进行了异质性分析。根据实证结果，本章得出以下结论：

第一，固定资产加速折旧政策显著促进了制造业企业就业规模的扩大，相比于替代作用，该项政策发挥了更大的创造效应，该结论得到稳健性检验的支持，并且动态效应检验表明，此促进作用具有持续性。

第二，机器人应用在固定资产加速折旧政策对制造业企业就业的影响中存在部分中介效应。加速折旧政策的实施推动企业应用机器人，进而提高企业雇佣劳动者的数量，存在"固定资产加速折旧—机器人应用水平提高—制造业就业规模扩大"传导路径。

第三，固定资产加速折旧政策对企业就业的促进作用，在地区分布、企业规模、融资约束、劳动力技能方面存在明显异质性。在地方分布方面，该项政策仅在东部地区发挥了正向激励作用，东部地区的制造业企业雇佣员工数量明显增加。在企业规模方面，中小型企业受到固定资产加速折旧政策激励的作用明显，大型企业雇佣劳动力数量受该项政策的影响不显著。在融资约束方面，该项税收优惠政策实施后，融资约束程度越高的企业，其就业需求增加得越多。在劳动力结构方面，该项政策主要促进了企业对高技能人员的雇佣，具有明显的偏向性。

二、政策建议

就业是民生之本，是社会稳定的重要保障。我国在维护社会稳定过程中，逐渐探索出以增加就业为主要宏观调控目标的新发展路径，而税收政策是国家进行宏观调控的主要手段，不仅需要在制定阶段考虑周全，在实施过程中也需要结合实际开展情况，不断修正和完善。根据本章研究结论，现提出以下政策建议：

第一，扩大固定资产加速折旧政策适用范围，加大税收优惠力度。本章研究发现固定资产加速折旧政策有助于扩大制造业就业规模，为更好发挥该项税收优惠政策的就业推动作用，政府可从三个方面进一步完善：其一是扩大行业适用范围。固定资产加速折旧政策经过 2014 年初步试点、2015 年试点范围进一步扩大以及 2019 年制造业全覆盖，行业适用范围已经包括制造业和信息传输、软件和信息技术服务业，本章建议将国家鼓励发展的相关行业，比如船舶行业、环保行业、光伏行业、科学研究和技术服务业等也纳入固定资产加速折旧适用范围，这些行业正处于产业升级和结构调整阶段，在设备投资方面资金压力大，可通过加速折旧税收优惠进一步助力企业发展。其二是降低新设备一次性税前扣除门槛。本章研究发现，固定资产加速折旧政策对制造业就业的促进效应主要作用于中小型企业，有效缓解中小型企业的融资压力，将有助于提高劳动力就业水平。目前，该项政策针对试点行业的小微企业，规定其新购置的研发和生产经营共用的设备，不超过100万元的，可以一次性计入当期生产成本，本章建议将设备金额的门槛下调，让小微企业获得更多的税收优惠，吸纳更多的劳动力。其三是适当放宽缩短年限的比例限制。当前政策规定，试点企业选择采用缩短年限法进行加速折旧的，最短年限的比例不得低于60%。本章建议降低年限比例，让"利"于企业，鼓励企业进行固定资产投资，进一步释放制造业"稳就业"潜力。

第二，提高机器人技术创新能力，并加大机器人应用覆盖面。机器人应用对企业雇佣劳动力规模的影响整体上表现为促进作用，其创造效应大于替代效应，并且新创造的就业岗位要求更高的技能水平，充分发挥机器人就业创造效应，有助于扩大就业容量，提升就业质量。因此本章建议：一方面，提高机器人技术创新能力，鼓励自主研发工业机器人。机器人购置和维护成本是决定企业是否应用机器人的核心因素，掌握机器人核心技术能有效降低机器人购置成本，有助于提高企业机器人应用水平。另一方面，拓宽机器人应用空间。通过深挖机器人在农业、物流、家具等行业的应用场景，开展"机器人+"行动，带动更多行业发展，进一步增强就业中介效应。

第三，制定差异化的税收政策，促进区域协同发展。受地区经济发展的限制，固定资产加速折旧政策难以在中西部地区发挥就业促进作用，但中西部地区劳动力丰富，需要差异化的政策进行引导和扶持。同时，在全国范围内统一实行固定资产加速折旧政策，使得东部地区劳动力增加，可能会加剧地区间发展不平衡不充分的问题。因此，本章建议：一方面，国家机关制定税收政策时，应充分考虑地区异质性，适度采取差异化的税收政策，引导和促进中西部地区经济发展。另一方面，国家机关可以将税收优惠政策的制定权下放到地方，给予地方一定的税收优惠自主权，地方政

府结合自身区域发展情况，出台差别化的税收优惠政策，

第四，加大劳动力职业技能培训力度。随着机器人应用的加深，岗位替代风险将持续加大，为防范失业风险，需要对劳动者持续赋能。并且本章研究发现，固定资产加速折旧政策的就业促进作用主要针对高技能群体，因此应加大对劳动力的技能培训，使得劳动力就业能力与市场需求相匹配，带动劳动力全面就业。具体来讲，针对在职劳动力，应鼓励其自主学习与岗位相关的先进知识和先进技术，企业也应定期组织岗位学习，增强劳动者抵御失业风险的能力。针对被替换的劳动力，政府应开展技能培训，一对一进行就业指导，帮助其再就业。针对以在校大学生为主的潜在劳动力，学校应合理制订学生培养计划，引导学生关注专业前沿技术发展动态，并针对应届毕业生开展以市场需求为导向的职业技能培训。

第七章 税收征管信息化
对企业相对工资的影响

第一节 问题的提出

一、研究背景

税收管理在减轻企业避税行为、增加税收负担以及塑造劳动力市场结果方面扮演着至关重要的角色。有效的税收管理不仅可以直接提高政府税收收入，还能够通过约束企业行为间接影响员工的工资水平。Arulampalam 等（2012）、Bird 等（2008）、Fuest 等（2018）的研究均表明，企业税负对员工薪资水平有着直接的影响。这些研究表明，企业避税不仅是一种财务风险管理行为，还可以通过影响企业工资结构对劳动力市场的薪酬水平产生间接影响。

与传统的税收理论不同，效率工资理论提供了一种全新的视角，帮助我们理解企业如何通过支付高于市场的工资来激励员工并提升劳动生产率（Stiglitz，1974；Akerlof and Yellen，1990）。根据这一理论，企业通过支付更高的工资，确保员工长期服务，并维持较高的生产效率。因此，企业通常会支付高于行业或地区平均水平的工资，尤其是在劳动力市场竞争激烈的行业（Raff and Summers，1987；Summers，1988；Kugler，2003）。值得注意的是，员工的工资不仅取决于绝对工资水平，还与相对工资水平密切相关，即员工往往更加关注与同行或同地区其他劳动者的工资差异（Card et al.，2012）。这一现象在企业避税行为中得到了体现，避税程度更高的企业能够支付更高的工资以补偿员工（Schochet et al.，2022）。因此，加强税收执法或将通过抑制公司的避税行为，从而降低它们支付高于市场水平的工资的意愿。

近年来，中国的税收管理信息化取得了显著进展，特别是"金税工程Ⅲ"（以下简称"金税三期"）项目的实施，大大提升了税务执法的效率。通过大数据和云计算等技术手段，该项目极大地提高了税务管理的精准度（Pomeranz，2015；Xiao and Shao，2020；Zhang et al.，2022）。与此同时，税收管理信息化改革对企业避税空间和税负水平产生了直接影响。实施"金税三期"项目后，税务机关能够更加精准地监控企业税务行为，导致企业普遍面临较高的税负，避税行为得到了有效遏制。然而，这一税负上升可能影响企业支付高于市场水平的工资的意愿。特别是对于那些依赖避税来降低税负的企业而言，税收执法的加强可能削弱它们支付高工资的动力，从而对员工薪酬产生影响，并可能进一步影响整体劳动力市场的薪酬结构。

在此背景下，本书意图通过准自然实验的方式，探讨税收执法对企业效率工资水平的影响。具体而言，本书将聚焦于"金税三期"项目这一税收改革实例，通过交错双重差分（DID）方法，分析税收管理信息化对中国企业工资支付结构及员工薪酬水平的影响。本书不仅有助于深入理解税收执法对企业税收合规性的提升作用，也为政府税收政策的优化管理提供实证支持，并为理解中国劳动力市场的变化提供新的视角。

二、研究意义

（一）理论意义

本书在现有税收管理与劳动市场研究的基础上，拓展研究了税收征管对企业员工薪酬的影响机制，特别是在税收管理信息化背景下的互动效应。尽管已有大量研究探讨了税收管理对企业行为和经济效益的影响，但关于税收征管如何通过影响企业行为间接改变员工工资水平的研究较为匮乏。本书结合效率工资理论与税收管理改革的实际案例，为理解税收政策如何通过改变企业税负行为从而影响劳动力市场薪酬提供了新的理论视角。

特别地，本书通过准自然实验的方法，基于"金税三期"项目的实施，揭示了税收征管改革对企业薪酬支付结构的影响。这一分析填补了现有文献关于税收管理与工资分配之间关系研究的空白，推动了税收、企业行为与劳动市场之间跨学科的理论整合。通过这一实证研究，本书构建了税收征管如何通过影响企业财务状况进而影响员工相对工资水平的理论框架，为未来税收管理的研究提供了新的思路。

（二）实践意义

从实践角度来看，本研究的结果为评估税收征管改革，尤其是"金税三期"项目的政策效应提供了实证依据。在税收管理信息化的推动下，税务部门能够更精准地监控企业的税务行为，导致企业税负普遍增加。企业如何应对这种税负压力，尤其是在是否将其转嫁给员工这一问题上，直接影响到劳动力市场的薪酬分配。本书通过对 A 股上市公司数据的分析，深入探讨了"金税三期"项目实施前后企业是否和如何调整员工薪酬结构，从而评估税收政策对社会收入分配和经济公平的潜在影响。

此外，随着"金税四期"项目的推进，本书的研究成果为未来税收管理信息化改革的优化提供了实践指导。特别是在加强税务监管和提高税负水平的同时，如何平衡对企业经营和员工薪酬的双重影响，避免对劳动者利益的过度压缩，将是未来税务政策设计的关键。因此，本书不仅为政府在制定税收政策时提供了数据支持，也为企业在应对税负变化时调整薪酬策略提供了理论依据。

第二节　相关理论和文献综述

一、相对工资影响因素

（一）工资理论

由于绝对工资水平可能受通货膨胀、政策调整和经济环境变化等多重因素的影响，因此仅依赖绝对工资数值往往无法准确反映企业员工的实际收入状况。相比之下，相对工资作为衡量员工收入的指标，提供了一个更为清晰的视角。相对工资是指企业的平均工资与所在地区的平均工资之比，这一指标能有效消除宏观经济因素的干扰，提供更为真实的收入水平信息。

在经典的收入分配理论中，威廉·配第（2007）基于劳动价值论，首次提出了工人工资与维持生计所需生活资料价值之间的关系理论。然而，完整的工资理论体系的建立要追溯到亚当·斯密（1988）。斯密认为，工资是劳动者的收入，应该等于劳动力的价值，并且受到职业和政策等因素的影响，但始终存在一个最低工资水平。大卫·李嘉图（1817）进一步发展了这一理论，认为劳动的价格包括自然价格和市场价格，前者与劳动者及其家庭的生活必需品价格相关，后者则受劳动市场供求关系的影响。李嘉图还指出，跨国工资差异是由各国社会劳动生产率差异决定的。穆勒（2005）则提出，工资总额由资本所有者购买生产资料后的剩余部分决定，并且会受到人口与资本比率、市场垄断程度和性别差异等因素的影响。

马克思主义的工资理论进一步深化了对工资的认识。马克思（1972）将工资的本质与其表面形式区分开来，认为工资本质上是劳动力价值的转化形式，而非简单的收入支付。他还详细探讨了供求规律和市场竞争在工资形成过程中的作用，认为工资水平主要受到三种竞争的影响：一是劳动者之间的竞争，这会导致工资水平下降；二是雇主之间的竞争，其促使工资水平上升；三是劳动供给与需求之间的平衡，它最终决定了工资的实际水平。

现代西方经济学认为，工资理论不断发展并变得更加复杂。约翰·克拉克（1899）沿袭了边际分析方法，提出劳动者的工资是由其边际生产力决定的，即由工厂雇佣的最后一名工人所增加的产出决定的。阿尔弗雷德·马歇尔（1964）则提出了供求均衡理论，认为工资水平由劳动市场的供求关系决定。在此框架中，工资受到劳动者的边际产量、生产成本以及对闲暇的偏好等因素的影响。

20世纪50年代后期，人力资本理论对传统的工资理论提出了重要挑战。舒尔茨（1990）提出，人力资本包括劳动者的知识、技能、经验以及健康状况等因素，而这些因素直接影响劳动者的市场价值和工资水平。明塞尔（2001）通过实证分析证明，个体的教育程度和工作经验会显著影响其收入，强调了个人投资对收入差异的影响。人力资本理论不仅改变了我们对劳动价值的理解，还将研究重点从宏观经济层面的工资决定转向了个体差异的微观分析。

自20世纪80年代以来，效率工资理论成为现代工资决定的重要理论之一。该理论认为，企业通过支付高于市场水平的工资，能够激励员工提高生产效率，从而提升企业的整体经济效益（Solow，1979）。Shapiro和Stiglitz（1984）基于效率工资理论，提出了道德风险模型，解释了信息不对称和监督问题如何促使企业支付效率工资来减少员工的不诚实行为和工作中的道德风险。随后，学者们在此基础上对效率工资理论进行了扩展。例如，Akerlof（1982）引入了社会规范理论，提出工资作为"礼物交换"的形式，可以增强员工的工作动机、提高其努力程度。而范如国（2009）则在重复博弈理论的框架下，指出效率工资和其他激励机制需要相互配合，才能发挥出最佳效果。效率工资理论不仅帮助我们理解工资和劳动力市场之间的关系，还为解释新古典经济学中无法充分解释的失业、价格黏性等现象提供了理论支持。

综上所述，工资理论在多个学派的贡献下不断发展演化，从最初的劳动价值论到现代的效率工资理论，逐步形成了一个多层次、复杂的理论体系。这些理论为我们理解员工工资水平的形成机制、劳动市场的运作以及薪酬制度的设计提供了重要的理论支持。

（二）工资决定因素实证研究

各国学者的实证研究主要聚焦于探讨各种因素与工资水平之间的关系，以及这些因素对工资水平的具体影响程度。总体来看，工资的决定因素可以归为三大类：经济因素、人力资本特征因素和企业特征因素。

其一，经济因素对工资水平的影响。Auld 等（1980）通过分析发现，随着消费者价格指数的上升，无论是私人部门还是公共部门，工资水平均呈现上升趋势。这一结果表明，通货膨胀和物价变动对工资的调整具有直接影响。类似的研究还有 Blejer（1990），他通过分析 22 个行业的季度数据，计算出各行业工资变化指数。研究表明，劳动市场的变化，尤其是劳动生产率的变化，是各行业相对工资变化的一个关键因素。随着生产率的提高，企业的生产效率和盈利能力得到增强，这通常会推动工资水平的上升。此外，Budd 和 Nho（1997）则进一步研究了失业率对工资水平的影响。他们的研究发现，失业率的变化对工资水平有显著的影响，失业率上升通常会导致工资的下降，因为失业人数的增加会增加劳动力市场的供给，从而抑制工资增长。

其二，人力资本特征因素对工资水平的影响。人力资本理论强调，劳动者的教育背景、工作经验、技能和健康状况等因素是决定工资的重要因素。Lucas（1988）提出了三种经济增长模型，他的研究结果显示，教育与收入之间呈现正相关关系。他的研究结果同时表明，受过更高教育的个体通常能获得更高的收入，因为教育不仅丰富和提升了劳动者的知识和技能，还增强了他们在劳动力市场上的竞争力。Barro 和 Lee（1993）也在其研究中证实了这一点。他们的研究表明，教育水平对收入水平的正向影响是显著的，尤其是在那些教育体系较为完善的国家或地区，劳动者的收入差距通常较小。此外，越来越多的研究也表明，工作经验与工资之间有着密切的联系。工作经验越丰富的劳动者，通常能够获得越高的工资，因为经验的积累能够增强个体的工作能力和职业素养。

其三，企业特征因素对工资水平的影响。企业的性质、规模、经营状况、税收负担等因素都可能直接或间接影响员工的工资水平。例如，张杰和黄泰岩（2010）指出，企业的利润、规模和管理水平等都会对工资产生显著影响。Fairris 和 Jonasson（2008）的研究表明，企业的工资水平与其盈利水平呈现正相关关系，即企业利润的增长通常能够带来员工工资的提高。企业盈利能力强时，企业往往能够为员工提供更高的薪酬，从而吸引和留住人才。此外，企业的规模也是一个重要的影响因素。一般而言，大型企业比小型企业能够支付更高的工资，因为大型企业通常拥有更多的资源和更强的盈利能力。陆正飞等（2012）在对国有企业与非国有企业员工工资的比较研究中发现，即使控制了企业规模、行业垄断程度和员工的教育背景等因素，国有企业员工的工资水平仍普遍高于非国有企业员工。这一结论表明，国有企业在收入分配方面往往具有更强的调节能力，可能与政府的政策支持、市场垄断地位以及国有企业自身的盈利模式等因素密切相关。

除了上述因素，税收负担也是一个不可忽视的因素。企业所承担的税收负担可能影响到其支付员工工资的能力。税负过重的企业可能需要在工资支付上做出妥协，以确保公司盈利。因此，税收政策的变化会直接影响企业的用工成本，从而对工资水平产生影响。

综上所述，工资的决定因素复杂且多样，既包括宏观经济环境中的通货膨胀、失业率等经济性因素，也包括个体的教育、经验等人力资本特征，还涉及企业的规模、盈利能力、税收负担等多方面的企业特征。各类因素相互交织，共同影响着劳动市场中的工资水平。通过深入研究这些因素的作用机制，可以为政策制定者提供更有价值的参考，帮助实现更为公平和有效的收入分配。

二、企业税负归宿

（一）税负归宿理论

在经济活动中，纳税人和实际承担税负的个体常常并非同一对象。纳税人通过某些手段将税务负担转嫁给其他人，这种现象被称为税负转嫁。税负归宿理论的研究主要集中在三个领域：首先，局部均衡分析方法主要研究税负在消费者和生产者之间的分配，尤其侧重于商品税的税负转嫁问题；其次，一般均衡分析方法探讨税负如何在不同要素所有者之间分配，尤其关注资本与劳动要素的税负分配；最后，税负转嫁的研究也会根据不同的群体特征（如收入水平、地区和年龄等）来考察税负的分担，尤其关注代际效应和社会阶层差异。

其中，一般均衡分析被广泛应用，因为在现实经济中，消费市场和生产市场是紧密相连的，商品价格和生产要素的供求之间存在相互作用的关系。通过使用一般均衡模型，可以克服单一市场分析的局限，全面了解税收政策在整体经济和多个市场中的影响。

Harberger（1962）是最早运用一般均衡模型分析税负归宿的学者。他通过构建可计算一般均衡（computable general equilibrium，CGE）模型，假设市场完全竞争，且经济中仅有两种生产要素——劳动和资本，这些要素可以自由流动。Harberger 的研究表明，企业所得税的负担在短期内主要由资本要素承担，而在长期内，税负则可能由资本和劳动要素共同承担。然而，Harberger 的模型并未在实际经济数据中得到验证，后续的研究对此进行了扩展。

例如，Bradford（1978）和 Gordon（1986）在 Harberger 模型的基础上，放宽了完全封闭经济体的假设，提出在开放经济体中，劳动要素并不具备完全自由流动的条件，而资本则可以跨国流动。他们的研究表明，企业税负增加会导致资本外流，从而使劳动要素承担更多税负。随着理论的发展，学者们基于传统的 CGE 模型，构建了更复杂的模型，进一步探讨税负转嫁的机制（Randolph，2006；Gravelle and Smetters，2006；Gravell，2010）。这些研究一致表明，劳动要素承担了相当大部分的企业税负。

除了静态模型，部分学者还通过动态分析来研究税负归宿。在这些动态模型中，储蓄和投资被视为内生变量，税收对这些变量的影响在长期内得到了更深入的探讨。Itaya（1995）在新古典增长模型中引入了税收变量，发现从长期来看，企业所得税会减少储蓄，并降低劳动生产率和工资水平，从而将部分税负从资本转移到劳动要素。此外，研究还发现，当生产函数的替代弹性较低时，税负的转嫁程度更高，劳动要素所承担的税负也更重。Auerbach（2002）在生命周期模型中引入企业所得税，考虑了消费者偏好对储蓄的影响，进一步通过一般均衡分析发现，税收政策不仅影响储蓄和投资行为，还间接影响税负在资本和劳动之间的转移。

总体来说，税负归宿的研究揭示了税负如何在不同经济主体和生产要素之间转嫁。通过局部均衡和一般均衡分析，学者们深入探讨了市场机制、生产要素流动性、储蓄投资行为等因素如何共同作用于税负的分配。这些研究为政策制定者设计税收政策时提供了宝贵的理论支持，有助于优化税负分担机制，避免不公平的税负转嫁对低收入群体的过度影响，同时为提高税制的效率和公平性提供了理论依据。

（二）企业税负归宿实证研究

从理论角度来看，企业税负的转嫁路径主要有三种：一是企业和消费者共同分担，企业通过调整商品价格将税负转嫁给消费者；二是税负转嫁给劳动要素，企业将税负转嫁给员工，即劳动者；三是税负完全由资本要素负担，最终由企业所有者承担所有税负。不同学者基于不同的数据样本，对这些转嫁效应的强度进行了测算与分析。

第一，国外研究现状。国外的税制以直接税为主，且研究通常根据不同国家的税制特点进行分类。Arulampalam 等（2012）结合流动资本和固定劳动力的标准模型进行研究，结果发现，在小型开放经济体中，企业税负几乎完全转嫁给劳动力。具体来说，公司通过调整劳动力的税后收入来改善其税前利润，并间接影响投资及产出价格，从而影响工资水平。根据他们的测算，每增加 1 美元的税负，员工的实际工资将减少 49 美分。Fuest 等（2018）则利用德国各城市 20 年的面板数据，研究企业税对员工工资的影响，结果显示，企业员工几乎承担了 50% 的企业税负，且低技术工人、年轻员工和女性员工承担的税负更重。

第二，国内研究现状。在国内，学者们大多基于国外研究的经典模型，并结合中国国情进行修正和扩展。关于直接税，张阳（2008）和张阳等（2006）对经典的 CGE 模型进行了调整，去除了不相关税种，专注于企业所得税的研究，并引入了产品替代弹性等因素。研究结果表明，企业所得税约 83% 的税负最终由资本要素承担，剩余的 17% 则转嫁给劳动要素。宋春平（2011）基于 Harberger 模型，并引入"实际收入"因素，得出结论：在企业所得税的负担中，至少 60.2% 由资本要素承担，总体上，资本要素承担了约 77% 的税负。在间接税方面，苏国灿等（2020）通过构建间接税转嫁模型，结合宏观数据，对中国的间接税负归宿进行了研究，得出结论：企业的间接税负通过削减工资和利润，最终由员工和企业所有者共同承担。此外，他们进一步分析了减税政策的效果，发现减税能够减轻企业负担，改善经营绩效，并为员工薪资的增长提供空间。

企业税负在生产要素间的分配不仅与税负类型密切相关，还与企业所在地的经济环境密切相连。胡奕明和买买提依明·祖农（2013）的研究表明，中西部地区的企业单位资产税负较高，债务利息收入也较高，但相对而言，职工薪酬和股东所得却较低，这与东部地区的企业形成了鲜明对比。周克清（2007）的研究也指出，企业所处行业的竞争状况对税负的分担有显著影响。例如，在垄断性行业，如烟草行业，尽管税负较高，且经济增长受到一定限制，但行业的利润率和工资水平却呈现上升趋势。此外，股权性质、企业规模等因素也对税负的归宿有一定影响。伍山林（2011）在其模型中同时考虑了劳动力异质性和企业异质性，实证结果表明，不同类型企业对劳动收入份额的影响不同。对于利润导向型企业（如私人企业），增值税和所得税的税负与劳动收入份额呈现明显的反向关系；而对于税收导向型企业，增值税的税负对劳动收入份额具有正向影响，所得税的税负则与劳动收入份额呈现负向关系。

总体来说，国内外学者对企业税负的转嫁效应进行了广泛研究，揭示了不同税种、不同地区、不同企业类型以及劳动力和资本要素的特征如何影响税负的最终归宿。这些研究不仅为税收政策的制定提供了理论依据，也为税负分配的公平性和效率性提升提供了宝贵的实证支持。

（三）税收征管对企业税负的影响

除经济因素外，管理因素，特别是税收征管效率的提升，对于税收的增长起到了关键作用（吕冰洋、李峰，2007）。现有的研究普遍认为，税收征管通过影响企业的避税行为，进而对企业的实际税负产生重要影响。Allingham 和 Sandmo（1972）提出的 A-S 逃税模型展示了税务机关与纳税人之间的信息不对称博弈，结果表明，当税收遵从成本固定时，纳税人更倾向于通过逃税来降低税负。范子英和田彬彬（2013）研究了 2002 年所得税分享改革，发现该改革导致地方税务局的征管力度减弱，进而增加了企业的逃税行为，导致企业的实际税负下降。相反，税收征管力度的加强会减少企业逃税的可能性，从而使企业的实际税负接近名义税负（Bird and Zolt, 2008）。随着大数据和现代信息技术的快速发展，税收征管的数字化转型进入新的阶段。"金税三期"项目作为我国税务数据集中管理的核心内容，标志着税收征管信息化取得重要进展。该项目通过整合国税、地税和第三方数据，为加强税务数据的整合与监督提供了有力支持，有效抑制了企业的逃税行为。Pomeranz（2015）和 Kleven 等（2011）的研究表明，企业的税务遵从度与税收征管的信息化程度之间存在显著的正相关关系。Ali 等（2015）通过对我国增值税税控技术变革的研究发现，信息技术的应用显著提升了制造业企业的税负水平。

尽管现代技术对税收征管的影响得到了一定关注，但对于新兴技术的具体作用，相关研究仍然较为有限。关于"金税三期"项目的政策效应，李艳等（2022）基于微观企业税调数据进行了全面评估，结果表明"金税三期"项目通过规范增值税抵扣链条，使得企业的纳税行为更加合规，导致企业的税负明显上升。张克中等（2020）则探讨了"金税三期"项目实施后的政策效果，研究发现，"金税三期"项目促进了企业整体税负的上升，特别是在抑制企业逃税方面，更多体现在企业所得税的征管上。樊勇和李昊楠（2020）的研究则表明，税收征管的强化虽然增加了企业的整体税负，但同时也落实了部分税收优惠政策，从而降低了企业的整体税负。具体表现为，增值税税负有所下降，而其他税种税负则有所上升，企业所得税的税负变化不大。综上所述，税收征管效率的提升对税收负担和企业税负转嫁产生了显著影响，尤其是在信息化技术的支持下，税务遵从度有所提高，企业逃税行为得到有效抑制，从而改变了税负的实际分配格局。

（四）文献评述

总体来看，工资理论的形成较早，并在经济社会的不断发展中逐步得到丰富与完善。现有文献将企业员工工资的影响因素主要分为三类：经济因素、人力资本因素以及基于企业特征的因素。在企业特征因素方面，学术界的关注点通常集中于企业的运营模式、发展需求及内部管理等因素。税负，作为企业特征中的重要因素，显著影响着员工的劳动收入。现有研究通常通过构建理论模型和实证分析两种方式，来探讨企业税负的分担问题。虽然已有研究表明，劳动和资本要素均承受了一定的税负，但仍有许多未解的问题需要进一步探讨。目前我国的税负归宿研究大多基于 Harberger 模型加以变动，侧重于边际税负转嫁的分析。然而，由于我国企业所得税在现实中存在非微小的扰动，这一模型的应用效果仍然有待进一步验证，因此需要更为精准的模型来测算其具体效应。

尽管国内外在税收征管方面的文献不少，但相关的实证研究却相对较少，主要原因在于税务机关征管能力的准确衡量仍然是一个难题。特别是以现代信息技术为支撑的"金税三期"项目，其相关研究仍然较为稀缺。目前大部分研究集中于"金税三期"项目对企业行为的影响，例如对盈利能力、逃税行为及创新激励的作用，但对"金税三期"政策改革如何影响企业税负及员工工资收入的传导机制的探讨尚显不足。因此，本章将从企业税负在上游生产市场中转嫁的视角出发，研究"金税三期"项目实施对劳动力工资收入的影响，以期补充现有的政策效应评估，并为未来税收征管建设提供参考和借鉴。

第三节　制度背景和理论分析

一、制度背景：金税工程

"金税工程"始于 20 世纪 90 年代的流转税制改革，先后经历了金税工程一期、金税工程二期、金税工程三期的建设和完善。1994 年，中国国家税务总局开始设立金税工程一期，以实施增值税发票的管理。1998 年，国家税务总局开始建设金税工程二期，包括六个子系统和一个税务管理信息系统。中国新的税收管理系统金税三期系统于 2016 年在全国范围内在线启动，并充分利用大数据、云计算等技术手段，实现了涉税信息监管能力的飞跃。"金税三期"从四个方面影响了企业税收的征收和管理：一是项目搭建了统一的技术基础平台。涉税信息可以在所有税务部门和所有涉税环节顺畅流动，实现涉税数据的交叉审核和过程监控。二是实现了国家总局和省级局对涉税信息的集中处理。三是项目涵盖所有税费，不再局限于增值税，并开发了决策支持系统，以发现相应的税务风险，同时针对关键财务指标系统地比较数据信息和逻辑关系。总之，"金税三期"计划加强了税收执法，从而促进了税务合规并增加了企业合规成本（Li et al.，2020）。因此，面对不断上升的税收成本，公司可能会在"金税三期"上线后削减员工薪酬，员工相对工资可能会下降。

"金税三期"项目的实施具有分批试点和逐步推广的特点，主要分为三个阶段：第一阶段是试点阶段。自 2009 年起，国家开始为这一项目的实施做准备，重点进行软件开发和硬件设备的安装。2013 年初，重庆市作为首个试点城市，启动了系统的试运行。随后，2013 年底，山西省和山东省

（不包括青岛市）开始了首批试点；到 2014 年底，广东省（不包括深圳市）、内蒙古自治区和河南省的税务机关也上线了经过升级的"金税三期"系统。第二阶段是推广阶段。到 2015 年底，已有宁夏、云南、甘肃、四川、吉林等 14 个省份完成了"金税三期"项目的实施。2016 年 10 月，江西、天津、上海、江苏、北京等 11 个省份也顺利完成了系统的全面普及。这标志着"金税三期"在全国范围内的全面推广。第三阶段是完善和验收阶段，在此阶段对系统进行进一步的优化和评估，确保各项功能的完善和顺利运行。

表 7-1 总结了"金税三期"项目在各省份的逐步推进时点。

表 7-1　"金税三期"上线时间表

省份/地区	实施时间	省份/地区	实施时间	省份/地区	实施时间
重庆市	2013.02	广西壮族自治区	2015.09	福建省	2016.07
山东省（除青岛）	2013.10	湖南省	2015.10	辽宁省	2016.07
山西省	2013.10	青海省	2015.10	青岛市	2016.07
广东省（除深圳）	2015.01	海南省	2015.10	北京市	2016.08
河南省	2015.01	甘肃省	2015.10	天津市	2016.08
内蒙古自治区	2015.01	四川省	2016.01	黑龙江省	2016.08
宁夏回族自治区	2015.07	新疆维吾尔自治区	2016.01	湖北省	2016.08
河北省	2015.09	吉林省	2016.01	陕西省	2016.08
西藏自治区	2015.09	安徽省	2016.01	江苏省	2016.10
贵州省	2015.09	上海市	2016.07	浙江省	2016.10
云南省	2015.09	江西省	2016.07	深圳市	2016.10

资料来源：各省市税务局官网[1]。

---

[1]　重庆市、山东省、山西省是试点版，其他省市是优化版。

二、理论分析和研究假说

（一）税负对企业员工劳动收入的影响

由于企业可以将承担的流转税税负转嫁给消费者，企业几乎不承担这类税的税负，因此本章只考虑企业承担的直接税税负归宿。以企业所得税为例，本节借鉴张阳（2008）的模型：他在 Harberger 一般均衡模型的基础上，剔除了其他税种，只考虑资本税（即企业所得税）。本节引入产品替代弹性来反映两部门产品需求量的相对变化与两部门产品价格的相对变化之间的关系。

假设有两个部门 1、2 分别生产两种产品 X（价格为 p_1）和 Y（价格为 p_2），投入要素为劳动 L（价格为 w）和资本 K（价格为 r）。市场是完全竞争市场，要素在部门之间自由流动，但是每种要素量总供给固定，且厂商生产技术函数符合规模报酬不变的特征。

假设政府只对部门 1 征收资本要素的从价税，税率为 t_1。

首先，两种产品供给函数为

$$X = F_1(K_1, L_1)$$
$$Y = F_2(K_2, L_2)$$

F 是生产技术，将两个供给函数求微分再各自除以 X、Y 得到变动率

$$\hat{X} = \theta_{KX} \hat{K}_1 + \theta_{LX} \hat{L}_1$$
$$\hat{Y} = \theta_{KY} \hat{K}_2 + \theta_{LY} \hat{L}_2$$

其中 $\theta_{KX} = \dfrac{r(1 + t_1) \cdot K_1}{p_1 \cdot X}$ 表示要素 K 占 X 产品的份额，$\hat{X}$ 表示 $\dfrac{dX}{X}$，以此类推。

设 σ_1 和 σ_2 分别表示部门 1 和部门 2 两种要素之间的替代弹性，消费者对于两种产品之间的需求替代弹性 $\varepsilon = -\dfrac{\hat{X} - \hat{Y}}{\hat{p}_1 - \hat{p}_2}$。

将弹性定义式代入上述变动率表达式可以得到方程组

$$\begin{cases} \hat{K}_1 - \hat{L}_1 = \sigma_1(\hat{w} - \hat{r} - \hat{t}_1) \\ \hat{K}_2 - \hat{L}_2 = \sigma_2(\hat{w} - \hat{r}) \end{cases}$$

其中，$\hat{t}_1$ 表示 $\dfrac{d\,yt_1}{dx}$。

其次，市场出清条件为

$$K_1 + K_2 = K$$
$$L_1 + L_2 = L$$

对上述两个式子做第一步的处理，可得

$$\rho_K \hat{K}_1 + (1 - \rho_K) \hat{K}_2 = 0$$
$$\rho_L \hat{L}_1 + (1 - \rho_L) \hat{L}_2 = 0$$

其中 $\rho_K = \dfrac{K_1}{K}$ 表示生产 X 产品使用的要素 K 比例，以此类推。

根据生产市场上总产出＝投入要素的价值，可得定价方程式

$$p_1 X = w L_1 + r(1 + t_1) K_1$$
$$p_2 Y = w L_2 + r K_2$$

求微分后再分别除以 $p_1 X$ 和 $p_2 Y$，代入约束条件——要素价值等于要素价格和投入要素数量的乘积。当 $t_1 = 0$ 时可得

$$\hat{p}_1 + \hat{X} = \theta_{KX}(\hat{r} + \hat{t}_1 + \hat{K}_1) + \theta_{LX}(\hat{w} + \hat{L}_1)$$
$$\hat{p}_2 + \hat{Y} = \theta_{KY}(\hat{r} + \hat{K}_2) + \theta_{LY}(\hat{w} + \hat{L}_2)$$

最后，结合所有方程，选择劳动为计价物（ $\hat{w} = 0$ ），得到唯一解：

$$\hat{r}^* = \frac{\theta_{KX}(\rho_L - \rho_K) - \sigma_1(\theta_{KX}\rho_L + \theta_{LX}\rho_K)}{(\theta_{LX} - \theta_{LY})(\rho_L - \rho_K) + \sigma_1(\theta_{KX}\rho_L + \theta_{LX}\rho_K) + \sigma_2} \hat{t}_1$$

使用 $\hat{r}^*$ 表示资本要素价格和劳动要素价格的变动率。

若 $\hat{r}^* = 0$，即表示对部门1的资本要素征税后，租金 r 和工资 w 的比率不变，意味着资本将一部分税收要素转移给了劳动要素。

若 $\hat{r}^* > 0$，即表示对部门1的资本要素征税后，租金 r 和工资 w 的比率升高，劳动要素承担了更多的税负。

若 $\hat{r}^* < 0$，即表示对部门1的资本要素征税后，租金 r 和工资 w 的比率降低，资本要素承担了更多的税负。

从上式中可以看出课税后的两种效应：

$-\sigma_1(\theta_{KX}\rho_L + \theta_{LX}\rho_K)$ 代表了替代效应，征税使部门1的资本要素价格更高，因此厂商会减少资本投入、增加劳动投入，资本要素的相对价格下降。

$\varepsilon \theta_{KX}(\rho_L - \rho_K)$ 代表了产出效应，征税引起部门1生产的产品 X 价格上升，市场对 X 的需求量下降，部门1将会释放劳动要素。若部门1属于劳动密集型，$\rho_L - \rho_K > 0$，则资本回报率提高，劳动要素会被部门2吸收，劳

动要素价格下降；反之，若部门 1 属于资本密集型，$\rho_L - \rho_K < 0$，则资本回报率降低，资本要素价格降低。

据此提出假说 1：金税三期工程对企业员工工资的负效应在资本密集度更低的企业中更加显著。

（二）金税三期工程对企业税负的影响

金税三期工程的典型特征在于，运用现代化信息技术提高政府税收征管能力。为了评估信息监管能力的提升对企业税负的影响，张克中等（2020）在 A-S 逃税模型的基础上，引入了信息监管技术变量：假设企业对于风险的态度为风险中性，固定税前收入为 Y，纳税人会通过选择申报收入占总收入的比例 φ 的大小，使期望收益最大化。M 代表信息监管技术，若纳税人选择申报 φ 比例的收入，则隐瞒收入占总收入的比例为（$1-\varphi$）。设隐瞒成本函数为：

$$C(1 - \varphi, \ M) = (1 - \varphi) \cdot C(1 - \varphi, \ M) \qquad (7-1)$$

隐瞒成本函数满足严格凸函数的假设。由一阶条件可定义申报率 φ 关于 M 的函数 $\varphi(M)$。

因为企业被抽查的概率不确定，企业税负率不可确定，所以采用期望税负率表示：

$$E(\varphi) = (1 - \mu) \ t\varphi + t \qquad (7-2)$$

其中 μ 为检查概率，t 为名义税率，φ 为罚金率。从现实意义来说，$E'(\varphi) > 0$。

企业最大化期望利润 $\pi(M) = Y[1 - C(1 - \varphi, \ M) - E(\varphi)]$，一阶条件为 $\dfrac{\partial C(1 - \varphi, \ M)}{\partial(1 - \varphi)} = \dfrac{\partial E(\varphi)}{\partial \varphi}$。

信息监管技术 M 对隐瞒成本 C 的影响显示了信息监管技术和企业逃税的关系。隐瞒成本函数满足 $\dfrac{\partial^2 C(1 - \varphi, \ M)}{\partial(1 - \varphi)\partial M} > 0$，结合一阶条件，由隐函数定理推导出：

$$\frac{\mathrm{d}\varphi(M)}{\mathrm{d}M} = \frac{\partial^2 C(1 - \varphi, \ M)}{\partial(1 - \varphi)\partial M} \bigg/ \frac{\partial^2 C(1 - \varphi, \ M)}{\partial(1 - \varphi)^2} > 0$$

金税三期工程的实施提高了 M，因此企业申报比例 φ 上升，企业逃税比例（$1-\varphi$）下降，同时企业的期望税负率上升。

由此提出假说 2：金税三期工程的实施显著增加了企业税负。

结合第一部分和第二部分的理论分析可以看出，金税三期工程加快了征管技术的信息化进程，抑制了企业的逃税行为从而使企业税负上升，而企业的资本要素在被课税后会将一部分税负转嫁给劳动要素。

据此提出假说 3：金税三期工程的实施对企业员工相对工资产生显著负效应。

第四节　"金税三期"对相对工资的影响的实证分析

一、研究设计

（一）模型设定和主要变量说明

"金税三期"是中国税务信息化改革的重要组成部分，其实施过程具有逐步推广的特点。该税收信息系统首次于 2013 年在重庆、山东（不包括青岛）和山西等地区开始试运行，标志着这一政策的初步实施。随着系统的不断完善和推广，2014—2016 年，更多的省、自治区和直辖市陆续加入这一系统的应用范围，包括广东、内蒙古、河南等地。到了 2016 年底，"金税三期"已覆盖全国，全面实现了税务信息化管理的普及。

由于"金税三期"在不同地区的实施进度存在阶段性的差异，即先在部分区域进行试点，然后再逐步推广至全国，我们认为这种政策实施的渐进式特点使得双重差分法（DID）模型成为研究其效果的理想工具。通过 DID 模型，我们可以比较在政策实施前后受影响地区和未受影响地区企业效率工资的变化情况，从而更准确地评估税务执法力度对企业工资结构和劳动市场的潜在影响。这一方法不仅能帮助识别税务政策实施的直接效果，还能有效控制可能存在的时间和地区效应，为深入分析税收政策对经济行为的影响提供了可靠的实证依据。由此构建如下模型：

$$\ln(\text{Wage})_{i,\,t} = \beta_0 + \beta_1 \, \text{GTP}_{i,\,t} + \gamma \, X_{i,\,t} + \mu_i + v_t + \varepsilon_{i,\,t} \quad (7\text{-}3)$$

在该模型中，下标 i 表示企业个体，下标 t 表示年份。本研究将"金税三期"试点地区的企业作为实验组，其余企业作为控制组。被解释变量 $\ln(\text{wage})_{it}$ 表示企业员工的相对工资的对数，相对工资可以排除通货膨胀、政策和经济环境变动等因素的影响，能更好地衡量企业员工的工资收入水平。本研究所用的相对工资等于企业平均工资和企业所处地区平均工资的比值。根据上市公司披露的财务报表数据计算企业平均工资：

$$平均工资 = \frac{付给职工的现金 + 期末应付职工薪酬 - 期初应付职工薪酬}{总人数}$$

$$(7-4)$$

主要解释变量 GTP_{it} 用以测度金税三期工程，相当于传统双重差分模型中的实验组虚拟变量和政策前后虚拟变量的交互项，其系数 β_1 衡量了金税三期工程冲击对企业员工收入的净效应。若系数显著为正，表示金税三期工程的实施使企业员工相对工资提高了 β_1 个百分点；若系数显著为负，表示金税三期工程实施使企业员工相对工资降低了 β_1 个百分点。

参考表 7-1 金税三期工程上线时间表，若企业位于重庆、山西、山东，则对 2013 年及以后的政策虚拟变量赋值 1；若企业位于广东、河南、内蒙古、宁夏、河北、西藏、贵州、云南、广西、湖南、青海、海南和甘肃，则对 2015 年及以后的政策虚拟变量赋值 0。v_t 和 μ_i 分别表示时间固定效应和个体固定效应，用以控制时间变化因素和企业层面因素对回归结果的影响。在所有回归分析中都将稳健标准误聚类到企业个体层面。$\varepsilon_{i, t}$ 为残差项。

（二）控制变量设定

依据已有文献（Li et al., 2020），我们引入了一系列可能影响员工薪酬的时变公司层面变量，包括公司年龄（Age）、公司规模（Size）、杠杆率（Lev）、资产回报率（ROA）、员工留存率（Ret）、托宾 Q 值（Tobinq）、前五大股东持股比例（Top5）以及资本支出比率（CAPEX）。此外，我们还控制了省级因素，例如人均 GDP 的自然对数 ln（PGDP）和城镇化水平（Urban）。

表 7-2 反映了实证部分涉及的变量的定义与说明。

表 7-2　变量定义说明表

变量类型	变量名	变量标签	变量定义
被解释变量	ln（wage）	企业员工相对工资	企业平均工资/地区平均工资
解释变量	GTP	金税三期工程	当试点地区 i 企业在第 t 年上线金税三期工程，赋值 1；否则赋值 0

表7-2(续)

变量类型	变量名	变量标签	变量定义
控制变量	Age	企业经营年限	报表披露年份-经营年份
	Size	企业规模	资产总额的对数
	Lev	杠杆率	资产负债率对数
	ROA	资产回报率	净利润/总资产
	Ret	员工留存率	留存收益/净利润
	Tobinq	托宾 Q 值	资产市场价值/市场重置成本
	Top5	前五大股东持股比例	前五大股东持股比例之和
	CAPEX	资本支出比率	资本支出/总资产
	Investor	机构投资者持股比例	机构投资者持股比例
	Analyst	分析师数量	有机构分析师为 1,没有机构分析师为 0
	ln(PGDP)	人均 GDP 的自然对数	省级人均 GDP 取自然对数
	Urban	城镇化水平	城镇总人口/地区总人口

（三）数据来源及样本处理

本章的样本公司为沪、深证券交易所上市的所有 A 股非金融企业。我们将样本时间范围限制为 2010—2020 年，并剔除特殊状态（ST、*ST 和 SST）的公司、净资产为负的公司以及关键变量缺失数据的观察值。参考 Bolton 和 Kacperczyk（2021）的做法，我们对所有连续变量进行了 2.5% 的边际缩尾处理，以减少异常值的影响。最终处理后，样本包含了 17 473 个公司年度观测值，涉及 1 877 家独立公司。

二、实证结果

（一）描述性统计

本章使用 Stata16/ME 软件处理和回归数据。表 7-3 显示了各变量的描述性统计结果，包括各变量的观测个数、九十分位数、十分位数、平均数和标准差等统计指标。

表 7-3　样本变量描述性统计

变量	观测值	平均值	标准差	十分位数	九十分位数
ln(Wage)	17 473	0.679	1.551	−1.441	2.889
GTP	17 473	0.154	0.361	0.000	1.000
Age	17 473	16.890	5.496	9.000	25.000
Size	17 473	22.240	1.199	20.710	24.060
Lev	17 473	−0.962	0.571	−1.865	−0.313
ROA	17 473	0.038	0.042	0.001	0.096
Ret	17 473	4.730	5.909	−0.386	12.120
Tobinq	17 473	2.513	1.495	1.117	4.891
Top5	17 473	0.528	0.147	0.318	0.737
CAPEX	17 473	0.047	0.041	0.004	0.113
Investor	17 473	0.482	0.249	0.112	0.791
Analyst	17 473	0.017	0.130	0.000	0.000
ln(PGDP)	17 473	11.040	0.426	10.420	11.590
Urban	17 473	0.643	0.131	0.469	0.865

　　表 7-3 的数据显示，政策虚拟变量的平均值为 15.4%，表明有 15.4% 的企业受到了政策的影响。相对工资对数的九十分位数和十分位数符号相反，且标准差较大，这意味着一些企业的平均工资高于所在地区的平均水平，而另一些则低于地区平均水平，表明员工收入差异较为显著。企业的平均经营年限较长，这与样本期为 2010—2020 年以及早期试点的时间安排有关，因此企业的平均年龄较大。根据企业生命周期的分析，大多数企业处于成熟期或衰退期。此外，企业规模的平均值为 22.24，显示出企业规模较大。这可能是由于样本包含了所有 A 股上市公司，而这些公司的规模普遍较大，超过了市场中其他类型企业的平均水平。企业规模之间的差异较大，也表明不同行业间的资产规模差异显著。另一个差异性较大的变量是资本密集度，这与企业所处的行业类型密切相关。本书通过固定资产净额与员工人数的比值来衡量资本密集度，制造业和房地产业的固定资产净额远高于其他行业，行业间的特征差异是这种差异的主要原因。

（二）基准回归结果

表7-4给出了基准回归结果。其中（1）列—（3）列是依次加入控制变量的回归结果。在所有分析中，实施金税三期工程与相对工资之间呈现出显著的负相关关系。正如前文所讨论的以及 Li 等（2020）的研究，金税三期工程的实施大大提高了税务机关和第三方之间的信息报告效率。通过这一系统，税务机关能够更有效地监控和检查企业的税务合规情况，从而增加企业的税务合规成本。具体而言，随着税务信息系统的完善，企业不得不投入更多资源来应对更加严格的税务监管和信息披露要求，这使得企业在整体运营中承受了更高的合规负担。因此，企业在面对增加的合规成本时，为了减轻税负带来的负担，往往会将部分税负转嫁给员工。这种转嫁效应导致了员工所承受的税负份额增加，从而使得员工的实际收入受到压缩，进而影响了相对工资水平。简单地说，随着金税三期系统的实施，企业需要投入更多的资源来适应更加严格的税收管理和监管要求，而这种成本的上升最终由员工承担。因此，金税三期工程的实施不仅改变了企业的税务管理模式，也对企业的工资结构和员工的收入水平产生了显著影响。基准结果验证了假说2和假说3——金税三期加强了税收征管力度，使企业逃避税空间大大缩小，税负加重，从而转嫁给企业员工，降低其工资收入。

表7-4　基准回归结果[①]

变量	（1）	（2）	（3）
GTP	-0.104^{**}	-0.105^{**}	-0.108^{**}
	（0.049）	（0.049）	（0.049）
Age	-0.019	-0.018	-0.018
	（0.019）	（0.019）	（0.019）
Size	0.667^{***}	0.661^{***}	0.660^{***}
	（0.034）	（0.035）	（0.035）
Lev	0.139^{***}	0.138^{***}	0.140^{***}
	（0.039）	（0.039）	（0.039）
ROA	0.238	0.226	0.220
	（0.281）	（0.281）	（0.281）

---

① 括号内数值为聚类稳健标准误。$^{*}p<0.1$，$^{**}p<0.05$，$^{***}p<0.01$。（本章后同）

表 7-4（续）

变量	（1）	（2）	（3）
Ret	−0.001	−0.001	−0.001
	(0.001)	(0.001)	(0.001)
Tobinq	0.007	0.005	0.005
	(0.011)	(0.011)	(0.011)
Top5	−0.154	−0.233	−0.235
	(0.185)	(0.201)	(0.202)
CAPEX	0.503	0.499	0.516*
	(0.313)	(0.313)	(0.313)
Investor		0.094	0.097
		(0.109)	(0.109)
Analyst		0.037	0.038
		(0.053)	(0.053)
lnPGDP			−0.007
			(0.168)
Urban			0.863
			(0.870)
Constant	−13.653***	−13.541***	−13.989***
	(0.827)	(0.837)	(1.931)
年份固定效应	是	是	是
企业固定效应	是	是	是
调整后的 R^2	0.760	0.760	0.760
观测值	17 473	17 473	17 473

（三）稳健性分析

1. 平行趋势检验

平行趋势检验是双重差分法（DID）分析的一个关键前提，因为在这种方法中，控制组的表现被视为实验组的反事实情况。因此，实验组和控制组在政策实施前必须具有相似的趋势，才能确保两组在政策干预前具有可比性。只有当两组在政策实施前的目标变量趋势相同，才能有效地使用双重差分法。如果处理组和控制组在政策发生之前已经存在明显的差异，那么其他因素可能会影响被解释变量的变化，从而导致双重差分法的结果无法准确反映政策的净效应。本书采用的是多期 DID 模型，这与传统的单期 DID 模型不同，后者假设所有样本的政策实施时间一致。多期 DID 模型需要检验平行趋势假设，因此我们会计算当前时间与各自政策实施时间之间的差距，生成政策前后时段的虚拟变量，并进行逐年回归分析。如果实验组和控制组的趋势是一致的，那么在政策实施之前，每年的交互项系数应该不显著偏离零。这表明，实验组和控制组在政策实施前的表现趋势相同，满足平行趋势假设。

根据以上思想，采用事件分析法建立如下回归模型：

$$\ln(\text{wage})_{it} = \alpha + \sum_{J-M}^{N} \delta_j \,\text{reform}_{i,\,t-j} + \gamma\, X_{it} + \lambda_t + \mu_i + \varepsilon_{it} \qquad (7\text{-}5)$$

模型以政策实施当期为参照点，其中 $\text{reform}_{i,\,t-j}$ 是一个虚拟变量，若企业 i 在 $t-j$ 时期试点接入金税三期工程，该变量取值为 1，否则为 0（M、N 分别表示政策试点前和政策试点后的期数）。对政策发生前后进行了缩尾处理，保留政策发生前 5 年和后 4 年的数据。图 7-1 是根据回归结果绘制的政策动态经济效应图，其中横轴是相对于政策发生的时点，-4、-3、-2、-1 表示政策发生前 4 年、前 3 年、前 2 年、前 1 年；4、3、2、1 表示政策发生后 4 年、后 3 年、后 2 年和后 1 年。

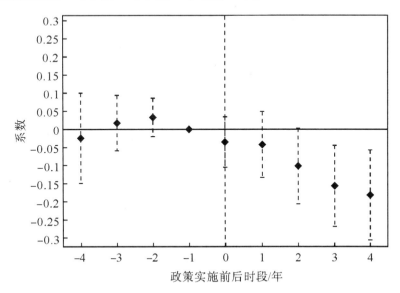

图 7-1　平行趋势检验

可以看到政策实施前回归系数均不显著异于 0，政策实施后回归系数显著异于 0 且为负数，验证了平行趋势假设。从图 7-1 中还可以看出，在政策实施时点之后的四年内，金税三期工程的实施对企业员工相对工资的负效应显著持续增长。

2. 其他稳健性检验

本书借鉴 Coles 等（2014）提出的"clean estimate"，采用金税三期工程实施前三年的平均避税强度来衡量企业的税务合规水平。具体而言，我们通过这一指标来捕捉企业在政策实施前的税务合规状况，并引入这一指标与金税三期的交互项来进一步分析避税行为对政策效应的调节作用。我们的研究发现，避税强度较高的企业在政策实施后表现出更为显著的影响，表明这类企业可能在政策实施后面临更高的税务合规成本，从而导致员工相对工资受到更大程度的负向影响。这一结果进一步验证了我们主模型的结论，且为理论分析提供了更为坚实的实证支持。

为了减小样本选择偏误对估计结果的影响，我们还进行了 PSM-DID（倾向得分匹配双重差分）检验。在这一步骤中，我们利用倾向得分匹配方法（propensity score matching，PSM）从总体样本中筛选出与实验组特征相似的控制组，以确保实验组和控制组在政策实施前具有可比性，从而减少了由样本选择问题带来的偏误。通过这种方法，我们能够更加准确地评估政策实施对相对工资的真实影响。

此外，关于因变量的选择，我们分别使用了两种不同的度量方式。第一种是平均员工薪酬与省级最低工资之比的自然对数，这能够反映企业薪酬水平相对于当地最低工资的高低；第二种是平均员工薪酬的自然对数，作为衡量企业员工收入水平的绝对指标。通过这两种不同的薪酬度量方式，可以从不同角度分析金税三期工程对企业员工薪酬的影响。表7-5第（1）到第（4）列的实证结果表明，尽管在度量方式上有所不同，金税三期工程实施对相对工资的负向影响依然得到了验证。这意味着，政策实施后，无论是从相对收入还是绝对收入的角度来看，企业员工的薪酬普遍呈现下降趋势，进一步证明了金税三期工程实施对企业员工收入具有抑制效应。

表 7-5　稳健性检验结果

变量	（1）	（2）	（3）	（4）
	遵税	PSM-DID	因变量	
GTP	-0.132^{***}	-0.125^{**}	-0.050^{***}	-0.104^{**}
	(0.027)	(0.052)	(0.007)	(0.052)

表7-5(续)

变量	（1）	（2）	（3）	（4）
	遵税	PSM-DID	因变量	
GTP × Tax				
GTP × NonComp	-0.281***			
	（0.098）			
Controls	是	是	是	是
年份固定效应	是	是	是	是
企业固定效应	是	是	是	是
调整后的 R^2	0.760	0.750	0.818	0.774
观测值	17 473	10 418	17 367	17 473

（四）影响机制检验

在本小节中，我们将深入探讨金税三期政策实施后，如何通过税务合规性的改变，显著影响企业的相对工资。要理解这一机制，首先需要分析金税三期对企业税务合规性的具体影响。根据前文的理论分析，资本要素在面对税收时，通过替代效应和产出效应将部分税负转嫁到劳动要素上，转嫁程度取决于这两种效应的强弱。同时，从要素所有者的角度来看，资本拥有者为了保护自身利润，往往将税收或资本投资带来的成本压力转嫁给劳动者。现实中，确实存在"利润挤占工资"的现象。在我国的经济和社会环境中，资本所有者在企业利润分配中占据主导地位，劳动者往往只能被动接受这一"转嫁"结果。这一现象的根本原因，在于我国税收结构与发达国家有所不同。发达国家的税收主要依赖直接税，大部分税收来自个人所得税，如美国超过66%的税收来自个人所得税。而我国则主要依赖间接税。因此，政府通常更注重保护生产者的利益，而劳动者的利益较少受到公共政策的保障。这使得资本拥有者更容易通过压低工资来减轻成本负担。

因此本节着重考察了实施金税三期工程后企业税务规避行为的减少如何导致企业税负的增加进而影响其薪酬政策和员工工资。为了量化企业税负变化，本节在表7-6的第（1）列和第（2）列中引入了两个关键的代理变量——有效所得税（effective income tax，EIT）和有效税率（effective tax rate，ETR）。根据 Zhang 等（2016）的研究，EIT 被定义为"所得税费用

/ 税前利润"，即企业实际支付的所得税占税前利润的比率；而 ETR 则通过"所得税费用／（税前利润 − 递延税费／法定税率）"来衡量，反映了企业所得税负担的相对程度。通过这两个指标，我们能够较为精准地捕捉企业在政策实施后的税负变化情况。

表 7-6　影响机制检验

变量	（1）	（2）
	Tax = ITB	Tax = ETR
GTP	−0.049	−0.117
	(0.057)	(0.077)
GTP × Tax	−0.366**	−0.434**
	(0.170)	(0.199)
GTP × NonComp		
控制变量	是	是
年份固定效应	是	是
企业固定效应	是	是
调整后的 R^2	0.759	0.788
观测值	17 433	10 046

实证分析结果表明，金税三期工程的实施与企业薪资水平之间存在显著的负相关关系，且这一关系具有统计学意义。具体来说，实施金税三期工程后，企业在税收征管上变得更加严格，税务合规成本大幅上升。为了应对增加的税务负担，企业通常会采取减少薪酬支出、降低员工工资的策略，尤其是在提高员工留存率和提升劳动生产率方面的投入减少。换句话说，税务征管的加强使得企业在薪资上的支出变得更加谨慎，导致员工的效率工资水平出现下降。这一现象反映了税务合规对企业行为的深刻影响。当税务机关加强信息披露与监控力度时，企业的税务规避空间被压缩，税务成本因此上升。为了减轻这些额外的税务成本压力，企业会选择减少在员工薪酬上的投入，尤其是在那些税务合规成本较高的行业和企业中，这一趋势更加明显。企业在面对更高的税负时，往往无法通过提价或者其他方式将成本转嫁给消费者，最终只得将这部分成本转嫁给员工，从而导致员工的收入水平下降。

此外，这一机制还揭示了"金税三期"政策的广泛影响。随着税收征管透明化和规范化，企业的税负增加不仅仅体现在税务成本的直接上升上，还通过影响企业薪酬政策进一步影响了劳动市场的供需关系和工资结构。这种效应在中小型企业和一些税负较重的行业中表现得尤为突出，因为这些企业在税务征管加强后，面临的税务压力较大，导致其在薪酬支付上的灵活性进一步下降。

（五）异质性分析

本节进一步探讨了"金税三期"政策对相对工资的异质性影响，分析了资本密集度、避税动机、行业属性、外部监督以及产权属性等因素在其中的作用差异。具体而言，本节关注不同类型企业在面对税收政策变化时的响应差异，并试图揭示这些差异背后的潜在机制。回归结果如表7-7所示。

表7-7　异质性分析

Panel A：公司的一般特征						
变量	密集型		实际税率		劳动流动性	
	（1）	（2）	（3）	（4）	（5）	（6）
	资本	劳动	高	低	低	高
GTP	−0.122	−0.110**	−0.235***	−0.054	−0.159**	0.036
	(0.214)	(0.050)	(0.079)	(0.056)	(0.074)	(0.086)
调整后的 R^2	0.540	0.723	0.794	0.752	0.804	0.772
观测值	1,195	16,278	6,215	10,854	6,770	6,549

Panel B：监督效果与政治联系				
变量	机构投资者		所有制性质	
	（1）	（2）	（3）	（4）
	高	低	SOE	Non-SOE
GTP	−0.151**	−0.066	−0.107	−0.116**
	(0.069)	(0.071)	(0.083)	(0.059)
调整后的 R^2	0.778	0.704	0.773	0.733
观测值	8 821	8 388	7 630	9 784
控制变量	是	是	是	是
年份固定效应	是	是	是	是
企业固定效应	是	是	是	是

1. 企业资本密集度异质性分析

现有研究已充分证明，劳动密集型企业通常会将更大比例的税负转嫁给员工（Harberger，1962；Fullerton and Metcalf，2002）。参考已有文献，本节通过企业人均资本量来衡量其资本密集度。人均资本量较高的企业，更倾向于使用资本密集型的生产方式；反之，人均资本量较低的企业则倾向于采用劳动密集型生产方式。本书借鉴鲁桐和党印（2014）的方法，采用聚类分析法将企业按资本密集度分为资本密集型和劳动密集型两类。考虑到样本量庞大且不同年份的资本密集度差异较大，我们按照企业个体进行分组，并计算组内的平均值来代表企业的资本密集度，随后通过中位数法进行快速聚类分析。结果如 Panel A 第（1）列和第（2）列，资本密集型企业与劳动密集型企业的分组回归结果显示，劳动密集型企业在实施"金税三期"政策后，其员工工资的减少程度显著高于资本密集型企业。这表明，在政策压力下，劳动密集型企业更倾向于将增加的税负转嫁给员工，反映了这些企业在成本压力下的应对策略。

一方面，资本密集型企业通常能够享受更多的税收优惠政策，而"金税三期"政策的实施使得税务征管更加严格和规范。这些政策的落实使得资本密集型企业能够更好地利用现有的税收优惠，从而减轻了税负压力。与此相对，劳动密集型企业由于较少享有此类优惠，面临的税负压力可能更为沉重。因此，"金税三期"政策的实施对资本密集型企业的影响相对较小，而对劳动密集型企业的负面影响则更加明显。另一方面，现有文献表明，在实际市场环境中，资本要素流动性较强，而劳动力则面临较大的流动性限制。这种劳动力流动性不足的特点使得劳动力往往成为税负的主要承担者。特别是在"金税三期"政策实施后，税收征管更加严格，企业的税负增加，劳动密集型企业的员工往往无法通过流动来规避税负，从而导致员工的实际工资水平受到较大影响。由此可见，劳动密集型企业受政策负效应的冲击通常更加显著，因为其员工的税负更难以转嫁。上述分析验证了假说1。

2. 企业避税水平异质性分析

使用企业的实际税率作为避税倾向的代理变量，进一步分析不同避税水平的企业对"金税三期"政策的反应。Panel A 的第（3）列和第（4）列回归结果表明，避税倾向较高的企业在面对税收政策收紧时，通常会承受更大的税负压力，它们又将这一压力转嫁给员工，显著地压低员工的效率工资。这表明，那些税务合规性较差的企业，在政策执行加强后，往往通过减少员工工资来缓解税务负担，从而保障自身的利润水平。

3. 员工流动性异质性分析

就业流动性在很大程度上决定了企业人力资本的存量及其相关成本（Knight and Yueh，2004）。在中国，"户口"制度是决定劳动流动性的重要因素，地区之间的"户籍"门槛差异导致了劳动流动性的不均衡（Zhang，2010；Bosker et al.，2012）。本节采用 Zhang 等（2019）提出的"落户门槛指数"来衡量不同地区的劳动流动性限制。Panel A 的第（5）列和第（6）列的结果显示，劳动流动性较低的地区，政策冲击对员工效率工资的影响更为显著。这表明，在这些地区，由于"户口"制度的严格限制，员工的流动性较低，他们往往更容易接受更低的薪酬，承担更大的税负。

4. 机构投资者异质性分析

机构投资者对企业管理决策，尤其是在税务规划方面，有着重要影响（Chen，Shi，and Tang，2019；Li et al.，2021）。本节进一步考察了外部监督质量不同的企业对"金税三期"政策实施的异质性反应。Panel B 的第（1）列和第（2）列的回归结果显示，机构投资者比例较高的企业在"金税三期"政策实施后，其员工的相对工资减少程度反而更为显著。这一现象与我们的预期相反，也与外部监督的假设不完全一致。具体来说，尽管机构投资者通常被认为会促进企业提升税务合规性，但我们的结果表明，机构投资者较多的企业在面临税收执行强化时，往往通过压低员工工资来应对增加的税负。这一发现与 Khan 等（2017）的研究一致，机构所有权对企业的避税行为有促进作用。

5. 股权性质异质性

国有企业与非国有企业在税务合规和避税行为上存在显著差异。相关研究（Chen et al.，2019；Tihanyi et al.，2019）表明，国有企业与地方政府的政治关系较为紧密，而非国有企业则较为疏远。Xiao 和 Shao（2020）进一步发现，"金税三期"政策实施后，非国有企业的避税行为显著减少。Panel B 第（3）列和第（4）列的回归结果显示，非国有企业的相对工资在"金税三期"政策实施后更容易受到影响。具体来说，非国有企业由于可能存在更高的避税倾向，在税务执行加强后，往往会选择降低员工效率工资，以应对增加的税务负担。

第五节　本章小结

一、基本结论

本章以"金税三期"政策作为准自然实验，结合 2010—2020 年中国 A 股上市公司的财务数据，深入探讨了税收征管加强对企业劳动者收入的影响。通过理论分析与双重差分法（DID）实证检验，本章研究了"金税三期"政策实施对企业员工相对工资的具体影响，得出了以下主要结论：

首先，税收征管信息化升级对员工收入具有显著的负面效应。"金税三期"政策的实施强化了企业税务监管，导致企业的纳税遵从成本上升。由于这一政策增强了税务机关的信息化管理能力，抑制了企业的逃税行为，企业的实际税负显著增加。为了应对增加的税务负担，企业往往会将一部分税负转嫁给员工，从而导致员工的相对工资水平明显下降。

其次，本章从多个异质性角度，分析了资本密集度、企业避税倾向、员工流动性、机构投资者比例和股权性质等因素对税收政策效应的调节作用。研究表明，政策的负面效应在资本密集度较低、避税水平较低、员工流动性较低、机构投资者比例较低的国有企业及非国有企业中更加显著。具体来说，资本密集度较低的企业，劳动成本相对较高，因此在政策实施后，更倾向于将增加的税负转嫁给员工，导致员工相对工资的下降。同样，税务合规性较差的企业，在面临"金税三期"政策执行加强后的税务压力时，会更多地将这部分负担转嫁给员工。而在员工流动性较低的地区，企业通过压低工资来应对税务压力的可能性更大，因为在这些地区，员工相对较难寻找新工作，企业可以通过薪酬调整来更好地应对税负增加。此外，非国有企业和机构投资者比例较低的企业，由于缺乏足够的外部监督和资本市场的压力，更容易将税负转嫁给员工。

二、政策建议

税收征管政策的强化，特别是"金税三期"政策的实施，虽然有助于提升税务遵从度、增大税务监管的透明度，但同时也带来了对企业员工收入的负面影响。特别是对于那些资本密集度较低、税务合规性差、员工流动性低的国有企业及非国有企业，政策实施后员工的相对工资普遍出现下降。因此，政府在推进税务信息化、强化税收征管的同时，应考虑以下几点政策建议，以平衡税收合规性和社会公平，减轻政策实施对劳动者收入的负面影响：

首先，不同行业和地区的企业对税收政策实施的压力的承受能力存在显著差异。资本密集型企业与劳动密集型企业对税务负担的适应能力不同，低资本密集型企业更容易受到税负转嫁的影响。因此，建议政府在执行税收政策时，特别是在"金税三期"的推进过程中，考虑行业特性和企业规模差异，采取更为灵活的税收政策。例如，可以在一些劳动密集型行业或低资本密集度地区实施适当的税收减免或延缓征收措施，以帮助这些企业在过渡期间减轻税负压力，从而避免过度转嫁税负给员工，保障劳动者的工资水平。

其次，对于中小型企业，特别是那些财务透明度较低、税务合规性较差的企业，政府应当提供更多的税务支持和培训，帮助其提升税务合规水平。通过提供税务咨询、简化报税流程和加强税收政策的宣传，帮助企业更好地理解和适应税务改革，避免由于对政策的误解或操作不当而产生不必要的负担。同时，政府可以针对这些企业的特点，推出一些优惠政策，如减轻小微企业的税务负担，尤其是在初创期或资金紧张时，减轻其税务压力，避免其通过压低员工工资来应对税负增加。

再次，尽管税收政策的目的是增加政府的税收收入，但在推动税收合规的同时，不能忽视劳动者的收入保障。政府应当进一步加强对劳动者薪酬的保障，特别是在经济增速放缓、企业税负加重的背景下，出台相关政策确保企业不会通过压低工资的方式转嫁税负。例如，可以通过提高最低工资标准、加强对企业工资支付情况的监管等措施，确保劳动者能够分享经济增长的成果，而不会因税收政策的实施而面临收入的下降。政策的实施对劳动者收入产生的影响，还与劳动力的流动性密切相关。对于劳动者而言，较低的流动性使得其在面临工资压缩时更难寻找更好的工作机会。为了缓解这一问题，政府应当加强劳动市场的机制建设，促进劳动力的流动，尤其是在地区间、行业间的流动。通过优化"户籍"制度，减少对外地劳动力流入的限制，提升劳动力市场的活跃度，使劳动者能够更好地通过竞争获得更高的薪酬，从而减少税收政策对收入的负面影响。

最后，纳税遵从度的提高是税收征管改革的核心目标之一，政府应通过构建更加科学、合理的激励机制来促进企业遵从税收政策。例如，可以对税务合规的企业给予一定的税收奖励或其他形式的政策支持，以此激励更多企业主动履行税务责任，从而减少逃税行为。对于税务合规性较差的企业，政府则应通过加强税务检查和风险评估机制，提高其遵守税收政策的成本，促使其自觉提升税务合规性，避免通过不正当手段降低企业税负。

第八章 税收征管数字化
与中小微企业内部薪酬差异

第一节 问题的提出

一、研究背景及意义

（一）研究背景

企业内部薪酬差异问题一直以来都备受关注。过去，传统的计划经济体制所提倡的"平均主义"薪酬设计忽视了薪酬的激励作用，影响了企业的效率。随着经济体制改革的深入和市场经济的推进，企业内部成员的人力资本禀赋差异逐渐凸显，导致了企业内部薪酬差异的形成。这种差异化的薪酬分配机制打破了"平均主义"的束缚，显著提升了组织的绩效。因此，企业内部薪酬分配问题成为企业管理的重要内容，它对于企业能否实现目标和实现长期发展具有重要影响。

近年来，我国中小微企业的内部薪酬公平也逐步引起人们关注。企业内部薪酬分配问题是企业管理的重要内容，对于企业能否实现经营目标和长期发展具有重要影响。对于公司内部高管团队而言，薪酬差距的均值显著高于同一职位级别内部的差距，晋升到更高职位的高管获得的报酬显著增加。政府也曾尝试通过限制高管薪酬的方式来规范薪酬管理，但实践结果却往往与期望相悖，高管薪酬仍然不断上涨，与普通员工的收入差距逐渐扩大。尽管学术界和实践界呼吁缩小企业内部薪酬差距，以解决社会收入分配不平等的问题，但从理性的角度来看，企业仍然有扩大薪酬差距的趋势。

一方面，一定程度上的薪酬差距符合市场和经济逻辑的选择，并且对企业绩效有积极影响。因此，合理的薪酬差距仍然具备存在的必要性。然而，过大的薪酬差距也存在一些危害。不合理的企业内部薪酬差距可能导致组织内部的动机失衡，员工的工作积极性下降，团队合作和协作受到影响。另一方面，不合理的高管薪酬可能引发社会不满和负面舆论，对企业形象和声誉造成损害。因此，企业在设计薪酬制度时要实行多元化薪酬制度，保障合理薪酬差距的激励作用。同时，要完善监督机制，抑制过高权力的滥用，震慑管理者的薪酬操纵行为，保障企业内部薪酬分配的合理性，确保薪酬差距合理，以实现良好的组织绩效和可持续发展。

随着新兴网络技术的快速发展，数字政务受到各国政府的广泛关注。过去税收征管体系存在诸多弊端，而金税工程的实施通过建立全国统一的税收征管信息平台，整合税收征管资源，实现税收数据的集中管理、实时监控和有效运用，从而提升了税收管理的科学化、现代化水平。在提升税收管理效率和征管水平的同时，也有效防范和打击了税收违法行为。这种转变更意味着税收征收管理模式需要向数字化和智能化方向发展，并树立整体、全局意识，优化业务流程，细化和整合岗位和职责。

（二）研究意义

在国家宏观调控的手段中，税收被视作一种重要的工具，其作用不仅在于向国家提供财政收入，更重要的是影响和引导着人们的行为选择。在这个过程中，税收征管的机制会直接影响到企业的治理方式，从而对企业内部的薪酬差异产生深远的影响。本章采用双重差分法，将"金税三期"试点实施情况作为税收征管数字化的评估标准，探讨数字化税收征管是否会导致中小微企业内部薪酬差异，并通过深入研究影响机制，为推动税收制度数字化、发挥其间接治理效应提供理论支持和建议。

1. 理论意义

第一，本章将深入研究数字化税收征管和薪酬差异的概念与内涵，同时结合高管薪酬差距理论、管理层权力理论和税收效应理论等经典理论，分析税收征管数字化对企业内部薪酬差异的影响机制。这一过程将为本章丰富和完善对数字化税收征管的研究内容提供新的视角和理论支撑。

第二，本章将深化对税收征管数字化对中小微企业间接治理效应的认识。尽管当前围绕税收征管一系列间接治理效应的研究文献已相对丰富，但是对于数字化税收征管如何综合影响企业治理的讨论仍然相对不足。本章将从薪酬差异的角度研究税收征管数字化的实施效应，丰富对税收征管数字化及其间接治理效应的理论研究。

第三，本章研究了税收征管数字化对企业内部薪酬差异影响的作用机制，有助于完善税收征管数字化、企业治理、企业内部薪酬差异三者间关系的研究框架，进一步丰富相关理论体系，为未来的研究提供新的思路和方法。

2. 现实意义

第一，本章的研究成果将为我国数字化税收征管体系建设提供一些政策建议。通过深入研究数字化税收管理对企业薪酬分配的影响机制，政府可以更精准地制定税收政策，平衡税收公平与经济效率之间的关系。特别是针对中小微企业，可以采取相应的税收优惠政策，促进其发展和员工薪酬合理增长，进而提高其市场竞争力。

第二，本章的研究还将对企业内部薪酬差异的管理和设计提供参考。薪酬差距是企业薪酬系统设计中的关键环节，涉及薪酬分配问题和劳动者的利益。通过深入研究数字化税收征管与中小微企业内部薪酬差异的关系，可以更好地制定内部薪酬分配政策和最优薪酬激励政策，营造公平竞争环境，防止薪酬歧视和不当激励措施的出现，从而提高员工满意度并增强企业的竞争力。

二、研究内容、研究方法与研究框架

（一）研究内容

为了深入研究税收征管数字化与中小微企业内部薪酬差异之间的关系，并验证其中的动态影响机制以及公司治理中财务信息透明度和代理成本的中介作用，本章的研究框架分为六个主要章节，具体如下：

第一节为引言，阐述了本章的研究背景及意义、内容和方法，并概述了研究的创新之处及存在的不足，最后提出了研究的技术路线图。

第二节为文献综述，具体细分为三个方面进行总结，分别是国内外税收征管数字化实施效应、企业内部薪酬差异及其影响因素、税收征管数字化与企业内部薪酬差异的相关文献，并在此基础上对现有文献进行评述，为后续研究提供理论支撑。

第三节为理论基础与研究假说，总结相关的高管薪酬差异理论、管理层权力理论和税收征管数字化的治理效应；之后基于前部分对理论机制的梳理，进一步总结出税收征管数字化对企业内部薪酬差异的影响机制，并提出研究假说。

第四节为模型设计与样本选择，介绍了本章的变量选取、数据说明以及模型设定。

第五节为实证结果分析，首先对回归结果进行分析，并检验稳健性，随后进行中介效应检验，分析影响路径，最后进行异质性检验以丰富和验证研究假说。

第六节为结论与建议，总结了研究的基本结论，并提出了相应的政策建议。

（二）研究方法

1. 文献研究法

在研究方法上，本章采用了文献研究法，通过搜集、整理、分析和综合已有的文献资料来研究问题和论证观点。利用已有的文献资源，通过对文献的深入阅读、分析和整合，获取与本章研究问题相关的信息和观点，从而为研究工作的开展打下基础。在这个过程中，本章首先梳理了经典理论著作、了解了税收管理数字化和企业内部薪酬差异等方面的研究成果，然后认真分析了现有研究的主要思想并总结与本研究相关的主要问题，以明确税收管理数字化、企业内部薪酬和中小微企业的内涵特征和测度方法，最终构建了本章的研究逻辑框架。本章基于多种理论以及相关研究进行了深入分析。

2. 多时点双重差分法

在实证方法上，本章采用了多时点双重差分法作为主要的研究工具，该方法常用于评估政策效果、估计因果关系。其主要思想是通过在两个不同的时间点上对变量做差分处理，控制个体间的固定效应和时间的趋势性变化，从而更精确地估计出因果效应。具体而言，本章选择"金税工程三期"作为研究对象，处理组是实施了数字化税收征管的中小微企业，对照组则是未实施该政策的中小微企业，或者是在实施前后没有受到影响的企业。最后建立双重差分模型，其中交互项用于捕捉政策实施对处理组和对照组之间差异的影响。分时点的试点政策为本章提供了利用多时点双重差分模型进行准自然实验的机会，而多时点双重差分法也更有利于本章控制个体固定效应和时间趋势，从而减少内生性的影响，提高推断的可靠性。

（三）研究框架

本章的研究框架如图 8-1 所示。

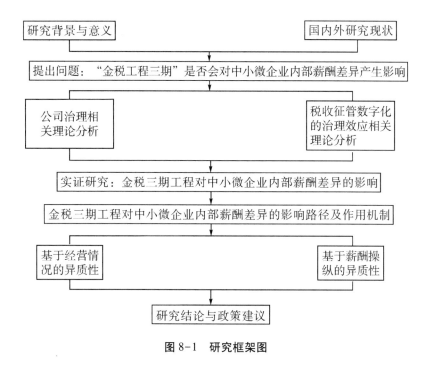

图 8-1 研究框架图

三、研究创新

本章的研究为税收征管数字化的间接治理效应及其作用机制提供了新的研究视角，特别聚焦于中小微企业，突出了税收征管数字化及治理效应对企业内部薪酬结构的关键作用。为税收征管数字化的研究提供了更多的实证证据，有助于更好地理解数字化对企业内部管理、资源分配和治理机制的影响。

第二节 文献综述

一、研究综述

（一）税收征管数字化及其实施效应的研究综述

1. 税收征管数字化

伴随大数据在现代社会的应用，信息搜集与管理在许多国家引起了广泛关注，如何依托新技术对税收征管和服务进行优化成为研究重点。Law

和 Mills（2015）指出了大数据在征纳信息管理中应用的可能性。Yuhan 和 Yang（2023）发现智慧税务机关对税收征管效率有促进作用。国内学者也对数字化税收征管进行了一系列构想和分析。王文波（2014）指出了税务系统数字化所面临的机遇与挑战。马列（2015）认为建立信息共享机制可以更好地进行税收治理。刘兴文和周泉（2021）表示，"互联网+智慧税务"是实现税务共治的重要路径。

2. 税收征管数字化的实施效应

金税三期工程是税收征管数字化进程中的重要成果，学者们开始研究以此为代表的数字化税收征管模式，并探讨了数字税收在宏观上对国家税收的促进作用和在微观上的企业经济效应。现有数字化税收征管对企业经济效应的研究主要关注纳税遵从、信息治理和财务行为等方面。

Andrew（2012）指出由于数据分析方法的改变，税务机关不再依据人工经验而是采用大数据分析的方法，从而使其分析重点由结果导向的解释性分析转为相关性判断的预测性分析。因此，数字化税收征管采用数据分析的方法对企业纳税行为进行更广泛的事前管理，进而影响企业纳税遵从。唐博和张凌枫（2019）从理论角度指出"金税三期"提高了企业纳税遵从度。张克中等（2020）认为数字化的发展会抑制企业避税。李艳等（2022）研究了税负公平程度，发现数字化税收征管显著缩小了企业间的税负差异。

对于企业来说，数字化的税收征管模式施加了更多的来自企业外部的监管约束。由此，学者们探究了其对信息治理的间接影响。在外部信息披露方面，王雪平（2020）基于金税三期工程进行准自然实验，证实了税收征管数字化对财务报告质量有显著的提升作用。徐捍军（2021）从企业信息质量的影响出发，发现金税三期工程能够发挥积极的信息治理效应，减小股价崩盘风险。在企业内部信息方面，孙雪娇等（2021）利用双重差分的方法证明了税收征管数字化可以提高信息透明度，对企业盈余管理行为有间接治理作用。朱凯等（2021）认为更强的征管力度抑制了企业通过虚构交易进行的盈余管理行为，因此需提高信息质量。

税收征管对信息治理的效应最终会影响企业的决策，反映到企业生产经营和投融资等财务行为中。从融资角度，Guedhami 和 Pittman（2007）指出美国国税局发挥了信息中介作用，降低了企业债券融资成本。从投资角度，江轩宇（2013）基于委托代理理论发现税收征管减少了企业操纵财务报告信息的行为，使得投资者投资行为更加理性。李世刚和黄一松（2022）发现数字化税收征管对企业的过度投资行为有抑制作用。

（二）企业内部薪酬差异及其影响因素的研究综述

1. 企业内部薪酬差异

基于薪酬差异的特征，Downes 和 Choi（2014）将企业薪酬差异分为内部薪酬差异与外部薪酬差异。外部薪酬差异受诸多因素的综合影响，因此现有学术研究多聚焦于企业内部薪酬差异，尤其是以高管和员工为代表的内部垂直薪酬差异。目前，薪酬差异的度量方法可以分为四种。一是基尼系数衡量法：基尼系数衡量法是一种用来衡量收入或财富分配不平等程度的方法，主要是通过绘制洛伦茨曲线来实现的。基尼系数的取值范围在 0 和 1 之间，0 表示完全的收入或财富平等，1 表示完全的不平等，即一个人独享全部收入或财富。基尼系数越接近于 1，表明收入或财富分配越不平等；反之则越趋向平等。郑远强（2009）用基尼系数的大小衡量了收入分配的公平性。二是薪酬差距变异系数法：Shi 等（2016）用薪酬的标准差除以平均值，通过计算薪酬数据的变异系数来评估薪酬的分布情况，进而反映出企业内部薪酬的公平性和合理性。三是绝对薪酬差距法：刘思彤和刘莉（2018）以薪酬的绝对差值作为衡量薪酬差异的指标进行了相关研究。四是相对薪酬差距法：柳光强和孔高文（2018）将薪酬差异定义为研究对象薪酬的比值。

2. 企业内部薪酬差异的影响因素

现有文献对内部薪酬差异的形成机制与影响因素的研究主要通过内部环境和外部环境两方面展开。

对于企业内部环境的影响，部分学者发现企业组织结构会导致内部薪酬差异，Main（1993）研究发现公司董事会规模越大内部薪酬差异就越大。部分学者研究了高管权力的作用，Prendergast（1999）通过实证研究发现职业经理人或高管支配的资源规模越大，薪酬差距越大。高管权力对内部薪酬差异的影响同样有理论上的解释，吕长江和赵宇恒（2008）指出作为制度产物的管理者权力，完全有可能并且几乎必然影响薪酬契约内容。此外，部分学者从企业内部治理和内部控制角度出发进行了相关研究：方军雄（2011）发现高管存在由于不受监督而操纵薪酬体系的"尺蠖效应"，从而扩大了企业内部垂直薪酬差异。基于企业内部差异与企业高管的密切联系，部分学者开始深入分析高管特征对薪酬差异的影响，朱佳俊和陈佳敏（2020）就通过回归分析发现企业董事长与 CEO 的年龄差与薪酬差距显著正相关。

对于外部环境对企业内部薪酬差异的影响，有些学者发现企业内部薪酬差异在不同地区环境和行业特征中表现出了不同程度。董志勇（2006）发现经济发达程度越高的地区，企业内部薪酬差异越大。雷宇和郭剑花（2012）发现对劳动力素质要求高的行业，企业内部薪酬差异较小。部分学者认为外部市场竞争会扩大内部薪酬差异。郝东洋（2016）发现内部薪酬差异与经营业绩呈"U"形关系，而市场竞争会使其拐点向右偏移。还有部分学者从风险角度研究外部环境对薪酬差异的影响，比如梁胜兰（2021）研究发现在经济政策充满不确定性的情况下，企业内部薪酬差异会显著扩大。

（三）税收征管数字化与企业内部薪酬差异的研究综述

美国经济学家 Bede 和 Means 提出了两权分离命题，然而这种公司治理方式因信息不对称和机会主义行为的发生引发了公司的委托代理问题。一方面，在信息透明度较低、信息不对称的情况下，股东不能完全知悉经理人的行为，代理人可能会利用其在信息掌握上的优势，谋求个人私利或采取不道德行为。代理人在履行委托义务时，委托人，即股东或董事会无法完全监督或评估代理人的行为，导致代理人有机会通过违背委托人利益的方式获取个人利益。另一方面，人追逐利益的本性会加剧资源配置问题或效率问题，两权分离为经理人机会主义动机创造了条件，从而增加了公司的委托代理成本。

国内外学者在税收征管直接或间接减少企业信息不对称、消除代理问题方面，得到了一致的结论。多数学者认为税收征管可以提高企业信息透明度。早期 Haw 等（2004）根据税收征管的信息治理特点，研究税收征管对企业盈余管理的作用，但未发现明显的抑制作用。Guedhami 和 Pittman（2007）对不同规模的企业的税收征管力度进行分组，研究发现税收征管力度更强的实验组中，企业避税行为减少、盈余管理程度降低更明显。曾亚敏和张俊生（2009）发现在避税活动减少的情况下，企业的信息不对称程度减轻，进而解决管理层与股东之间的代理问题。进一步地，范子英和田彬彬（2013）证实了更强的税收征管力度会使企业逃漏税概率降低。

信息不对称是代理问题产生的原因，基于此，国内外学者研究发现税收征管数字化对抑制代理成本同样发挥了积极作用。Dyck 和 Zingales

（2004）认为由于对企业绩效的征税要求，税务部门可以视作企业的股东，因此基于代理理论，增强税务机关的监督力度就能够降低企业的代理成本。国内学者曾亚敏和张俊生（2009）将代理成本区分为股东与管理者之间的代理成本以及大小股东间的代理成本，认为管理者的滥用行为会减少税收收益，证实税收征管对企业代理问题发挥了积极作用。对于非上市公司，郑志刚等（2013）通过市场研究发现税收征管对解决非上市公司的代理问题有积极作用。

现代商业中股东通常会通过激励兼约束合同最大化自己的利益。最优契约理论假设存在一种有效的薪酬契约机制，通过减少利益冲突减少管理者因逐利而出现的各种与股东利益最大化偏离的行为。但现实情况是，最优契约理论中董事会代表股东利益的前提本身就体现了股东和董事会之间存在代理关系，即股东委托董事会代表其利益，监督和管理公司的运营，因此，其在理论上就带来了新的代理问题。出于薪酬机制的激励，管理者更倾向于利用信息不透明实施操纵行为，扩大代理成本，获得超额薪酬，进而形成企业内部薪酬差异。

从信息透明度角度看，信息透明度和可信度低是企业高管获得超额薪酬并导致企业内部薪酬差异过高的重要原因。管理层更容易操纵业绩指标，而股东由于信息不对称也无法判断真实情况，此外信息透明度低也模糊了员工对薪酬分配的公平感知，从而导致薪酬契约的评价体系失真。

国内外学者发现数字化的税收征管通过提高信息透明度等方式，使企业的代理问题得到了解决，促进了资源的更公平分配，从而缩小了企业内部薪酬差异。叶康涛和刘行（2014）研究发现避税行为的减少将降低企业的财务信息噪声，进而使薪酬设计趋于合理。杨兰品等（2022）发现企业自身治理水平的提高，可以促进劳动技术水平提升，进而提高企业整体的劳动收入份额。魏志华等（2022）研究了中国 A 股上市公司数据，发现数字化税收征管通过提高信息透明度和消除代理问题缩小了企业高管与员工之间的薪酬差异。

此外，从公司治理的角度看，消除企业信息不对称、减少代理问题可以缩小企业内部薪酬差异。一方面，公开和透明的公司信息可以帮助股东和员工判断内部薪酬差异的公平性，如方军雄（2011）发现股东与管理层之间存在信息不对称的情况下，往往会出现不公平、不合理的薪酬设计。另一方面，在基于绩效的薪酬契约机制下，信息不对称促使高管实施一系列盈余管理行为。权小锋等（2010）发现管理层会通过粉饰财务报表以获得超额回报。王涛和王建新（2023）发现更透明的高质量会计信息可以有效降低信息不对称的程度、解决代理问题。

二、文献综评

首先，税收征管数字化实施效应的研究主要集中在宏观上对国家税收的促进作用和微观上的企业经济效应，现有数字化税收征管及企业经济效应研究支持税收征管数字化减少了企业避税行为，加强了信息治理并影响了企业投融资成本和财务决策。但是现有研究主要探讨税收征管数字化对企业直接经济效应的影响，较少从企业收益内部分配和企业异质性角度进一步研究企业内部薪酬差异的影响。

其次，国内外对企业内部薪酬差异影响因素的研究主要是从企业组织结构、高管权力、内部治理、内部控制和高管特征等内部因素，以及外部地区环境、行业特征、外部市场竞争和政策不确定性等外部因素，探讨企业内部环境和外部环境是如何影响企业内部薪酬的。但是，现有研究在对外部环境的讨论中，鲜有将信息化水平纳入研究范畴的，且国内学者在谈论行业和企业特征影响机制时，主要以 A 股上市公司为样本进行分组，很少将着力点置于中小微企业。

最后，国内外学者在税收征管减少企业信息不对称和解决代理问题方面，得到了较为成熟和一致的结论。但对税收制度的讨论集中于税收制度的强度，而较少对税收征管数字化水平对企业治理的影响进行深入研究。通过对国内外公司治理理论上和实证结果上的研究整理，尽管公司治理对企业内部不合理薪酬差异的影响路径有不同的探讨，但这些研究均表明公司治理水平是企业内部薪酬差异的重要影响因素。

综上所述，本章将结合相关理论深入分析税收征管数字化、企业治理与企业内部薪酬差异的作用机制，丰富现有文献中关于税收征管数字化与内部薪酬差异效应的研究；选取新三板挂牌的中小微企业作为研究对象，丰富现有文献对中小微企业的税收征管数字化实施效应和内部薪酬差异影响因素的研究。

第三节　理论基础与研究假说

一、相关概念界定

（一）税收征管数字化

税收征管是指政府机构对纳税人履行纳税义务的管理和监督活动。它涵盖了各种与税收相关的活动和措施，旨在确保税法的有效实施，促进依法缴纳税款，保障税收的合法性、公平性和效率性。税收征管的主要内容包括宣传贯彻税收法律法规，加强对税源的掌握与管理，完善税务登记与申报等流程，提供适时的纳税指导，并进行纳税检查等工作。税收征管是税收体系中非常重要的一环，它直接影响着国家税收的征收效率和质量，对保障税收稳定和经济发展具有重要意义。因此，各国政府都高度重视税收征管工作，并不断加强管理手段和技术手段，提高税收征管水平。

随着数字技术的迅速发展，企业避税手段越来越多样化。税收征管方式也在不断进行数字化转型，因为传统的税收管理模式已经难以适应当今复杂多变的税收环境和经济形势。我国正在积极探索采用现代信息技术手段来提升税收管理水平，从而实现税收征管的智能化、规范化、高效化。目前，我国税收征管体制的发展与改革都以数字技术为驱动。我国通过金税工程加强了风险管控与数据管理，以提高征收管理效率，规范纳税人行为，并营造良好的税收征管环境。我国正逐步实现从"以票管税"到"以数治税""互联网+税收"的转变。本章所指的税收征管数字化即严格按照税收法律法规，借助大数据手段对企业进行监督与管理的过程，这主要体现在金税三期工程中。

（二）企业的薪酬差异

薪酬差异是企业薪酬结构引起的支付数量差异。在研究文献中，人们经常关注两种类型的薪酬差异：垂直类型和水平类型。这两种概念的区别在于薪酬差异发生的范围是在组织内部还是在组织层级之间。

水平薪酬差异指的是在同一级别或同一职位的员工之间存在的薪酬差异。这种差异通常是由个体之间的特征、技能、经验等因素不同导致的。这种差异性在人力资源管理领域被广泛讨论和研究，因为它直接影响到员工的激励、团队合作和组织绩效等。理论上讲，绩效表现应该是导致水平薪酬差异的重要原因。优秀的员工通常会得到更多的认可和奖励，而表现平平或低于平均水平的员工的薪酬水平可能会相对较低。这种差异通过绩效考核制度和奖励机制来体现，对员工的工作动力和表现产生直接的影响。水平薪酬差异在一定程度上是合理和正常的，因为员工的能力和表现确实存在差异，但过大的薪酬差异可能会导致员工不满、内部不公平感以及员工流失等问题。

另一种类型的薪酬差异是垂直薪酬差异，垂直薪酬差异是组织内部不同层次或职位之间存在的薪酬差异现象。这种差异反映了员工在组织中的不同权力、责任以及其对组织价值的贡献程度。合理的垂直薪酬差异不仅可以调动员工的积极性，提高企业的绩效和竞争力，还可以吸引和留住优秀人才，促进组织健康发展。然而，垂直薪酬差异不仅是公司内部薪酬结构的一个方面，更是公司整体收入分配差距的显著体现，管理者的高薪酬与普通员工的相对低薪酬形成鲜明对比，拉大了公司内部的收入差距。此外，高级管理人员所享受的薪酬福利往往也超出了基层员工的水平，这种不平等的分配方式进一步加大了公司内部的薪酬差异，导致了收入分配的不均衡。当普通员工感受到自己的付出与高层管理人员相比存在着巨大的不对等时，他们很容易产生情绪上的不满和不公平感。这种不满情绪会影响员工的工作积极性和工作效率，进而影响到公司的整体运营和发展。垂直薪酬差距更加凸显了公司的收入分配差距，因此，本章主要研究税收征管数字化对垂直薪酬差异的影响。

二、公司治理相关理论

（一）委托代理理论

委托代理理论和代理成本构成了现代企业治理理论的重要组成部分，源于 Berle 和 Means 提出的所有权和经营权的分离观点，而代理成本则是由此产生的一系列问题所带来的管理成本和损失。委托代理关系中，委托人通常是权利人或资产所有者，拥有一定的资源或权力，而代理人则是被委托执行任务或决策的人或实体，通常拥有特定的技能、专业知识或资源，能够胜任委托人交给的任务。委托人通过将任务委托给代理人，希望代理人能够按照其期望和利益来执行任务，实现预期的目标。现代企业中所有权和经营权的分离已成为基本特征，即股东的所有权和企业经营权分离，高级经理人作为代理人代替股东行使企业的经营权。但股东和经理人通常追求的目标是不一致的，这种利益冲突导致了代理问题的产生。

委托代理理论认为，委托人和代理人之间存在信息不对称，即代理人通常具有更多的信息或知识，而委托人则需依赖代理人来执行某项任务或决策。由于代理人的行为可能受到自身利益动机、道德风险、不完全合约等因素的影响，因此委托人面临着代理人行为偏离理性预期所带来的成本以及制定、监督和执行契约所产生的成本，即代理问题和代理成本。代理问题是指在委托代理关系中可能出现的代理人行为与委托人的偏离，包括信息不对称和道德风险等。道德风险是指在委托人和代理之间存在信息不对称的情况下，代理人可能会利用其在信息掌握上的优势，谋求个人私利或采取不道德行为的风险。其产生主要是由于代理人在履行委托义务时，委托人，即股东或董事会无法完全监督或评估代理人的行为，以致代理人有机会通过违背委托人利益的方式获取个人利益。例如，银行的高级管理人员可能会借助其了解银行业务和内部信息的优势，进行内幕交易或操纵市场，以谋取个人利益。针对道德风险，利益相关方可以采取一系列措施来加以防范和管理。一般而言，面对道德风险重要的是要减少代理人滥用权力和信息不对称的可能性。

逆向选择是指在委托人和代理人之间存在信息不对称时，代理人倾向于选择对委托人不利或者不完全符合委托人期望的情况。比如代理人可能会倾向于选择对自身利益更有利的短期利益决策，而不是对委托人最有利的企业长期战略决策，忽视委托人的风险偏好和企业长期利益。

归根结底，由于企业高管与股东的利益目标不一致——委托人追求财富的最大化，而代理人则追求自身利益的最大化，因此委托人面临着代理人行为偏离理性预期所带来的成本以及制定、监督和执行契约所产生的成本，即代理成本。代理成本指在委托代理关系中，为了约束代理人的行为或确保代理人的行为符合委托人的利益而产生的各种费用和成本。由于代理问题的存在，所以需要有效的监管机制、合同约束以及明确的责任和权利划分来加以解决。委托人可以通过建立有效的监督机制，如开展定期检查和审计等活动对代理人的行为进行监督和评估，确保其符合委托人的利益。此外，合适的激励机制也是常见的解决代理问题的方法，委托人可以通过设计合适的激励机制来激励代理人履行其职责，促使代理人为委托人的利益行事。而委托代理理论主要探讨的就是委托人如何制定最佳契约来激励代理人，使两者的利益同频，从而促进公司整体效益的增长。

（二）最优契约理论

最优契约理论是委托代理理论的一个重要分支，主要关注如何通过设计合适的契约来激励代理人，以达到委托人的利益最大化。它探讨了在信息不完全的情况下，企业所有者和管理层之间存在代理关系时，应当如何设计契约以达到最优的效果，从而使股东利益最大化。这一理论强调需要设计出能够激励代理人履行职责、约束代理人行为、降低委托人风险的最优契约。在理论与实践中，最优契约理论常表现为薪酬与绩效挂钩，以使双方利益同频，从而解决代理问题。

根据最优契约理论，监督和激励是两种常用的解决代理问题的方式。事实上最优契约理论更强调激励的作用，它要求具备激励兼备性，即股东对管理层的激励契约要既能够提供适当的激励，以促使代理人履行其职责，又能够约束代理人的行为防止权力滥用。在实践中，设计激励兼备的契约需要进行激励和监督之间的权衡，以达到最优的效果。最优契约理论认为，将高管的薪酬与企业业绩紧密关联可以有效地激励高管，使其行为与委托人的利益保持一致。

在最优契约理论框架下，假设董事会代表股东利益最大化，会设计薪酬契约来激励高管。最优契约理论将董事会视为公司治理结构的核心，董事会作为公司的监督机构，在公司风险管理等方面发挥着关键作用，其职责是代表股东利益，维护公司的长期利益、保护公司的股东和利益相关者。而在薪酬契约设计中，董事会不仅要考虑企业的业绩目标，还要考虑到高管个人的效用，以实现双赢。因此，董事会的薪酬委员会负责设计和制定薪酬契约以平衡企业业绩和高管个人利益之间的关系。在现代商业中，最优契约理论通常适用于控制权较为集中的情况，这样才能有效地约束高管的行为，从而提高企业的整体绩效。我国关于企业高管薪酬的研究经历了从不相关到线性相关的演变过程，体现了最优契约理论在一定程度上的有效性。高管薪酬与企业业绩之间的敏感性逐渐增强，表明薪酬激励机制对解决委托代理问题起到了一定作用。

然而事实上，最优契约理论中董事会代表股东利益的前提本身就体现了股东和董事会之间存在代理关系，即股东委托董事会代表其利益，监督和管理公司的运营。董事会通过制定公司政策、监督公司管理层等方式，确保公司运营符合股东的利益，并使股东的财富最大化。因此，其在理论上就带来了新的代理问题。董事会本身也是代理人，代表股东监督和管理公司，那么董事会成员同样可能拥有比股东更多的信息来谋取个人利益，而不是全面考虑股东的利益。这种信息不对称可能导致董事会做出不利于股东利益的决策，从而使最优契约理论失效。随着研究的深入和现代经济的演变，研究发现管理层权力现象可能会带来新的代理问题，董事会成员可能倾向于追求个人利益或权力，而不是为股东利益服务。这种利益冲突可能导致董事会行为偏离股东利益最大化的目标，使最优契约理论失效。

（三）管理层权力理论

管理层权力理论主要关注管理层在企业内部权力分配、决策过程和治理机制等方面的问题，是最优契约理论的一种延伸和发展。它着重分析了管理层在企业治理中的权力作用，以及这种权力如何影响高管薪酬的制定和执行。该理论的创始者是 Bebchuk，他认为在现实中，股东并没有能力完全控制董事会，这导致了管理层权力的出现。具体而言，管理层权力理论进一步解释了公司治理结构中管理层权力对公司绩效和股东利益的影响。在股权分散的企业中，股东的监督能力相对较弱，高管可能会通过影响董事会的决策，与董事会形成利益相关体，或者通过其他手段来限制董事会的独立性，从而扩大自身权力。此外，高管也可能利用其掌握的权力，通过扩大企业规模或其他手段来获取更多的支配权，从而获得额外的收益。

管理层权力理论关注管理层在公司内部的权力结构、行为动机以及与股东之间的关系，围绕管理层作为公司内部实际执行者这一前提，探讨在管理者拥有权力的情况下，其行使权力和决策行为会对公司治理和绩效产生何种影响，以及如何确保管理层行为符合股东利益最大化原则。管理层作为公司内部权力的核心，其行为和决策对企业的薪酬政策的制定和实施都能产生重大影响。根据管理层权力理论，高管有能力调整自身薪酬；管理层作为公司内部的决策者和执行者，往往拥有对公司资源和决策的控制权，因此在追求个人利益的过程中，管理层可能利用其权力地位实施寻租行为。寻租行为指的是个体或组织通过不正当手段获取额外收益或资源的行为，通常代表了在不创造附加价值的情况下获取利润或者获得不正当的竞争优势。因此，高管薪酬不再仅仅是一种激励手段，而变成了一种代理成本。在大规模公司中，管理层可能利用信息不对称来调整薪酬政策从而满足自身的利益诉求。而在中小微企业中，管理层权力地位较为集中，缺乏完善的薪酬制度和绩效考核机制，更容易导致管理层随意调整薪酬水平而不受有效监督和约束，出现薪酬自定的情况。近年来，关于高管薪酬与员工薪酬之间巨大差距的报道屡见不鲜，这也反映了管理层利用权力谋取个人利益的情况。总之，该理论强调了管理层在企业治理中的权力作用，通过对高管权力的分析，我们可以更好地理解企业内部薪酬差异的形成机制，解释企业内部薪酬差异的存在，为理解企业治理中的代理问题提供了新的视角，并为改善企业治理结构和提高薪酬制度的公平性提供参考。

（四）锦标赛理论

从以上理论可以看出，薪酬差异在企业内部是必然的结果，但显而易见的，合理的内部薪酬差异有一定的激励作用。管理者的高薪和企业内部的薪酬差异受诸多因素的影响，这一观点可以在锦标赛理论中得到解释。锦标赛理论也被称为赛局理论或锦标赛竞争理论，主要研究个体在不同市场环境下的竞争行为和策略选择。锦标赛理论的核心思想是，个体在竞争中会根据自身的能力和条件选择适合自己的策略，并倾向于采取最有利于自己的行为来获取更多的利益。在锦标赛竞争中，个体的胜出不仅取决于自身的能力和表现，还取决于其他竞争者的表现和环境因素的影响。因此，个体在竞争中会根据自己的情况和环境做出不同的选择，以实现自身利益最大化的目标。

锦标赛理论首先提出了人们在竞争中的策略选择，认为人们在面对不同的竞争环境和对手时，会根据自身的能力和条件选择适合自己的竞争策略，以获取更多的利益。例如，个体可能会采取激进策略来争取更高的奖励，也可能会采取保守策略来规避风险和损失。同时，锦标赛理论研究了奖励和惩罚机制对个体竞争行为的影响。在面对奖励和惩罚时，人们会调整自己的竞争策略和行为，以适应不同的奖励和惩罚条件。那么根据锦标赛理论，高管薪酬作为一种激励机制，就会影响高管的工作动力和绩效表现，从而影响企业的经营绩效。在竞争激烈的市场环境中，高管薪酬可以与企业绩效挂钩，通过激励高管努力工作和创新经营，提高企业效率和盈利能力，从而增加股东回报并增强市场竞争力。

进一步地，锦标赛理论研究了个体在竞争中获取、传递和利用信息的过程和机制。人们在面对不确定性和信息不对称时，会根据自己的信息和观察到的行为来做出反应和调整策略，比如可能会通过观察其他竞争者的表现和行为来调整自己的策略，以获取更多的优势和利益。在宏观层面，锦标赛理论研究了社会和制度环境对个体竞争行为的影响。人们在面对不同的社会和制度环境时，会受到规则、法律、文化和社会风俗等因素的影响，从而影响其竞争策略和行为选择。

锦标赛理论阐述了高管薪酬操纵的动机以及影响机制。由于高管薪酬与企业绩效挂钩，一些高管可能会通过操纵财务报表、调整经营策略或隐藏信息等手段，来提高自己的薪酬水平和绩效表现，从而获取更高的报酬和奖励。根据锦标赛理论在实践中的应用，市场竞争程度、行业特性、公司治理结构、股东结构、监管制度等因素都会影响高管薪酬的形成和操纵行为的发生，而在面对不同的监督环境时，企业高管会调整个人的行为选择。

三、税收征管数字化的治理效应

（一）税收征管数字化的治理作用

传统的税收管理模式已经难以适应当今复杂多变的税收环境和经济形势，现代信息技术手段被用来提升税收管理水平，从而实现税收征管的智能化、规范化、高效化，这已成为共识。目前，我国税收征管体制的发展与改革都以数字技术为驱动，金税工程就是其中的标志性实践。金税工程通过打破传统的人工管理模式，转向基于程序和数据的智能化监管模式，实现了"一个平台、两级处理、三个覆盖、四个系统"的目标。大量研究结果表明，税收征管数字化在提高纳税遵从、落实税收优惠的同时，亦通过数字化税收征管的外部监督和治理作用，有效约束企业的违法行为和不当操作，提升和增强企业的诚信度和合规意识，推动税收征管和企业经营的良性互动，并具有一定的外部监督和治理作用。

从信息治理角度看，税收征管有利于提高财务信息的质量，降低股东与管理层的信息不对称程度，提高企业的信息透明程度。以"金税三期"为代表的数字化税收征管手段建立了统一的数字化税收征管平台，整合了各类税收数据和信息资源，实现了信息的统一管理和共享，为税收征管提供了统一的数据基础和信息支撑。税务机关通过智能化的处理程序对纳税人的申报信息进行自动化处理和分析，降低了人工干预的可能性，提高了处理效率和准确性，并借助大数据技术丰富了涉税信息的来源。税收征管数字化实现了企业涉税信息的相互验证和比较。传统的税收征管方式下，由于缺乏统一的数据标准与实时监控手段，企业在会计政策选择上拥有较大的自主权，这在一定程度上为管理层提供了操纵的空间。一些企业可能出于利益最大化或其他不正当目的，会选择有利于自身的会计程序或方法。而数字化征管系统通过构建统一的数据平台，实现了企业涉税信息的实时采集、存储、处理和分析。这不仅提高了信息处理的效率和准确性，也使得信息的相互验证和比较成为可能（孙雪娇、翟淑萍、于苏，2021）。在数字化的征管环境中，企业所采用的会计程序和方法都会被系统记录并进行分析，从而有效识别出因不同会计政策选择而产生的税收差异，任何不当的操纵行为都可能被系统识别并暴露出来，使得管理层在选择会计政策时更加谨慎和透明。

风险预警系统作为数字化税收征管的核心组成部分，能够实时监控公司的纳税风险行为。通过运用大数据、云计算等先进技术，实现对企业涉税数据的实时采集、分析和预警。一旦发现企业存在异常的纳税行为或潜在的税务风险，系统便会立即发出警报，提醒税务部门及时介入调查。这种实时监控机制无形中增加了管理层自利行为的成本，管理层在模糊财务信息方面所面临的压力和风险将显著增加，使得财务报告更加清晰，从而显著提升企业的财务报告质量，并增强企业财务造假的风险意识。

从治理机制角度看，借助数字化手段，税务机关能够更加精准地监管企业的各项经济活动，包括资产转移、关联交易、利润隐藏等可能危害税源的行为。这一过程不仅增强了税收的保障性和强制性，而且有效地抑制了企业的不合规操作，从而降低了企业因避税等行为产生的代理成本，解决了代理问题，并通过持续性的强监管，显著提高企业违约成本。

企业在利益驱动下天然寻求避税，而为了避免避税行为被税务机关发现，管理层往往会采取增加交易复杂性和不透明度的手段。然而，在税收征管数字化的大背景下，这些手段变得不再有效。数字化征管系统能够通过对业务数据的深度挖掘和分析，精准识别出企业的避税行为，并进行有针对性的打击。这种精准稽查不仅有力打击了企业的避税行为，也抑制了管理层通过避税谋取私利的行为。税收征管数字化的实施，使得税务机关能够利用先进的技术手段，实时监控企业的可能危害税源的行为。通过大数据分析和算法模型，税务系统能够迅速识别出异常交易和违规行为，从而增加了企业偷税、漏税、逃税等行为的成本。这种强化监管的态势，使得企业不得不重新审视自身的税务合规性，降低了大股东掏空、管理层自利等代理问题的发生概率，进而降低了代理成本。此外，税收征管数字化的精准监测和事后惩罚机制也发挥了重要的威慑作用。数字化征管能够实时采集、分析和反馈企业的涉税信息，确保了对企业经营活动的全面、准确掌握。这种持续性的监管不仅提高了企业的违规成本，也增强了企业的合规意识，使得企业更加注重税务风险的防范和控制。企业在面临税务稽查风险和企业声誉损失的双重压力下，不得不重新权衡避税行为的成本与收益。这种权衡过程实际上增加了企业的违规成本，使得企业更加倾向于遵守税收法律法规，从而进一步优化了企业的治理机制。

（二）税收征管数字化对薪酬差异的影响

从信息透明度角度，信息透明度和可信度低是企业高管获得超额薪酬的重要原因：管理层更容易操纵业绩指标而股东由于信息不对称也无法判断真实情况。此外信息透明度低也模糊了员工对薪酬分配的公平感知，从而导致薪酬契约的评价体系失真。

在一个信息透明度不高的环境中，股东往往难以了解到企业内部的真实情况，难以对经理人的行为和决策进行全面而准确的评估。这为企业高管提供了机会，他们可以利用自己在信息掌握上的优势，谋求个人利益最大化。基于对公司治理理论的分析，高管超额薪酬的背后，往往是信息不对称下的权力滥用和道德风险。当高管能够利用信息优势为自己谋取私利时，他们可能会忽视企业的整体利益和长远发展，导致企业内部薪酬结构失衡，薪酬差异过大。此外，信息不对称还可能导致股东对经理人的监督失效。由于无法全面掌握经理人的决策和行为，股东难以对高管薪酬的合理性进行有效评估和监督。这将进一步加剧高管超额薪酬的问题，使得企业内部薪酬差异进一步扩大。

如前文所述，金税三期工程等数字化税收征管举措可以增强企业信息的真实性和可靠性，解决信息不对称问题。一方面，企业信息的透明度显著提升，这极大地减少了高管薪酬中的"噪音"，使得薪酬制度更加公平、合理。另一方面，企业信息透明度的提高也促进了信息的有效传递与交流，加强了企业内部监督，为职工维护自身权益提供了有力保障（沈永建等，2017）。在信息更加透明、交流更加顺畅的环境下，员工能够更加及时地掌握企业业绩及自身薪酬的相关信息，增强员工对薪酬分配的公平感。这种积极的反馈机制，进一步促使董事会制定更加合理、科学的薪酬契约，从而缩小企业内部薪酬差异，增强分配的公平性。

从代理问题角度看，企业的代理问题导致高管滥用职权、通过复杂交易和避税活动掩盖代理成本，甚至管理层和董事会合谋，最终使高管获取超额薪酬。一方面，管理层和股东间的代理问题往往导致高管滥用职权，通过薪酬安排获取超出正常水平的薪酬，进而增大企业内部薪酬差异。由于高管权力的存在，代理问题让高管有可能借助手中的权力进行薪酬操纵，他们可能通过复杂的交易和安排，掩盖真实的薪酬水平，从而满足个人的私利追求。此外，避税活动也往往成为高管进行薪酬操纵的掩护，这些活动本身涉及复杂的财务操作，为高管提供了更多的操作空间和机会，使他们在追求个人利益的过程中更加得心应手。另一方面，因解决代理问题而产生的最优薪酬契约设计本身也带来了股东和董事会之间的代理问题。在这种情景下，管理层滥用职权的行为可能变得更加隐蔽和复杂。他们可能通过与其他高管或董事会成员勾结，形成利益共同体，共同操纵薪酬决策，这种内部人控制的现象进一步削弱了股东对高管的监督和约束能力，导致了薪酬差异的加大。

数字化的税收征管系统通过精细化的数据分析和高效的监控机制，极大地提升了企业避税的难度。这种严格的监管环境不仅压缩了企业逃税的空间，也减少了避税活动带来的代理成本。因此，管理层出于个人利益而进行的避税行为受到有效遏制，高管获取过高薪酬的可能性也随之降低。与此同时，管理层难以再通过复杂的财务操作掩盖代理成本，使得董事会更加容易识别和应对高管的利益侵占行为，从而维护了企业的利益和股东的权益。此外，数字化税收征管系统为监管机构提供了更加全面、准确的企业经营状况，使其能够对企业进行持续、深入的监督。这种全面的监督不仅增加了企业违规的成本，也使得管理层和董事会面临更严格的监管压力。在这种环境下，管理层和董事会合谋操纵薪酬的风险大大降低，高管薪酬体系更加公平合理。

四、理论分析与研究假设

(一) 税收征管数字化与中小微企业内部薪酬差异

根据理论分析，最优契约理论可以将高管薪酬与业绩相互关联，在一定程度上实现薪酬的公平分配。但存在信息不对称，高管有能力通过操纵业绩指标等手段获取额外的报酬，导致企业薪酬的评价指标失真；此外，由于在管理层和股东间的代理问题，企业管理层会做出干扰薪酬契约设定的自利行为，并由此产生代理成本，且从理论上，最优契约理论的框架假设董事会代表股东利益最大化，其本身也是一种代理问题。在公司治理能力较弱的中小微企业，信息不对称和代理问题可能会更加突出，这导致了最优薪酬契约机制的有效性降低，高管因此获得了不合理的超额薪酬。

因此，可能两种主要原因导致了企业内部不合理的薪酬差异。一方面，根据理性经济人假设，企业的信息透明度越低，高管越有机会实施掏空企业的机会主义行为，通过操纵业绩指标获取额外的薪酬，从而进一步拉大中小微企业内部的薪酬差异。在企业信息透明度较低的情况下，由于股东与管理层存在信息不对称，代表股东的董事会缺乏对管理层努力程度的准确评估，这会导致薪酬契约中包含大量无关的"噪音"，使得最优薪酬契约的参考和评价指标失真，薪酬契约往往不够精准，给高管提供了获取超额薪酬的机会。另一方面，由于企业代理问题的存在，企业管理层会产生干扰董事会薪酬契约设定的自利行为，高管具有调整自身薪酬的能力。管理层可以利用其职权影响薪酬设计，实施利益侵占行为并利用虚假交易和关联交易等手段掩盖代理成本，从而主导薪酬设计以获取超额薪酬。此外，由于管理层权力的存在，董事会可能选择偏向管理层甚至与管理层共谋，采取更有利的业绩指标作为薪酬契约的参考指标，最优契约理论此时反而成为一种代理问题。综上所述，由于信息透明度问题和代理问题，最优契约机制可能无法有效地发挥其应有的作用，导致高管薪酬契约评价指标的不准确和薪酬的自行调整，企业高管获得超额薪酬。然而从要素分配角度看，企业的薪酬资源是有限的，高管攫取超额薪酬的同时也在侵占普通员工的利益，进而加大企业内部薪酬差异。

本章认为，信息透明度和代理冲突等问题使得许多企业内部薪酬差异偏离合理水平，而税收征管是重要的外部监督治理机制，在数字治税的背景下，数字化的税收征管会更加体现信息治理和监督的作用，增加信息披露的机会主义行为成本，从而降低股东与管理层的信息不对称程度，剔除高管薪酬中的噪音；税收征管还会强化监督力量，增加高管利用避税行为掩盖代理成本的难度，降低代理成本。因此，本章预期，税收征管数字化能够发挥积极的公司治理作用，缩小中小微企业的内部薪酬差异。基于上述分析，本章提出假说1。

假说1：税收征管数字化会显著缩小中小微企业的内部薪酬差异使其趋于合理。

（二）税收征管数字化与中小微企业内部薪酬差异的作用机制

数字化的税收征管可以通过提高信息透明度而缩小中小微企业的内部

薪酬差异。如前文所述，信息不对称问题可能导致企业内部薪酬差距拉大，而税收征管数字化能够提高企业信息透明度，一方面，缓解股东与管理层的信息不对称状况，进一步剔除高管薪酬中的"噪音"，约束管理层通过操纵薪酬指标而获得超额薪酬的行为。另一方面，信息透明度的提高会为职工权益提供更多保障，促进企业内部的收入公平分配。

现实中许多中小微企业的信息透明度较低，这给高管提供了获取超额薪酬的机会。金税三期工程将更多的企业信息置于聚光灯下，实现了税务机关数据共享，通过统一识别号等举措利用数字化和云计算等技术使税务机关能够全面、清晰地掌握纳税人的涉税行为，这种外部监管机制的强化有效地降低了企业虚构经济业务的可能性。此外，金税三期工程实现了信息的相互验证，从而有效抑制了管理层的盈余管理行为，提高了企业财务信息的可信度。这种信息透明度的提高有助于剔除高管薪酬中的噪音，使薪酬体系的评价更加公平合理，从而缩小了企业内部的薪酬差异。

此外，税收征管数字化还在企业内部发挥着积极作用——加快了企业信息的内部流通，使得员工能够获得企业业绩和高管薪酬相关信息，从而使普通员工拥有了解企业业绩的渠道，对高管的努力程度和薪酬水平的合理性有所感知。这种感知对董事会的薪酬契约制定起到了监督作用，促使其更加合理地设计薪酬契约。根据以上理论，本章做出假说2a。

假说2a：税收征管数字化通过提高企业信息透明度缩小了中小微企业内部薪酬差异。

从代理问题考虑，解决代理问题也可能是税收征管数字化缩小中小微企业内部薪酬差异的作用机制。这一作用主要体现在两个方面：降低代理成本和提高违规成本。一方面，数字化的税收征管实现了更加精确、高效地监测、审查和追踪企业的税收行为，缩小了企业避税的空间，减少了避税的机会，从而也减少了与避税相伴的经理人的机会主义行为，增加了管理层通过避税活动掩盖代理成本的难度：企业在实施避税行为时，为了避免被税务机关发现，往往采取一系列复杂交易活动来掩盖其避税行为，这为管理者寻租创造了机会，降低了其寻租成本，而数字化的税收征管通过互联互通等手段使得这些复杂交易活动无处遁形。另一方面，数字化税收征管使得监管机构能够更加全面地掌握企业的经营情况和财务状况，产生长久的对企业的监督作用。企业的管理层和董事会面临实时监管的高压，从而增加了企业的违规成本；董事会也更加难以忽视和容忍高管的利益侵占行为，降低管理层和董事会合谋操纵薪酬的可能性，使得最优薪酬契约得以更好地发挥作用。综上所述，税收征管数字化有效地抑制了高管的利益侵占行为，抑制了高管的超额薪酬，进而缩小了中小微企业内部薪酬差异。根据以上理论，本章做出假说2b。

假说2b：税收征管数字化通过解决代理问题缩小了中小微企业内部薪酬差异。

第四节　模型设计与样本选择

本章主要展示了实证检验中用到的研究模型和样本。本节第一部分对实证检验选取的样本范围进行了说明，并详细阐述了所选定样本的数据来源和处理方法；第二部分则阐述了模型解释变量、被解释变量及控制变量的选择过程、含义以及衡量方法。

一、模型构建

（一）样本选择与数据来源

鉴于中小板、创业板上的企业已经与真实的中小微企业情况脱节，不能全面反映广大中小微企业的真实状况，因此，本书选取了2009—2021年新三板挂牌企业作为样本，以使研究结论更具代表性。在企业样本选择方面，参考孔东民等（2021）对中小微企业的识别方法，根据《中小企业划型标准规定》中规定的营业收入门槛，将营业收入低于门槛的各行业企业定义为中小微企业。

本章数据来源为万得、国泰安数据库和国家统计局，为保证数据的准确性和可靠性，对所选取的样本数据进行了筛选和预处理工作。具体处理过程如下：①删除金融行业样本：考虑到金融行业的特殊性，为保证样本的代表性，排除了金融行业的样本数据。②剔除缺失核心变量数据的样本公司：为确保研究数据的完整性和可用性，删除了缺失本章所需核心变量数据的样本公司。③排除金税三期工程实施之后上市的公司：考虑到金税三期工程实施可能会影响企业税收行为，排除了在金税三期试点省份推行之后上市的公司，以确保样本的纯净性。④剔除异常极端值：在1%和99%的水平上对所有连续变量进行了缩尾处理，剔除了异常极端值。

数据预处理后，本研究共获得 1 413 个符合条件的样本数据，为后续研究提供了可靠的基础。这些样本数据将被用于探究税收征管数字化对中小微企业的影响。

（二）构建方法

DID 模型是一种广泛用于估计政策效应的方法，许多学者利用 DID 模型来研究各种经济政策的实施效应。金税三期工程分年度逐步实施、分地区依次试点展开，提供了一个良好的准自然实验。因此本章采用多期双重差分模型，借鉴张克中等（2020）和申梦晗（2022）的研究方法，以金税三期工程的实施为外生冲击，识别税收征管数字化对中小微企业内部薪酬差异的影响，构建如下模型：

$$\text{gap}_{i,t} = \alpha_0 + \alpha_1\,\text{gtp}_{i,t} + \alpha_2\text{Controls} + \delta_i + \gamma_c + \mu_t + \varepsilon_{i,t} \quad (8\text{-}1)$$

其中，下标 c、i、t 分别表示行业、企业、年份，gap 代表企业内部薪酬差异，gtp 表示企业该年份税收征管数字化实施情况，以金税三期工程的实施为替代变量，Controls 为控制变量集合，ε 为随机扰动项。在固定效应上，本研究选择了在微观层面上控制企业固定效应 δ_i，同时考虑到样本行业属性变更的情况，由于样本统计期间有 11% 的中小微企业的行业属性进行了 1 次以上的变更，行业属性与个体非完全共线性，因此本研究还控制了行业固定效应 γ_c，最后为了控制被解释变量随时间变化的因素的影响，本研究控制了年份固定效应 μ_t。

由于薪酬差距既可能包括基于企业业绩的合理薪酬差异，也可能是高管侵占他人利益获得超额薪酬而带来的差异，而基于理论分析，税收征管数字化会对中小微企业的公司治理发挥积极作用，从而使企业内部薪酬差异趋于合理，因此，本书参考罗宏等（2014）的方法，建立以下模型来分别判断税收征管数字化对中小微企业内部合理与不合理薪酬差异的影响：

$$\text{normalgap}_{i,t} = \alpha_0 + \alpha_1\,\text{gtp}_{i,t} + \alpha_2\text{Controls} + \delta_i + \gamma_c + \mu_t + \varepsilon_{i,t}$$

$$(8\text{-}2)$$

$$\text{overgap}_{i,t} = \alpha_0 + \alpha_1\,\text{gtp}_{i,t} + \alpha_2\text{Controls} + \delta_i + \gamma_c + \mu_t + \varepsilon_{i,t} \quad (8\text{-}3)$$

其中被解释变量 normalgap 为基于中小微企业业绩水平的合理内部薪酬差异，overgap 为高管超额薪酬带来的中小微企业不合理内部薪酬差异。

二、变量说明

（一）解释变量

关于解释变量税收征管数字化，本书采用 2013 年开始试点实施的金税三期工程来衡量，并使用虚拟变量 GTP 表示。金税三期工程从 2013 年开始在全国各省份陆续试点上线，直到 2016 年在全国范围内实现推广。全国各地发布"金税三期系统正式启用"信息公告的时间见表 8-1。由于上线的月份不尽相同，为方便计量，本研究参照刘慧龙等（2022）的方法按年份取整计量。具体而言，对于在当年 6 月份之前上线"金税三期"的地区，从 t 年开始赋值为 1，否则为 0。

表 8-1　金税三期系统在全国各地上线时间

年份	月份	地区	年份	月份	地区
2013	2	重庆市	2016	1	吉林省
2013	10	山东省	2016	1	新疆维吾尔自治区
2013	10	山西省	2016	1	四川省
2015	1	河南省	2016	7	辽宁省
2015	1	广东省	2016	7	上海市
2015	1	内蒙古自治区	2016	7	福建省
2015	7	宁夏回族自治区	2016	7	青岛市
2015	9	贵州省	2016	7	湖北省
2015	9	西藏自治区	2016	7	江西省
2015	9	河北省	2016	8	北京市
2015	9	广西壮族自治区	2016	8	天津市
2015	9	云南省	2016	8	陕西省
2015	10	海南省	2016	8	黑龙江省
2015	10	青海省	2016	9	浙江省
2015	10	湖南省	2016	9	江苏省
2015	10	甘肃省	2016	10	深圳市

资料来源：根据各地税务局官方网站发布的"金税三期系统正式启用"相关信息公告时间手动整理。

（二）被解释变量

1. 内部薪酬差异

关于被解释变量内部薪酬差异 gap，本研究参照孔东民等（2017）的衡量方法计算了高管平均薪酬和员工平均薪酬的比，具体的计算公式为：

$$高管平均薪酬 = \frac{企业管理层年度薪酬总额}{\dfrac{企业董监}{高总人数} - \dfrac{独立董事会}{人数} - \dfrac{未领取薪酬}{的董监高人数}} \quad (8\text{-}4)$$

$$员工平均薪酬 = \frac{\dfrac{应付职工薪酬}{本年发生额} + \dfrac{支付给职工及为}{职工支付的现金} - \dfrac{企业管理层年度}{薪酬总额}}{\dfrac{企业董监高}{总人数} - \dfrac{独立董事会}{人数} - \dfrac{未领取薪酬}{的董监高人数}}$$

$$(8\text{-}5)$$

$$gap = \frac{高管平均薪酬}{员工平均薪酬} \qquad (8\text{-}6)$$

2. 内部合理薪酬差异与内部不合理薪酬差异

本研究首先构建了一个预测模型（8 - 7），其中包括企业规模（size）、负债水平（lev）、盈利能力（roa）和无形资产占比（ia），通过回归分析得到了各个变量的回归系数，接着利用这些估计系数，预测了高管的合理薪酬水平（normalpay），随后使用模型（8-8）得到高管超额薪酬。最后，基于这些数据，对中小微企业内部的合理薪酬差异和不合理薪酬差异进行了测算：

$$ampay_{i,t} = \partial_0 + \partial_1\, size_{i,t} + \partial_2\, lev_{i,t} +$$

$$\partial_3\, roa_{i,t} + \partial_4\, ia_{i,t} + \sum industry + \varepsilon_{i,t} \qquad (8\text{-}7)$$

$$overpay = \ln(ampay_{i,t}) - \ln(normalpay_{i,t}) \qquad (8\text{-}8)$$

$$normalgap = \frac{高管合理平均薪酬}{员工平均薪酬} \qquad (8\text{-}9)$$

$$overgap = \frac{高管超额平均薪酬}{员工平均薪酬} \qquad (8\text{-}10)$$

（三）控制变量

为了控制其他影响企业内部薪酬差异的因素，在企业特征变量方面，本章借鉴王雪平（2020）、孙雪娇等（2021）学者的研究，控制如下变量：

企业规模（size）：衡量方法为中小微企业披露的总资产额并取自然对数。企业规模往往反映了企业的整体经营水平和资源配置情况。通常而言，大型企业通常拥有更丰富的资源和完善的管理体系，其内部薪酬体系可能相对更为复杂。尽管本研究已经根据《中小企业划型标准规定》划分出了中小微企业，但企业间的规模差异仍是不可忽略的，于是选择企业规模作为本研究控制变量之一。

负债水平（lev）：负债水平为总负债与总资产的比。企业的负债水平反映了其资金运作情况和财务健康状况，对企业内部薪酬结构可能产生重要影响，比如高负债水平的企业可能面临较高的财务压力和风险，从而导致薪酬水平相对较低。

盈利能力（roa）：净利润与总资产的比值。这是企业经营状况的重要指标，直接反映了其经济实力和盈利能力。盈利多的企业可能具有更多的资金用于员工薪酬，从而导致内部薪酬差异变化。

劳动密度（labor）：员工人数与总资产的比值。这个指标同时反映了企业内部的生产效率和劳动力利用效率，从而能够在一定程度上影响到企业内部的薪酬分配情况。比如，较高的比值可能意味着企业能够更有效地利用有限的资产资源来支持更多的员工，从而导致与同规模水平下的可比企业产生较大的薪酬差异。

企业年龄（age）：$t+1$ 年减企业成立年份数后取自然对数。企业的年龄可以反映其发展阶段情况，对薪酬差异可能产生重要影响。比如，处于成长阶段的企业其资金和资源相对有限，薪酬投入较少，导致薪酬差异相对较小，但年轻企业又可能更加注重创新和团队精神，倾向于实行相对平等的薪酬制度，故选择企业年龄作为控制变量之一。

现金流（cash）：经营活动产生的净现金流与总资产的比值。现金流同样反映了企业的经济实力和资金情况，盈利稳定、现金流充裕的企业可能更有能力提供更高水平的薪酬，从而影响薪酬差异。

独立董事占比（indratio）：独立董事人数除以董事会总人数。较高的比例可能意味着更强的薪酬决策独立性和公正性，从而可能影响到企业内部薪酬差异的形成，因此选择了独立董事占比作为企业特征方面的控制变量之一。

股权集中度（top1）：第一大股东持股数量与总股本的比。这个指标可以反映出企业的股权结构和控制权分配情况，较高的比重可能意味着企业股权较集中，头部股东可能对企业决策和薪酬政策有较大的影响力，从而可能导致较大的企业内部薪酬差异。

产权性质（soe）：衡量方法为国有企业取值为 1，非国有企业取值为 0。这是因为所有权、管理机制、目标导向等方面在不同企业间都存在着显著的差异，这些差异可能对企业内部薪酬差异产生影响。故选择产权性质作为控制变量之一。

上述变量如表 8-2 所示。

表 8-2　主要变量定义

变量类型	表达符号	变量名称	变量定义
因变量	gap	内部薪酬差异	高管平均薪酬/员工平均薪酬
自变量	gtp	税收征管数字化	企业所在地区当年实施金税三期取值为 1，否则为 0
中介变量	tran	信息透明度	收益激进度和收益平滑度的等权平均
	msac	代理成本	管理费用/企业营业收入
控制变量	size	企业规模	Ln（企业总资产）
	indratio	独立董事占比	独立董事人数/董事会总人数
	lev	负债水平	总负债/总资产
	roa	盈利能力	净利润/总资产
	soe	产权性质	国有企业取值为 1，非国有企业取值为 0
	labor	劳动密度	员工人数/总资产（百万元）
	age	企业年龄	Ln（当年年份-企业成立年份+1）
	cash	现金流	经营活动产生的净现金流/总资产
	top1	股权集中度	第一大股东持股数量/总股本
	olddeg	老龄化程度	企业所在省份老年人抚养比
	avgwage	平均工资水平	Ln（企业所在省份职工平均工资）
	pgdp	经济发展水平	Ln（企业所在省份人均 GDP）

　　为了进一步控制其他宏观变量因素对本章回归结果的影响，本书借鉴魏志华等（2022）的方法，设置了以下三个宏观因素控制变量：

　　经济发展水平（pgdp）：企业所在省份的人均 GDP 取自然对数。该指标的高低会直接影响到企业所在地区的人才流动和市场竞争情况，比如经济发达地区的企业可能面临更大的薪酬竞争压力，从而影响内部薪酬差异。

　　老龄化程度（olddeg）：该省份老年人抚养比。老龄化程度反映了一个地区老年人口与劳动力资源之间的关系，这个比例可以间接地反映出企业所在地区的人口结构的特点以及劳动力市场的供需状况。劳动力市场的供需可能会对企业内部薪酬差异产生影响。

　　平均工资水平（avgwage）：企业所在省份的职工平均工资取自然对数。

地方平均工资水平一定程度上反映了企业所在地区的经济发展水平和薪酬水平，自然地会直接影响到企业的薪酬水平设定，从而对企业内部薪酬差异产生影响。

第五节　实证结果分析

一、描述性统计

根据本研究搜集和计算的相关指标数据，表8-3显示了对样本各主要变量进行描述性统计的结果。

表8-3　样本变量描述性统计

变量名	观测值	平均值/%	方差	最小值	最大值
gap	1 413	1.788	1.169	0.056 9	8.796
gtp	1 413	0.752	0.432	0	1
size	1 413	19.68	1.217	17.05	23.39
lev	1 413	43.46	24.75	13.45	93.92
roa	1 413	3.512	9.502	−13.71	18.41
labor	1 413	0.972	1.171	0.020 7	7.603
age	1 413	2.704	0.415	1.792	3.497
indratio	1 413	0.182	0.194	0	0.571
cash	1 413	0.003 35	0.127	−0.518	0.374
top1	1 413	36.44	17.53	5.620	81.25
soe	1 413	0.058 7	0.235	0	1
olddeg	1 413	0.154	0.038 9	0.074 4	0.263
avgwage	1 413	11.21	0.414	10.12	12.09
ln(pgdp)	1 413	11.05	0.534	9.427	12.12
normalgap	1 230	1.995	1.234	−0.317	6.534
overgap	1 230	−0.168	1.034	−3.823	2.406
Number of code	509	509	509	509	509

从表8-3中可以看出，样本期间中小微企业内部薪酬差异（gap）的最大值为8.796，最小值为0.0569，均值为1.788，标准差为1.169，观测值的最大值最小值相差近154倍，表明被解释变量在统计意义上的差异性较大。解释变量税收征管数字化（gtp）的平均值为0.752，可见有超七成的样本受到了金税三期工程的影响，受影响企业较多。

在企业特征因素层面的控制变量上，资产负债率的平均值为43.46%，处于国际公认的40%~60%水平之间。此外，资产负债率的最大值与最小值之间的差距表明，新三板的中小微企业债务水平存在较大的差异，这些差异也会在一定程度上影响企业的薪酬水平。另外，在观察企业规模测度指标时，发现其最大值为23.39，最小值为17.05，标准差为1.217。尽管这些企业均属于中小微企业的划分标准，但由于受到所处行业划分中小微企业的门槛不同等因素的影响，样本企业的规模之间仍存在着较大的差异，其企业构架也呈现出多样化特征。此外，对于其他宏观因素的控制变量，本研究也观察到了较大的标准差。综上所述，本章样本的数据范围较为广泛，并且不同数据之间存在一定程度的差距，这表明本章的样本具有一定的普适性。

二、回归分析

（一）基准回归分析

本节首先对回归模型（8-1）采用逐步加入控制变量的方法对中小微企业内部薪酬差异进行回归分析并聚类到企业层级，回归结果见表8-4。表8-4中第（1）列仅控制固定效应，回归系数为-0.8656且在1%的水平上显著为负，初步验证了本章的研究假说1。第（2）列进一步控制企业特征变量，回归系数为-0.8913，依然显著为负。第（3）列进一步控制地区经济发展特征变量，结果依然在1%的水平上显著为负。

表 8-4　税收征管数字化与中小微企业内部薪酬差异的基础回归分析①

变量名称	（1） gap	（2） gap	（3） gap	（4） gap
gtp	−0.865 6*** （−3.212 4）	−0.891 3*** （−3.360 1）	−0.889 4*** （−3.283 3）	−0.889 4*** （−3.532 1）
size	—	0.506 1*** （6.136 4）	0.533 0*** （6.416 7）	0.533 0*** （5.439 4）
lev	—	−0.011 3*** （−4.443 8）	−0.011 4*** （−4.477 1）	−0.011 4*** （−5.451 0）
roa	—	0.000 9 （0.237 6）	0.001 3 （0.361 5）	0.001 3 （0.336 5）
labor	—	0.564 9*** （4.622 3）	0.572 1*** （4.757 7）	0.572 1*** （4.687 0）
age	—	−0.547 5 （−0.593 2）	−0.971 6 （−1.057 3）	−0.971 6 （−1.165 5）
cash	—	0.142 8 （0.621 8）	0.133 7 （0.598 0）	0.133 7 （0.583 4）
indratio	—	−0.855 2** （−1.970 9）	−0.846 1** （−1.973 8）	−0.846 1** （−2.414 7）
top1	—	0.025 7*** （2.820 6）	0.025 8*** （2.767 9）	0.025 8*** （3.411 8）
soe	—	−0.811 4** （−2.353 2）	−0.776 6** （−2.384 6）	−0.776 6** （−2.632 3）
olddeg	—	—	4.002 6 （1.531 9）	4.002 6* （1.706 0）
avgwage	—	—	2.536 7* （1.865 3）	2.536 7 （1.635 3）
ln（pgdp）	—	—	0.854 8 （1.270 1）	0.854 8 （1.246 7）
常数项	0.816 7 （0.861 1）	−8.627 7*** （−3.422 9）	−44.282 3*** （−3.058 7）	−42.206 2*** （−2.802 9）
年份固定效应	是	是	是	是

①　*** $P<0.01$，** $P<0.05$，* $P<0.1$，本章以下各表同。表 8-4 前 3 列标准误经公司层面聚类调整，第（4）列经省级层面聚类调整。

表8-4(续)

变量名称	（1）	（2）	（3）	（4）
	gap	gap	gap	gap
行业固定效应	是	是	是	是
企业固定效应	是	是	是	是
N	1 413	1 413	1 413	1 413
R^2	0.362 6	0.550 5	0.558 2	0.558 2

除了企业内部薪酬差异在时间上可能存在的相关性外，考虑到由于金税三期系统按照省份开展实施且不同省份的经济发展、竞争情况等也存在差异，本节参考王涛和王建新（2023）的方法，在第（4）列中对标准误进行省级层面聚类处理，结果依然在1%的水平上显著为负，表明本节的估计结果不受聚类层级选择的影响，进一步印证了回归结果的稳健性，说明税收征管数字化能够抑制中小微企业的内部薪酬差异。

（二）进一步分析

基于理论分析，企业内部薪酬差异也是薪酬激励作用的体现，税收征管作为重要的外部监督机制，会更有效地发挥积极的公司治理作用，从而使得中小微企业的内部薪酬差异缩小。为了深入理解税收征管数字化对企业内部薪酬差异的影响，本节按照企业经营业绩将企业的内部薪酬差异进行细分：符合公司经营情况的合理内部薪酬差异（normalgap）和超出合理水平的差异（overgap）。这种分解有助于揭示税收征管数字化降低的是怎样的企业内部薪酬差异。随后本节对模型（8-2）和（8-3）进行回归，将标准误经公司层面聚类调整，结果如表8-5所示。

表8-5　税收征管数字化与中小微企业内部薪酬差异的合理性分析①

变量名称	（1）	（2）
	normalgap	overgap
gtp	−0.138 9 （−0.313 3）	−0.754 3** （−1.978 5）

---

① 标准误经公司层面聚类调整，本章下同。

表8-5(续)

变量名称	（1） normalgap	（2） overgap
size	0.530 1*** （4.799 6）	−0.063 4 （−0.622 3）
lev	−0.013 0*** （−4.425 7）	0.003 9 （1.322 4）
roa	−0.002 4 （−0.633 3）	0.002 4 （0.634 8）
labor	0.234 9** （2.298 0）	0.112 2** （2.170 3）
age	−2.776 7*** （−2.661 8）	0.285 7 （0.263 6）
cash	0.034 0 （0.134 5）	0.178 3 （0.726 2）
indratio	−0.886 6 （−1.426 6）	−0.524 0 （−0.988 9）
top1	0.023 0** （2.551 8）	−0.000 0 （−0.001 7）
soe	−0.358 8 （−1.488 8）	0.223 1 （0.906 3）
olddeg	2.245 3 （1.089 7）	3.468 3 （1.277 9）
avgwage	1.067 2 （0.776 2）	2.179 9* （1.748 7）
$\ln(\text{pgdp})$	−1.867 8** （−2.335 6）	1.789 0** （2.323 4）
常数项	5.056 7 （0.281 7）	−40.501 8*** （−2.975 2）
企业固定效应	是	是
行业固定效应	是	是
年份固定效应	是	是
N	1 230	1 230
R^2	0.550 9	0.410 2

表 8-5 中第（1）列显示了税收征管数字化对中小微企业合理薪酬差异的影响，结果显示税收征管数字化对合理内部薪酬差异的影响不显著；第（2）列显示了税收征管数字化对不合理薪酬差异的影响，结果显示 α_1 系数为-0.754 3 且在 5%的水平上显著为负。这体现出税收征管发挥了积极的公司治理作用，从而使得中小微企业不合理内部薪酬差异缩小，而对基于企业经营情况得出的合理内部薪酬差异没有显著的影响，本章假说 1 得到证实。

三、稳健性检验

（一）平行趋势检验

多时点的 DID 模型的有效性前提是处理组与对照组在干预前的趋势是平行的，这意味着在干预实施之前，处理组和对照组在因变量的发展趋势上没有显著的差异。因此，进行平行趋势检验的主要目的是确认处理组和对照组在干预之前是否存在系统性的差异。如果处理组和对照组在干预之前的趋势不同，那么就很难将之后的差异归因于金税三期工程的实施。为验证模型结果的有效性，本节观测了金税三期工程实施前后的估计值置信区间。从理论上来看，如果处理组和对照组在金税三期工程实施前确实呈现出平行的趋势，则预期不应该再观察到税收征管数字化（gtp）变量的显著性，反之则表明前节的回归结果可能并不准确。

表 8-6 显示了平行趋势检验结果。在金税三期工程实施前，中小微企业内部薪酬差异（gap）和不合理薪酬差异（overgap）的估计系数均不显著，而在政策实施后出现了显著的负影响，本章的研究的主效应符合平行趋势检验。

表 8-6　平行趋势检验

变量名称	(1)	(2)
	gap	overgap
pre_4	0.542 4 (1.068 5)	-0.046 1 (-0.101 1)
pre_3	0.264 8 (0.713 6)	-0.157 7 (-0.482 3)
pre_2	0.145 1 (0.506 7)	-0.064 8 (-0.332 8)

表8-6(续)

变量名称	（1）	（2）
	gap	overgap
current	−1.040 7*** (−5.697 7)	−0.687 0*** (−2.674 0)
post_1	−0.690 6*** (−4.570 8)	−0.551 9*** (−2.708 2)
post_2	−0.505 8*** (−4.138 4)	−0.454 8*** (−2.850 4)
post_3	−0.320 7*** (−3.139 4)	−0.321 7** (−2.377 6)
控制变量	是	是
企业固定效应	是	是
行业固定效应	是	是
年份固定效应	是	是
N	1 413	1 230
R^2	0.570 9	0.413 4

（二）倾向得分匹配−双重差分法

倾向得分匹配是一种匹配处理组和对照组从而使它们具有相似的倾向得分以排除样本选择带来的内生性问题的方法，其中倾向得分指在给定特征变量的情况下处理组被分配的概率。通过匹配处理组和对照组，可以有效地减少两者之间的差异，从而使得比较更具有可比性。在倾向得分匹配中，首先需要估计每个观测单位的倾向得分，然后根据倾向得分进行匹配，使得处理组和对照组在倾向得分上尽可能地相似。匹配完成后进行双重差分估计，以评估干预效果。鉴于上文的统计分析结果可能存在的内生性影响，本节进行 PSM−DID 分析。

参考杨兰品等（2022）的研究，本节选择了企业规模、负债水平、盈利能力、劳动密度、企业年龄、现金流、独立董事占比和股权集中度等企业特征变量作为协变量，之后使用 Logit 模型计算倾向得分，在 0.05 卡方内进行一对一的有回放近邻匹配，最后利用匹配后的样本并采用双重差分法对实施金税三期工程对中小微企业内部薪酬差异的影响进行研究。表 8-7 倾向得分匹配检验中的第（1）列显示了税收征管数字化对中小微企业内部薪酬差异的影响，结果表明在考虑企业特征后，估计系数依然在 1% 的水平上显著为负，且第（2）列对企业内部不合理薪酬差异的估计系数也在 10% 的置信水平上显著为负，PSM-DID 的估计结果说明本章回归分析的结论较稳健。

表 8-7   倾向得分匹配检验

变量名称	（1）	（2）
	gap	overgap
gtp	$-0.886\ 1^{***}$ $(-3.265\ 3)$	$-0.751\ 0^{*}$ $(-1.954\ 9)$
控制变量	是	是
企业固定效应	是	是
行业固定效应	是	是
年份固定效应	是	是
N	1 340	1 165
R^2	0.560 2	0.412 0

（三）同期干扰政策的排除

企业内部薪酬差异还可能受到其他政策和改革举措的影响。本节将可能影响实证结果的政策归集为影响中小微企业薪酬结构和薪酬水平的政策，以及影响企业经营表现的其他税收政策两个方面，并认为它们都会对研究结论有一定的潜在干扰。

在薪酬政策方面，限薪令政策对企业高管薪酬水平进行了限制。其对企业内部薪酬差异的影响主要体现在三个方面：一是薪酬上限。政策规定了高管薪酬的最高限额，且国有企业和上市公司等重要企业可能会实行更为严格的限制。二是薪酬结构。政策要求企业在制定薪酬政策时，要合理设置薪酬结构，确保高管薪酬与普通员工的薪酬之间的比例合理，避免出现过大的差距。三是薪酬披露。政策要求企业对高管薪酬进行公开披露，提升了企业薪酬管理的透明度、加大了监督力度，从而有助于遏制高管薪酬过高的现象，缩小不合理的企业内部薪酬差异。由于限薪令政策最早是 2009 年颁布的《国有企业管理人员薪酬管理暂行办法》，因此，本节剔除了 2009 年样本和此后国有企业样本，结果如表 8-8 所示。其中第（1）列显示，在剔除了限薪令政策影响的样本后回归系数为 $-1.037\ 6$ 且在 1% 的置信水平上显著为负，与前文结论一致。

表 8-8 同期工资政策的排除

变量名称	（1）	（2）
	限薪令	最低工资
	gap	gap
gtp	−1.037 6*** （−3.623 7）	−0.876 3*** （−3.103 0）
m_wage	—	−0.207 1 （−0.808 4）
控制变量	是	是
企业固定效应	是	是
行业固定效应	是	是
年份固定效应	是	是
N	1 282	1 333
R^2	0.416 9	0.578 2

　　最低工资制度是可能影响企业内部薪酬差异的另一个重要因素。最低工资政策是保障劳动者的基本生活水平和促进社会公平而颁布的一项重要政策。最低工资标准通常会根据当地的经济发展水平、生活成本和劳动力市场情况进行调整，其标准将影响员工的薪酬从而进一步影响企业内部薪酬差异。为此，表 8-8 中第（2）列进一步控制了所在地当年的最低工资标准变量（m_wage），结果表明考虑了企业所在地的最低工资制度政策影响后，回归系数为−0.876 3 且仍在 1% 的置信水平上显著为负。

　　税收激励方面的改革举措如"营改增"政策和固定资产加速折旧政策同样会对企业内部薪酬差异产生影响。税收激励在改变企业薪酬安排方面发挥了重要作用，通过租金分享的方式，税收激励可以影响企业薪酬结构。一是税收激励为企业带来更多资本，这扩大了企业分享利润的空间。二是税收激励在一定程度上可能会提高企业的经营表现，进而增加分享的份额。但是在份额分配的过程中，中小微企业的高管与普通员工之间议价能力和信息掌握程度显然不同，这导致高管往往能够更多地分享到企业的收益，而普通员工可能会面临薪酬增长不足的问题。因此，在税收激励方面的改革可能会引发对企业内部薪酬公平性和分配机制的问题。"营改增"

政策于 2012 年启动，在减轻企业税负、推动经济转型升级方面产生了重大影响，因此"营改增"政策的实施可能通过改变企业税负的方式改变企业的利润分配方式，进而影响到薪酬结构。因此本节计算了增值税与营业税占企业营业收入的比（vat）以衡量中小微企业在"营改增"改革中受影响的程度。表 8-9 中第（1）列结果显示，在控制"营改增"政策变量后回归系数为-0.934 5 且仍在 1% 的水平上显著为负，模型结论稳健。

表 8-9　同期税收激励政策的排除

变量名称	（1）	（2）
	营改增	固定资产加速折旧
	gap	gap
gtp	-0.934 5 *** (-3.420 9)	-0.917 8 *** (-3.460 6)
vat	0.334 1 (1.216 8)	—
treat	—	-0.458 5 (-1.359 2)
控制变量	是	是
企业固定效应	是	是
行业固定效应	是	是
年份固定效应	是	是
N	1 399	1 413
R^2	0.563 2	0.561 1

固定资产加速折旧政策通过缩短资产的折旧年限或提高折旧率的方式实现了加速计提固定资产的折旧费用。企业可以根据政府规定的折旧年限和折旧率，在税前利润中扣除更多的折旧费用，减少企业应纳税所得额，降低企业所得税负担，从而可能导致企业薪酬产生变化。固定资产加速折旧政策（由财政部、税务总局先后于 2014 年、2015 年两次发文颁布）主要涵盖六大行业和四个领域重点行业。基于此，本节构建虚拟变量 treat，对于 2014 年或 2015 年及以后年份属于该政策试点范围内行业的中小微企业，取值为 1，反之则为 0。结果如表 8-9 中第（2）列所示。gtp 的回归系数为-0.917 8 且仍然在 1% 的水平上显著为负，在控制固定资产加速折旧的影响后，本章的结论依然得到了支持。

（四）更换被解释变量

为了排除被解释变量性度量方法对估计结果的干扰，提高模型的稳健性和可信度，本节采用了另外两种企业内部薪酬差异度量方法并纳入回归模型进行检验。由于模型变量 gap 是高管与员工薪酬的比值，而行业特性也有可能对薪酬差异产生影响，部分行业可能天然具有薪酬差异较大的现象，所以本节分别采用行业均值和行业中位数对被解释变量进行修正：中小微企业内部薪酬差异的均值调整变量（jgap），以中小微企业内部薪酬差异与其均值的差额衡量；中小微企业内部薪酬差异的中位数调整变量（zgap），以中小微企业内部薪酬差异对样本中位数的差额衡量。由表 8-10 可知，第（1）列中解释变量对薪酬差异均值的回归系数为 -0.537 0 且在5%的置信水平上显著为负，第（2）列中解释变量对薪酬差异中位数的回归系数为 -0.442 9 且在 10%的置信水平上显著为负，与前文结论一致，税收征管数字化对中小微企业内部薪酬差异存在显著的负影响。

表 8-10　更换被解释变量（一）

变量名称	（1）	（2）
	jgap	zgap
gtp	-0.537 0** (-2.007 9)	-0.442 9* (-1.923 9)
控制变量	是	是
企业固定效应	是	是
行业固定效应	是	是
年份固定效应	是	是
N	1 355	1 355
R^2	0.471 4	0.484 4

（五）更换解释变量

尽管金税三期工程作为税收信息化建设过程中的一个典型代表，它提高了对企业涉税信息的覆盖范围，但它仅仅是税收征管数字化进程中的一个组成部分，现实中部分省份会存在金税三期工程上线前就已开展一些利用大数据手段进行税收征管，近年来也有多地税务部门推行互联网大数据治税的现象，如福建省于 2016 年上线金税三期工程，但在 2015 年就已经展开了国税局应用大数据优化纳税服务。因此，本节参考孙鲲鹏和石丽娜

（2022）的方法，设置企业所在地区实施互联网大数据治税情况（bigdata）变量并进行回归分析，结果如表 8-11 所示。与前节结论一致，逐步加入控制变量后税收征管数字化对中小微企业内部薪酬差异都有显著的负影响，本章研究结论稳健。

表 8-11　更换被解释变量（二）

变量名称	（1）	（2）	（2）
	gap	gap	gap
bigdata	−0.863 0*** (−2.851 3)	−0.765 0*** (−2.740 8)	−0.762 4*** (−2.738 2)
Control（企业层）	否	是	是
Control（地区层）	否	否	是
企业固定效应	是	是	是
行业固定效应	是	是	是
年份固定效应	是	是	是
N	1 413	1 413	1 413
R^2	0.366 6	0.548 1	0.557 5

（六）安慰剂检验

为排除偶然性事件的干扰，本节进一步进行安慰剂检验。进行安慰剂检验是为了验证处理组在干预实施前是否存在与因变量相关的其他因素的变化，而这些变化可能导致 DID 估计结果的偏差。安慰剂检验的核心目的在于排除干预效应以外的其他可能影响核心变量的因素，以确保 DID 模型的稳健性和有效性。在实际研究中，即使在尽可能全面地设置了控制变量的情况下，处理组和对照组之间仍然可能存在其他影响结果的外部因素。这些因素如果没有得到有效控制，可能会导致 DID 模型结果的失效。进行安慰剂检验，可以进一步排除这些因素的影响，从而提高模型的稳健性。

安慰剂检验的核心思想是引入一个虚拟对照变量，将这个伪变量加入模型并纳入分析，如果伪变量没有显著的因果效应则说明原假设稳健。具体而言，本节选择了以下两个伪变量：首先，通过随机选择金税三期工程试点时间的方式进行安慰剂检验，以评估税收征管数字化对中小微企业内部薪酬差异的影响。实验方法为随机生成处理组，然后依然使用原模型的解释变量和被解释变量及其计量方式进行回归分析并重复 500 次上述随机过程。其次，随机选择金税三期工程试点省份进行安慰剂检验。随机抽取和生成金税三期工程实施的省份作为处理组，然后依然使用原模型的解释变量和被解释变量及其计量方式进行回归分析并重复 500 次上述随机过程。根据安慰剂测试的原理，如果此时税收征管数字化对企业内部薪酬差异没有治理作用，那么模型回归系数应该呈正态分布且落在 0 的附近；否则表明实证结果受到了偶然事件或其他不可观测因素的影响。回归后的核密度估计图 8-2 显示，在分别随机实施时间和随机试点省份后，回归系数集中分布在 0 附近，且模型（8-1）的实际估计系数（-0.889 4）与模拟出的回归系数相去甚远，本章的研究结论稳健。

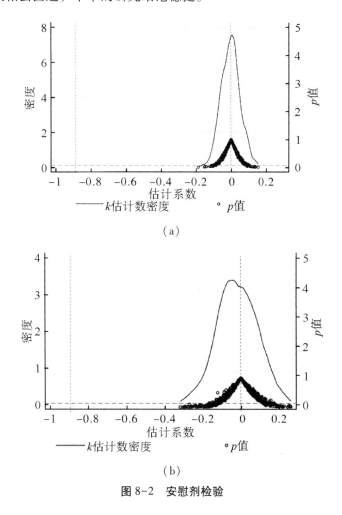

（a）

（b）

图 8-2　安慰剂检验

四、机制分析

（一）税收征管数字化的影响路径分析

前文的实证结果表明，税收征管数字化抑制了中小微企业的不合理内部薪酬差异，那么另一个值得思考的问题是，税收征管数字化对薪酬差异的抑制作用是通过提高员工薪酬来实现的还是通过抑制高管薪酬来实现的。根据理论分析，本节认为税收征管数字化抑制中小微企业的超额薪酬差异的底层逻辑是数字化的税收征管发挥了积极的治理效应，提升了企业信息透明化程度，约束管理层权力，从而抑制高管超额薪酬。基于此，本节进一步考察税收征管数字化对员工薪酬、高管薪酬和高管超额薪酬的影响，取员工薪酬（epay）、高管薪酬（mpay）和高管超额薪酬的（overpay）的自然对数进行回归分析，以进一步探究税收征管数字化对企业内部薪酬差异的影响路径，结果如表 8-12 所示。第（1）列表明税收征管数字化的实施并没有对员工的薪酬产生显著的影响，从第（2）列和第（3）列的结果可以发现，税收征管数字化对高管薪酬和高管超额薪酬都具有显著的抑制作用，但对高管薪酬（mpay）的估计系数只通过了 5% 的显著性水平检验，而对高管超额薪酬（overpay）的估计系数通过了 1% 的显著性水平检验，税收征管数字化对高管超额薪酬的影响更显著。以上结果表明，税收征管数字化抑制中小微企业的超额薪酬差异的底层逻辑是，数字化的税收征管发挥了积极的治理效应，抑制了高管超额薪酬从而使薪酬结构更趋合理。

表 8-12 税收征管数字化的影响路径分析

变量名称	（1）	（2）	（3）
	epay	mpay	overpay
gtp	0.084 3 （0.360 9）	−0.351 6[**] （−2.012 9）	−0.460 2[***] （−2.661 7）
控制变量	是	是	是
企业固定效应	是	是	是
行业固定效应	是	是	是
年份固定效应	是	是	是
N	1 413	1 413	1 134
R^2	0.684 9	0.531 2	0.405 2

（二）税收征管数字化治理效应的作用机制分析

1. 财务信息透明度渠道

本节认为，金税三期工程将更多的企业信息置于聚光灯下，强化了外部监管，提高了信息的透明度，从而增加了企业虚构经济业务进行会计造假的风险，解决了高管操纵业绩指标获取超额薪酬的问题。此外，更透明的信息使得员工对努力程度和薪酬水平的合理性有所感知，促使形成更加合理的薪酬契约，进一步缩小了企业内部的薪酬差异。基于此，本节考察了信息透明度在税收征管数字化对中小微企业内部薪酬差异的影响中的中介效应，参考代彬等（2011）和李金甜等（2018）衡量企业信息透明度的方式，计算了由收益激进度和收益平滑度联合构造的财务信息透明度（tran）并将其作为中介变量，逐步检验回归系数。具体操作如下：第一，构建双重差分模型（8-11）以衡量金税三期工程的实施与企业信息透明度之间的关系，其中 c、i、t 分别表示行业、企业、年份，gtp 代表该中小微企业所在地区当年金税三期工程实施情况，Z 代表中介变量，Controls 为控制变量集合，并与前述回归模型一样进行了固定效应控制。第二，将信息透明度变量在模型（8-12）中进行回归分析，并观察核心解释变量系数及显著性，其中 Y 代表被解释变量，其他变量含义与模型（8-11）相同。

$$Z_{i,\,t} = b_0 + b_1\,\mathrm{gtp}_{i,\,t} + b_2\mathrm{Controls} + \delta_i + \gamma_c + \mu_t + \varepsilon_{i,\,t} \qquad (8\text{-}11)$$

$$Y_{i,\,t} = c_0 + c_1\,\mathrm{gtp}_{i,\,t} + c_2\,Z_{i,\,t} + c_3\mathrm{Controls} + \delta_i + \gamma_c + \mu_t + \varepsilon_{i,\,t}$$

$$(8\text{-}12)$$

此外，根据前文的回归结果，税收征管数字化对中小微企业的薪酬差异抑制作用还体现在对高管不合理超额薪酬的抑制作用上，因此同时选择了高管超额薪酬（overpay）作为被解释变量在模型（8-12）中进行回归分析。

为排除缺失数据的影响，本节先不引入信息透明度进行回归分析，结果如表8-13的第（1）、（2）列所示。结论与前文一致，税收征管数字化对中小微企业内部薪酬差异都表现出了显著的负影响。第（3）列对模型（8-11）的回归结果显示，税收征管数字化对中介变量 tran 的回归系数为-0.081 7，在10%水平上显著为负，税收征管数字化可以显著提升企业信息的透明度，第（4）-（5）列加入中介变量后，中介变量与被解释变量的影响显著为正，即企业信息透明度越低，内部薪酬差异越大，高管超额薪酬越高，且税收征管数字化与被解释变量的系数仍然显著为负，所以信息透明度在税收征管数字化与企业内部薪酬差异的关系中起到了部分中介作用，税收征管能够一定程度上对企业信息透明度发挥积极的治理作用，从而使得中小微企业的内部薪酬差异缩小，本章的假说2a得到支持。

表8-13　信息透明度的中介效应分析

变量名称	（1）	（2）	（3）	（4）	（5）
	gap	overpay	tran	gap	overpay
gtp	-0.639 4** (-2.290 5)	-0.263 9** (-2.061 4)	-0.081 7* (-1.854 8)	-0.573 2** (-2.031 5)	-0.249 5* (-1.924 2)
tran	—	—	—	0.728 0* (1.670 4)	0.411 1** (2.108 8)
控制变量	是	是	是	是	是
企业固定效应	是	是	是	是	是
行业固定效应	是	是	是	是	是
年份固定效应	是	是	是	是	是
N	1 102	897	1 102	1 102	897
R^2	0.635 4	0.487 5	0.140 0	0.638 1	0.494 1

2. 代理成本渠道

数字化的税收征管提高了企业避税的难度，增强了对税务数据的实时监测和分析能力，通过建立电子税务系统和数据共享平台实现了对企业交易和财务数据的实时采集和分析，加大了对企业避税行为的监管力度，提高了高管通过避税活动掩盖代理成本的难度，从而减少了高管获取过高薪酬的可能性。另外，税收征管数字化起到了持续的强监管作用，使董事会更加难以忽视和容忍高管的利益侵占行为。基于此，本节从代理成本视角考察代理成本渠道在税收征管数字化对中小微企业内部薪酬差异的影响中的中介效应，参考曾亚敏和张俊生（2009）的研究，将管理费用率（msac）作为中介变量纳入中介效应模型。

与前文结论一致，表8-14的第（1）、（2）列所示，观测的样本中税收征管数字化（gtp）对企业内部薪酬差异和高管超额薪酬的影响在5%水平上显著。第（3）列对模型（8-11）的回归结果显示，税收征管数字化对中介变量代理成本 msac 的回归系数为-0.641 2，在5%水平上显著为负；

第（4）-（5）列表明加入中介变量后，代理成本对企业内部薪酬差异有正影响但不显著，对高管超额薪酬有显著的正向影响，且在控制代理成本变量后，直接效应的系数都出现了下降，所以代理成本起着部分中介作用，税收征管数字化能够解决中小微企业的代理问题，并进而缩小企业内部薪酬差异，本章的假说2b得到支持。

表 8-14　代理成本渠道的中介效应分析

变量名称	（1）gap	（2）overpay	（3）msac	（4）gap	（5）overpay
gtp	-0.604 3** (-2.106 7)	-0.294 8** (-2.078 6)	-0.641 2** (-1.999 0)	-0.590 3** (-2.067 0)	-0.293 0** (-2.136 1)
msac	—	—	—	0.021 2 (1.032 0)	0.019 8* (1.691 7)
控制变量	是	是	是	是	是
企业固定效应	是	是	是	是	是
行业固定效应	是	是	是	是	是
年份固定效应	是	是	是	是	是
N	1 146	923	1 146	1 146	923
R^2	0.514 0	0.376 5	0.416 1	0.514 0	0.378 8

五、异质性分析

（一）经营情况异质性分析

从经营情况角度看，在企业经营不佳的情况下，高管往往面临来自多方面的压力，可能会采取如财务欺诈等一系列行为，从而获取更高的薪酬奖励或确保自己能够继续享受高额的薪酬待遇。基于此，本节以企业利润率与当年行业中位数的比值为划分标准，将样本分为高利润、低利润两组并进行分组回归分析。

表8-15的回归结果显示，高利润组的回归系数为-0.885 8且在10%的水平上显著为负，而低利润组的回归系数为-1.257 8且在1%的水平上显著为负，表明与利润率较同行业更高的中小微企业相比，税收征管数字化对中小微薪酬差异的抑制作用在低利润率的企业中更显著。这进一步说明了当企业面临更严峻的利润挑战时，中小微企业的高管更有可能通过薪

酬操纵以使自己能够继续享受高额的薪酬待遇，此时税收征管数字化可以更有效地发挥治理作用从而缩小中小微企业的内部薪酬差异。

表8-15 经营情况异质性分析

变量名称	高利润组	低利润组
	gap	gap
gtp	−0.885 8* (−1.749 7)	−1.257 8*** (−4.011 7)
控制变量	是	是
企业固定效应	是	是
行业固定效应	是	是
年份固定效应	是	是
N	579	834
R^2	0.430 0	0.667 7

（二）薪酬攀比异质性分析

从高管获得超额薪酬的动机来看，高管之间的薪酬比较心理也可能是企业经营情况之外的、高管试图进行薪酬操纵以获得更高收益的影响因素。当高管发现自身的薪酬水平明显低于同行业的其他企业高管时，可能会感到不满和不公平，从而产生攀比心理，渴望获得与竞争对手相当甚至更高的薪酬待遇（罗宏等，2014）。

基于此，本节以各中小微企业高管薪酬与同行业的中位数的比值为划分标准，将高管薪酬中位数与当年同行业高管薪酬中位数进行对比，将样本分为强攀比动机和弱攀比动机两组，并进行分组回归分析，结果如表8-16所示。税收征管数字化在强攀比组和弱攀比组的回归系数具有显著差异，在强攀比组的回归系数为−0.781 9且在1%的水平上显著为负，与基本回归结论一致。但在高管薪酬水平较同行业企业较高的弱攀比心理组中，税收征管数字化对中小微企业内部薪酬差异有负向影响但并不显著。这说明中小微企业高管的潜在薪酬攀比心理，使高管面临同行业的不同薪酬时感到了不满和不公平，从而更容易操纵薪酬以获得与竞争对手相当甚至更高的薪酬待遇，而税收征管数字化对中小微企业的内部薪酬差异的抑制作用比在部分具有更强攀比心理的高管的企业中会更有效。

表 8-16　薪酬攀比异质性分析

变量名称	强攀比组	弱攀比组
	gap	gap
gtp	−0.781 9*** (−2.671 4)	−0.949 6 (−1.271 5)
控制变量	是	是
企业固定效应	是	是
行业固定效应	是	是
年份固定效应	是	是
N	771	642
R^2	0.623 9	0.609 2

第六节　本章小结

一、研究结论

本章在相应理论支撑并参考前人研究的基础上，以 2009—2021 年新三板挂牌的中小微企业为研究样本，采用提出研究假设、构建模型以及实证分析的方法，探究了金税三期工程实施对中小微企业内部薪酬差异的影响，得出如下主要结论：

从作用效果来看，金税三期工程的实施通过加强监管，实现了税务部门间涉税信息的集中与共享，能够缩小中小微企业内部薪酬差异。从影响机制来看，税收征管作为重要的外部监督治理机制，一定程度上发挥了积极的公司治理作用，从而使得中小微企业的不合理内部薪酬差异缩小。

作用机制分析表明，数字化税收征管在抑制中小微企业内部薪酬差异中有两种作用路径。一是有效提升企业财务信息透明度，进而缩小企业内部薪酬差异。二是金税三期工程的实施强化了政府监督，提高了企业避税的难度，减少了避税活动带来的代理成本，进一步减少了代理冲突，使得最优薪酬契约得以更好地发挥作用。

在异质性方面，当企业面临更严峻的利润挑战时，中小微企业的高管更有可能操纵薪酬以使自己能够继续享受高额的薪酬待遇，此时税收征管数字化可以更有效地发挥治理作用从而缩小中小微企业的内部薪酬差异。此外，中小微企业高管的潜在薪酬攀比心理，使高管面临同行业的不同薪酬时感到了不满和不公平，从而更容易操纵薪酬以获得与竞争对手相当甚至更高的薪酬待遇，税收征管数字化对中小微企业的内部薪酬差异的抑制作用比在部分具有更强攀比心理的高管的企业中会更有效。

二、政策建议

（一）积极提升中国税收征管数字化程度

金税三期工程是税收征管数字化建设的重点项目。金税三期工程实现了税收、税务机关和有关部门的全覆盖，但仍需进一步实现更多税收和资金信息的互联互通从而发现更隐蔽的避税行为。此外金税三期系统在处理巨大流量时稳定性一般，纳税人实操申报时可能会出现一些系统问题。目前金税四期工程已于 2023 年在广东、山东和重庆等地进行试点，未来将在全国范围进行推广运行，而数字化税收征管可以实现税收信息的实时共享和交换，促进机构之间的合作和协调，加强对税收活动的监管和管理，防止逃避税收行为。本章研究发现，税收征管数字化和智慧化转型对于缩小企业内部不合理薪酬差距具有重要意义，税收征管数字化可以有效发挥治理作用，从而提高薪酬管理的透明度，增强薪酬分配的合理性和公正性。这表明我国应当坚持推动税收征管数字化、智慧化转型，提升税收征管水平，维护税收秩序，促进经济发展。

具体而言，首先，要建立和完善数字化税收信息系统，建立统一的税收信息平台，整合各类税收数据和信息资源，实现全面数据共享和交换。同时，采用先进的信息技术和大数据分析手段，构建智能化税收管理系统，实现对纳税人的精准监管和预警，提高税收征管的精准度和效率。其次，加强数字化税务服务平台的建设和运营，通过建立便捷高效的网上办税平台和移动端应用，为纳税人提供全方位的在线税务服务，实现纳税过程的电子化和自助化，提高纳税人的满意度和便利度。再次，推动税收征管智能化和自动化技术的应用，利用人工智能、大数据、区块链等前沿技术，开发智能税务管理系统和自动化税收征管工具，实现对税收数据的实时监控和分析，提高税收管理的科学性和准确性，减少人为误差和漏洞。再其次，加强税收征管人才队伍建设和培训，培养一支具备数字化税收管理技能和专业知识的税收征管人才队伍，提高他们的信息技术水平和应用能力，适应数字化税收管理的需要，为税收征管数字化提供人力支撑和保障。最后，加强税收征管法律法规和政策的制定和完善。针对数字化税收征管的需求和特点，及时修订和完善相关税收法律法规和政策，明确数字化税收征管的监管要求和规范标准，为数字化税收管理提供法律保障和政策支持。

（二）完善中小微企业内部治理结构

产生不合理薪酬差距的原因在于管理者的权力未受到合理约束，以致其拥有薪酬操纵的动机和能力。中小微企业作为经济发展的重要组成部分，承担着促进就业、推动创新、促进经济增长等重要任务。然而，由于其规模较小、管理水平参差不齐，可能会存在内部治理结构不健全、决策机制不规范、权责不明确等问题。因此，完善中小微企业的内部治理结构，不仅能够提升企业的经营效率和竞争力，还能够促进企业的稳定和健康发展。

本章的研究表明，当面临更严峻的利润挑战和更高攀比心理时，高管具有更强的薪酬操纵动机。这表明中小微企业要重视内部治理机制建设。一是要实行多元化薪酬制度，保障合理薪酬差距的激励作用。二是要完善监督机制，抑制过高权力的存在，震慑管理者的薪酬操纵行为，保障企业内部薪酬分配的合理性。一方面，通过实行多元化薪酬制度，包括基本工资、绩效奖金、股权激励、福利待遇等多种形式，更好地满足不同员工的需求和期望，吸引和留住人才，提升企业的核心竞争力。建立科学合理的薪酬制度，根据企业的发展战略和业务需求，设计出符合员工激励需求和企业利益的薪酬体系；建立健全绩效考核和评价机制，对员工的工作表现进行客观公正的评价，为薪酬分配提供依据；加强对薪酬制度的解释，让员工充分了解薪酬制度的设计原则和运行机制，增强员工的信任和认同感。另一方面，保障企业治理的公正和透明，企业作为社会经济组织，其治理质量直接关系到企业的长远发展和稳定。本章研究表明，过高的权力可能导致管理者滥用职权，对企业内部的资源分配和决策进行操控，损害企业利益和员工权益。因此，通过完善内部监督机制，建立独立的监督机构或委员会，能够加强对管理者的监督和约束，保护企业和员工的合法权益。企业还应建立健全内部控制和监督机制，明确权责关系和监督责任，加强对管理者的行为监督和评估。此外，要加强对薪酬操纵行为的监测和检查，建立有效的内部举报机制，鼓励员工积极参与监督和检举。同时，还需要加强对管理者的培训和教育，增强其法律意识，提高其职业道德水平，加强自我约束，防止权力滥用和薪酬操纵行为的发生。

（三）重视初次分配的基础性作用

从宏观角度考虑，中小微企业的内部薪酬差异与国民收入初次分配息息相关。税收政策在影响再分配效果的同时，也可能间接影响初次分配的公平性。中小微企业是国民收入初次分配的主要参与主体，初次分配直接影响着社会的公平正义、经济的稳定和可持续发展。它决定了财富和资源在社会中的最初分配方式，直接影响到个体之间的财富差距和社会的整体公平性。因此要重视初次分配的基础性作用，通过合理的税收政策和有效的监管措施，促进社会资源的公平分配。

初次分配直接关系到经济社会的公平与正义、人民群众的切身利益以及社会的稳定和发展。在当前社会经济发展的背景下，加强对初次分配的重视，不仅能够实现资源的合理配置和社会的公平正义，还能够促进经济的健康发展、增强社会的凝聚力和稳定性。初次分配是资源配置的起点和基础，直接影响到后续的再分配和再配置过程。通过合理的初次分配，可以实现资源的有效配置，发挥市场机制的作用，促进社会资源的优化配置和高效利用。初次分配直接影响到个体和群体的收入水平和财富积累，关系到社会的公平正义和社会稳定。通过加强对初次分配的调控和管理，可以实现收入的合理分配和财富的公平共享，缩小贫富差距，增强社会的凝聚力和稳定性。在税收政策上，通过适当调整税收结构和税收政策，实现富人和高收入者的适度负担，为低收入者提供更多的优惠和扶持，优化薪酬分配，促进社会的公平正义和社会和谐稳定。

第九章 社保缴征管改革
与人力资源服务业发展

第一节 问题的提出

社会保险费交由税务部门统一征收后,企业面临缴费基数提高与征收力度加大等问题,利润空间被压缩(秦立建、胡波、苏春江,2019)。在劳动力市场上,非正规就业者相较于正规员工具有未签订完整劳动合同、劳动报酬低等特点(杨翠迎、程煜,2019)。当前,我国职工社会保险的缴纳与福利发放主要依据劳动合同,与正式就业状态紧密挂钩,具有规范的管理体系,社会保险费交由税务部门统一征收为企业非正规用工提供了动机。人力资源服务业作为生产性服务业的关键领域,通过提供多元化服务在促进产业发展、提升劳动力质量及优化资源配置等方面发挥着显著作用,是政府、学术界和行业内部广泛关注的焦点(田永坡,2019),劳务派遣与外包是该行业的主要经营范围之一。因此,本章试图从人力资源服务业这一新的视角切入,探究社会保险费交由税务部门统一征收的影响,为进一步完善社保征收制度提供有益参考。

社会保险费是企业劳动力成本的重要构成部分,许多学者已经关注到此次改革对企业生存压力与行为的影响。"改革方案"的出台使得那些在日常社会保险参保与缴费方面存在不规范行为的企业用工成本上升,进而导致企业成本加成率下降(李新、蒋越、徐微,2020)。费基范围过窄,不同群体费基标准不一,也间接提高了费率,对小微企业的运营发展产生不利影响。(刘雪华、韩良义、石坚,2019)。在此情况下,企业会增加固定资产投资,减少低学历人员的雇佣,用资本替代低技能劳动力(唐珏、封进，2019）。在以职工工资总额作为缴费基准的规定下，企业也更偏向于雇用非正规就业者，加剧了非正规用工现象的发生（秦立建、胡波、苏春江，2019）。在现有研究的基础上，进一步讨论此次改革对人力资源服务业发展的影响效应，可以为该行业的未来发展提供启示与方向，具有重要的理论价值和现实意义。

在现有研究社保征缴体制改革影响的文献中，鲜有学者关注到其对人力资源服务业发展的影响。相关文献的研究主要聚焦于社会保险费征管（刘建徽、胡金星，2024；汪德华，2018；高新宇、齐艺，2020）、企业参保行为（唐珏、封进，2019；刘辉、刘子兰，2020）、社保资金筹集（艾希繁、周刚志，2019；朱铭来、申宇鹏、高垚，2021）等。在此背景下，本章将各省份社会保险费交由税务部门统一征收视为一项准自然实验，采用 2010—2019 年各地级市数据考察社会保险费交由税务部门征收对人力资源服务业发展的影响。鉴于江苏省等 17 个省份在 2010 年前已完成社会保险费交由税务部门统一征收的体制改革，本章将其从样本中剔除。鉴于养老保险在社会保险费中占到三分之二的比重（唐珏、封进，2019），是社会保险收入中的核心费种，本章以养老保险的征管模式代表该地区的社保费征管模式情况。研究发现，社会保险费交由税务部门统一征收显著促进了当地新注册人力资源服务企业数量的增长，且该结论通过了平行趋势检验、安慰剂检验、缩小面板数据样本量、样本数据筛选等多个维度的稳健性检验。随后的异质性分析结果显示，社会保险费交由税务部门统一征收对当地人力资源服务业发展的促进作用在经济水平低、财政压力大、人口流动性大的地区更大。

本章的研究在理论和实践层面均具有显著意义。与以往文献相比，其贡献主要体现在以下几个方面：从理论层面看，本章创新性地从人力资源服务业发展这一视角出发，探究社会保险费交由税务部门统一征收的政策影响，为评估该政策的效应提供了新的实证检验证据，扩展了该领域文献的视角。从实践层面看，一方面，本章在充分考虑人力资源服务行业发展现状的基础上为社会保险费征管制度的完善提供有益参考；另一方面，本章在考虑社会保险费征缴制度改革的情况下为人力资源服务行业未来发展提供启示与方向，有助于推动该行业健康、可持续发展。

本章其余部分的结构安排如下：第二节为制度背景分析，第三节为文献综述，第四节为研究设计，第五节为实证结果与分析，第六节为研究结论与启示。

第二节 制度背景分析

社会保险费征收制度对于确保社会保障体系的稳定运行、维护社会稳定以及促进社会公平和经济发展具有重要意义。中华人民共和国成立后，我国社会保险费的征缴制度经历过多次变革，大体形成了工会主导银行代收、劳动保障部门负责征收、社保部门与税务部门二元主体征收、税务部门统一征收四个发展阶段（杨翠迎、程煜，2019）。本章所指社保征缴体制改革为最近一次由二元主体征收改为税务部门统一征收改革。

我国从很早就开始探索和尝试将社会保险费交由税务部门统一征收。2002 年国家税务总局出台《关于税务机关征收社会保险费工作的指导意见》（国税发 124 号），强调"尚未实现税务部门征收的地区尽快实现'三费'集中、统一征收"。2005 年国家税务总局在《关于切实加强税务机关社会保险费征收管理工作的通知》（国税发 66 号）中提出"加快推进社会保险费集中、统一征收"和"强化税务机关征收主体地位"的要求，且将涉及范围从"三费"扩大到"五费"，即养老、医疗、工伤、失业、生育五大险。2011 年正式实行的《中华人民共和国社会保险法》规定社会保险费统一征收，但并未说明交由哪一机关征收。这一阶段实行的措施并未取得较大成果。截至 2018 年底，我国 31 个省（自治区、直辖市）中仅有 6 个实行"税务部门全征"的社保征收模式，13 个为"税务部门代征"，其余 12 个仍为"社保经办机构全征"（曾益等，2020）。具体征收模式改革时间点如表 9-1 所示①。

表 9-1 截至 2018 年底各地社会保险费征收模式改革时间

地区名称	征收模式	改革时间	文件
广东省	税务部门代征	2000. 1. 1	粤府 1999 号
	税务部门全征	2009. 1. 1	粤劳社函 1789 号
福建省	税务部门全征	2001. 1. 1	福建省人民政府令第 58 号

① "税务部门全征"即税务部门核定缴费基数，税务部门征收社会保险费；"税务部门代征"即社保经办机构核定缴费基数，税务部门征收社会保险费；"社保经办机构全征"即社保经办机构核定缴费基数，社保经办机构征收社会保险费。

表9-1(续)

地区名称	征收模式	改革时间	文件
浙江省	税务部门代征	1998.1.1	浙政12号
	税务部门全征	2005.6.1	浙江省人民政府令第188号
河南省	税务部门代征	2017.1.1	豫政77号
内蒙古自治区	税务部门代征	2001.1.1	内政字272号
江苏省	税务部门代征	2004.2.1	江苏省社会保险费征缴条例
海南省	税务部门全征	2000.11.1	海南省人民政府令第141号
云南省	税务部门代征	2007.1.1	云南省社会保险费征缴条例
重庆市	税务部门代征	1999.5.21	渝府发33号
宁夏回族自治区	税务部门代征	2008.1.1	宁政办发232号
安徽省	税务部门代征	2001.1.1	安徽省人民政府令第128号
湖北省	税务部门代征	2002.7.1	湖北省人民政府令第230号
辽宁省	税务部门全征	2000.7.1	辽宁省人民政府令第116号
河北省	税务部门代征	2002.3.1	河北省人民政府令第25号
黑龙江省	税务部门代征	2013.9.1	黑龙江省社会保险费征缴办法
青海省	税务部门代征	2001.1.1	青政114号
陕西省	税务部门代征	2000.5.1	陕政发11号
湖南省	税务部门全征	2001.5.1	湖南省人民政府令第142号
甘肃省	税务部门代征	2000.1.1	甘肃省社会保险费征收管理暂行规定
其他地区	社保经办机构全征	—	—

　　我国社会保险费征缴体制改革正式开始于2018年。2018年3月，中共中央在《深化党和国家机构改革方案》中提出将养老、医疗和失业保险交由税务部门统一征收。2018年7月公布的《国税地税征管体制改革方案》正式提出，从2019年1月1日起将各项社会保险费交由税务部门统一征收。随着征收主体统一的共识日益加强，企业负担问题逐渐凸显。特别是在2018年中美经贸摩擦加剧、国内经济下行的背景下，民营企业的负担问题更显严峻，亟待引起高度重视和有效解决（陈秋霖、谈佳辉，2022）。为了缓解其带来的负面影响，中央对改革进程作出调整。国务院办公厅

2019 年 4 月发布《关于印发降低社会保险费率综合方案的通知》（国办发 13 号），指出原则上暂按现行征收体制继续征收（即暂缓征收体制改革），稳定缴费方式，"成熟一省、移交一省"。直到 2020 年，随着"减税降费"政策的有力实施，改革条件进一步成熟，全国所有省级行政单位的社会保险费全部交由税务部门统一征收。至此，中国社会保险统一征管的改革基本完成（陈秋霖、谈佳辉，2022）。

第三节　文献综述

一、人力资源服务业发展的文献综述

近年来，我国人力资源服务业的发展呈现出显著的高质量增长态势，特别是在劳务派遣与外包服务领域。这一增长趋势首先得益于经济发展这一根本动力，尤其是外资企业逐步进入中国市场，带动了人力资源服务需求激增。人力资源服务业在整合雇佣双方等方面存在优势（Barbieri and Cutuli，2018），为解决在华用工及人力管理等难题，促进派遣、猎头及管理咨询等行业蓬勃发展，形成了独特的外企人力资源服务架构（田永坡，2019）。在经济发展的过程中，企业面临的市场环境和客户需求也更加复杂。为了快速适应市场变化和客户需求的多样化，越来越多的企业倾向于采用灵活多变的人力资源策略。这一趋势进一步推动了灵活雇佣、跨行业人力资源共享、商业流程外包和招聘业务外包等多元化服务需求的涌现，为人力资源服务业的扩展提供了广阔的市场空间（李燕萍、陈文，2020）。此外，创新驱动也是推动人力资源服务业高质量发展的重要因素（李燕萍、李乐，2022）。许多人力资源服务机构积极利用互联网技术，进行产品和经营模式的创新，在主要的人力资源服务业态都有涉及，其中排在第二位的就是劳务派遣（田永坡，2017）。

二、关于社保交由税务部门统一征收的影响的文献综述

社会保险费交由税务部门统一征收这一改革完善和发展了我国社会保险费征收体制，具有重大的影响和意义。第一，随着社会保险费征管职责划转改革的完成，税务部门形成了税收、社会保险费和非税收入征缴的业务框架，有利于实现其对各收入的统一征管（刘建徽、胡金星，2024）。

同时税务部门具有强大的信息化系统、专业的征收机构和人力保障，还可以方便纳税人缴纳社会保险费，为参保人提供更为便捷的服务（汪德华，2018）。第二，社会保险费征收体制改革统一征收主体，有利于形成权力集中，解决之前权责不清、征缴混乱的问题，规范征收流程（高新宇、齐艺，2020），使税务部门明确自身职责边界，以及促进职能优化（杨翠迎、程煜，2019）。第三，社会保险费划转到税务部门征收管理，可以增加社会保险收入，降低财政负担（曾益、邓智宇，2022）。其不仅可以提高企业参保概率和参保水平（刘辉、刘子兰，2020）、促使更多企业参保（唐珏、封进，2019），还可以提高社会保险费的征缴效率、扩大参保缴费覆盖面和社保资金规模（艾希繁、周刚志，2019），使基金筹集更加稳定（朱铭来、申宇鹏、高垚，2021）。第四，从社保部门的视角出发，此次改革无疑为其带来了更为广阔的发展空间。通过优化职能配置，社保部门可以将更多的人力、物力、财力聚焦于社保政策的完善与业务的高效履行。改革后的两部门能够各展所长、各司其职，形成分工明确、合作紧密的良好局面，共同推动社保事业的稳健发展（杨翠迎、程煜，2019）。第五，税务部门征收社会保险费，有助于凸显市场经济的竞争特性，进一步激发市场活力。改革导致缴费基数提升、征缴力度增强以及惩戒措施完善，使得经营能力较弱的中小企业面临成本上升的挑战，难以生存。而具备竞争力的中小企业则能够灵活应对，运用多种手段自发变革，以适应新的市场环境（秦立建、胡波、苏春江，2019）。

此次改革具有较好的政策效果，但改革过后社会保险费征管方面仍有许多问题亟待解决。首先是社会保险费征管法律制度建设相对滞后，存在法律法规不配套、不同省份之间的社会保险制度不统一等问题（艾希繁、周刚志，2019）。目前，《中华人民共和国社会保险法》与《社会保险费征缴暂行条例》等相关法律依据对税务机关是否具有社会保险费征管权限没有作出适应性修订（高新宇、齐艺，2020），也没有对社会保险费征管的基本程序作出明确规定，难以支撑社会保险费征管现实需求（王乾、王明世，2020）。税收征管相关法律法规也尚未与社会保险费征管的具体实施细则和操作方法衔接、配套，导致税务部门在税收征管中采取的措施和手段无法完全适用于社会保险费的征管（辛正平等，2020；王乾、王明世，2020）。其次是社会保险费征管协作机制不够完善。一方面，部分征管具体工作分工尚不明确。例如，改革之前，对用人单位和个人社会保险费缴纳情况的监督检查职责一般由人社部门承担，征管职责移交税务部门后，税务机关是否可以承担此职责，目前暂无权威部门作出明确解释（刘建徽、胡金星，2024）。另一方面，协作沟通涉及部门多，需加强征管信息的协同化。目前，我国税务、社保、财政、工商等部门均拥有各自的信息采集与管理系统，但协调机制尚待完善，部门间的协作配合尚显不足。这种现状可能导致多缴费后难以退费、少缴费后难以补缴以及欠缴费后难以追缴等问题（吴晓晨、王慕瑶，2023；辛正平等，2020）。

三、社保交由税务部门统一征收与非正规用工

社保征缴主体的选择与覆盖面直接关系到社保征缴体系运作的稳健性和能否形成较高遵缴率（Enoff and McKinnon，2011）。社会保险费交由税务部门统一征收会使社保征管力度加大，提高了企业的劳动力成本，给企业带来较重的财务负担（赵健宇、陆正飞，2018）。法律制度对劳动者权益的保护是影响企业劳动力成本黏性的重要因素（Banker，Byzalov，and Chen，2013）。在此情况下，企业会通过降低员工工资、用资本替代低技能劳动力等方式将缴费负担转嫁给员工（Gruber，1994；Lubotsky and Olson，2015；唐珏、封进，2019）。在以职工工资总额为单位缴费依据的规定下，企业也更加倾向于雇用非正规就业者，诱导非正规用工现象普遍滋长（秦立建、胡波、苏春江，2019）。杨国超等（2023）研究发现，经济政策不确定性促进企业倾向于劳务外包，尤其在民营企业中明显，能够有效提升生产效率，缓解成本压力。这种机制使企业能够根据需要，灵活调整经营战略，从而在各种市场环境下保持竞争力（Gilley，Greer，and Rasheed，2004）。因此，在社会保险费交由税务部门统一征收后，企业为了降低劳动力成本，选择雇用更多的非正规就业者已成为普遍现象。

第四节　研究设计

一、样本选择与数据来源

根据各省级区域社保交由税务部门统一征收的时间点，本章选取2010—2019年全国各地级市作为研究样本。鉴于江苏省等17个省份在2010年前已完成社会保险费交由税务部门统一征收的体制改革，本章将其

从样本中剔除。同时，剔除数据缺失较多的地级市，最终保留14个省份的120个地级市作为研究样本，确保数据分析的准确性和代表性。最终得到包含1 200个样本的非平衡面板数据，其中290个样本作为处理组，其余样本作为控制组。

本章的研究数据主要来自中国城市统计年鉴及各地级市的统计年鉴，企业层面数据来源于国泰安数据库。地方新设立人力资源服务业企业数量通过对天眼查平台工商注册信息手工整理得到。各地的社会保险费征缴方式从各地官方政府文件中获得。对于缺失值较多的变量，本章使用线性插值法，利用数据的线性趋势对其进行部分填充。

二、变量定义

（一）被解释变量

地区人力资源服务业发展状况（Human），本章使用该地区新注册人力资源服务业企业数量的对数值来刻画。首先，新注册企业的数量通常反映了市场的活跃度和增长潜力，新企业的出现意味着有更多创新者和投资者看好这个行业的发展前景；其次，新注册企业的数量可以反映行业扩张的趋势和速度，是政策环境和市场环境变化的灵敏指标，有助于了解当地人力资源服务业的整体发展状况。

（二）核心解释变量

社保征收机构的变动（DID）。参考唐珏和封进（2019）的做法，若该地区7月份之前将养老保险征收机构从社会保险部门变更为税务部门，则当年及以后年份取值为1；若7月份之后变更，下一年及之后年份取值为1；其余则取值为0。

（三）控制变量

除社保征收机构的变动外，还有许多因素会影响当地人力资源服务业的发展状况。本章选取了一系列控制变量：第二产业发展状况（Second），采用第二产业增加值占GDP的比重表示；第三产业发展状况（Third），采用第三产业增加值占GDP的比重表示；户籍人口数的对数值（Popula）；人力资本水平（HumanCap），参考詹新宇和刘文彬（2020）的做法，采用每万人中在校大学生人数的对数表示；地区工资水平（Wage），采用在岗职工平均工资的对数表示；全市规模以上工业企业数的对数（Firm）；城镇私营和个体从业人员数的对数（Staff）。

城镇私营和个体从业人员的数量增长可以促进人力资源服务业的发展。从需求驱动的角度来看，随着城镇私营和个体从业人员数量的增加，劳动力市场对于人力资源服务的需求也会相应增长。这些企业或个人在招聘、培训、薪酬管理等方面需要专业的支持，从而促进了人力资源服务业的发展。从供给侧分析，私营和个体经济的发展也为人力资源服务业提供了更广阔的市场空间。随着市场的扩大，越来越多的创业者看到了在人力资源服务领域的商机，从而选择进入该行业，进一步推动了新注册人力资源服务业企业数的增加。主要变量的描述性统计如表9-2所示。

表9-2　主要变量描述性统计

变量	样本量	均值	标准差	最小值	最大值
Human	1 190	3.041	1.472	0.000	7.448
DID	1 200	0.102	0.303	0.000	1.000
Second	1 199	0.476	0.117	0.107	0.897
Third	1 199	0.392	0.105	0.098	0.835
Popula	1 195	5.936	0.711	3.400	7.313
HumanCap	1 164	4.588	1.102	0.524	7.178
Wage	1 187	10.784	0.359	9.679	12.062
Firm	1 076	6.426	0.968	3.638	9.207
Staff	1 113	12.704	0.928	9.230	16.069

（四）实证模型

为了研究社会保险费交由税务部门统一征收对当地人力资源服务业发展的影响，本章使用双重差分模型，将此过程视作一次准自然实验，以河南省和黑龙江省的地级市为实验组，其余省份的地级市为对照组。由于不同省份于不同时间变更社保征收部门，不适用于传统双重差分模型，本章参考过去学者的研究，构建渐进双重差分模型，并控制时间效应和地区效应。具体形式如下：

$$Y_{it} = \alpha_1 + \beta_1 \, \text{DID}_{it} + \sum \gamma_j X_{it} + \varphi_i + \mu_t + \varepsilon_{it} \qquad (9-1)$$

其中，Y_{it} 表示地区人力资源服务业发展状况，以该地区新注册人力资源服务业企业数量的对数值来表示，i 和 t 分别代表地区和时间。α_1 表示截距。did_{it} 为核心解释变量，表示社保征收机构的变动。若该地区 7 月份之前将养老保险征收机构从社会保险部门变更为税务部门，则当年及以后年份取值为 1；若 7 月份之后变更，下一年及之后年份取值为 1；其余则取值为 0。did_{it} 的系数 β_1 表示该过程的净效果，应重点关注。X_{it} 为控制变量，即影响当地人力资源服务业发展状况的其他变量。φ_i 与 μ_t 分别为地区和时间的固定效应。ε_{it} 为随机扰动项。本章为应对序列相关与异方差问题，给出了基于地级市层面聚类的稳健标准误分析。

第五节 实证结果与分析

一、基准回归结果

表 9-3 显示了用式（9 - 1）估计社会保险费交由税务部门统一征收对当地人力资源服务业发展的影响的检验结果。第（1）列没有加入固定效应与控制变量，其结果表明在 1% 显著性水平下社会保险费交由税务部门统一征收与当地人力资源服务业发展间存在显著正向因果关系，即改革会显著促进人力资源服务业发展。第（2）、（3）列逐步加入固定效应与控制变量，DID 的估计系数值均显著为正且稳定在 40% 左右，说明将社保交由税务部门统一征收显著增加了当地新注册人力资源服务业企业的数量。其中第（3）列的结果最可靠，不仅规避了个体差异与年度宏观因素导致的估算偏差，还排除了其他潜在变量的干扰，具有较高的准确性和可信度。在充分考虑其他因素的情况下，平均来说，将社保交由税务部门统一征收可以使当地新注册人力资源服务企业增长约 1.549 6 倍。对控制变量的回归结果进行分析，与理论预期一致，两个控制变量均对当地人力资源服务业发展具有促进作用。

表 9-3　基准回归结果①

变量	（1）	（2）	（3）
	Human	Human	Human
DID	0.843 *** （0.214）	0.353 *** （0.124）	0.416 *** （0.121）
Constant	2.954 *** （0.106）	3.005 *** （0.013）	−14.065 ** （6.829）
样本量	1 190	1 190	971
R^2	0.030	0.868	0.877
控制变量	否	否	是
时间固定效应	否	是	是
地区固定效应	否	是	是

二、稳健性检验

（一）平行趋势检验

社会保险费交由税务部门统一征收促进当地人力资源服务业发展，是否一定是来自政策实施本身带来的经济效应，而不是其他难以观察到的因素，需要进行更为细致的考察。采用双重差分法（DID）对政策进行效果评估时，需要满足"平行趋势假设"这一重要前提，即处理组和控制组在政策实施之前必须具有相同的发展趋势。本研究借鉴 Beck 等（2010）学者的处理方法，通过事件研究法（Event Study）对事前平行趋势和政策的动态经济效应进行分析。由此，本研究建立如下动态模型：

$$Y_{it} = \alpha_1 + \sum_{j=-M}^{N} \delta_j \, \text{REFORM}_{i,\,t-j} + \sum \gamma_j X_{it} + \varphi_i + \mu_t + \varepsilon_{it} \quad (9\text{-}2)$$

其中，$\text{REFORM}_{i,\,t-j}$ 是一个虚拟变量，如果地级市 i 在 $t-j$ 时期 7 月份之前养老保险费由税务部门统一征收，那么该变量取值为 1，否则为 0（M、N 分别表示政策时点前和政策时点后的期数），其余变量与前文公式保持一致。为了更加方便、直观地检验政策的平行趋势和动态效应，本研究采用图示法进行结果展示，以比较社会保险费征收机构变更前后地级市人力资

---

① 括号内为聚类到地级市层面的标准误，*、** 和 *** 分别表示 10%、5% 和 1% 的显著性水平，本章下表同。

源服务业发展水平的变动趋势，如图9-1所示。模型涉及年份为2010—2019年，实际分析中考虑到某些样本较少，本研究在做数据处理时将政策实施前第6期及以前归并到前第5期，因此取 $M=5$，将政策实施后第6期及后期归并到后第5期，因此取 $N=5$。以政策实施前的第5期为基期。

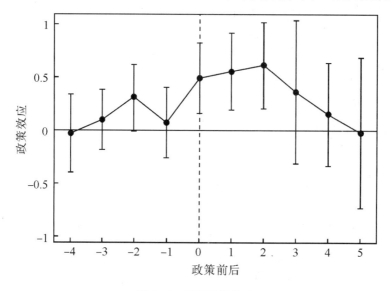

图9-1　平行趋势检验

　　图中横轴表示基于政策冲击时点划分的相对时期，纵轴表示衡量每期政策动态效应的回归系数，实线表示95%的置信区间。从图中可以看出，在社保征收机构变更之前估计系数在0附近波动，且置信区间始终均包含0，这表明，处理组和控制组在实施政策之前差异不明显，是可以进行比较的，即满足了双重差分模型的平行趋势假设。在社保征收机构变更之后的第1、2期其显著性降低，且呈现上扬状态，说明政策冲击会对被解释变量产生正向显著影响。但后期逐渐回归政策冲击前状况，其原因为社会保险费交由税务部门统一征收对当地新注册人力资源服务业企业数量的影响持续时间较短。

　　（二）安慰剂检验

　　为了避免其他非观测变量对回归结果的干扰，本节进行安慰剂检验。在所有样本中随机抽取29个地级市（与实际处理组保持数量一致）作为处理组，其他样本作为控制组，使用表9-3中第（3）列结果作为基准结果，得到实施安慰剂检验的社保征收机构变更对当地人力资源服务业影响的系数估计值。为了提高安慰剂检验的准确性，本节将此过程重复 500 次，得到系数估计值的核密度分布和 p 值，如图 9-2 所示。

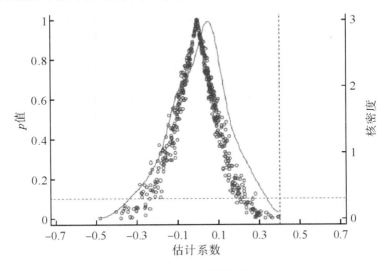

图 9-2　安慰剂检验

从图中可以看出，回归系数集中分布在零值附近，并呈现出正态分布的形态，且大部分回归 p 值大于 0.1，结果并不显著。在基准回归模型中所观察到的系数估计值（0.416）明显位于模拟的虚假回归系数分布的高尾部区域，这种极端情况在安慰剂检验中属于低概率事件。于是我们有理由推断，本章基准估计结果几乎不存在不可观测的随机因素的影响，即社会保险费交由税务部门统一征收对当地人力资源服务业发展的推动作用是真实存在的，从而增强了结果的稳健性、提升了可信度。

（三）减少面板数据样本量

本节采用三种方式来减少面板数据的样本量，验证实证结果的稳健性。第一，考虑到人力资源服务业的发展依赖于当地的服务对象规模，即企业数量的多少，其代表着当地就业人员与劳动力的规模。故本节更换样本选择，对存在 A 股上市企业的地区子样本进行回归分析，结果如表 9-4 第（1）列所示，A 股上市企业基本信息来自国泰安（CSMAR）数据库。第二，由于直辖市在人力资源服务业发展方面具有明显的区位、经济、人力资源等多方面的优势，其在数据表现上与其他城市存在显著差异，所以可能会对回归结果的准确性产生不利影响。新疆维吾尔自治区、西藏自治区同样由于地理位置等因素与其他城市存在显著差异。因此，本节将直辖市、新疆维吾尔自治区与西藏自治区从样本中剔除后进行回归分析，检验模型的稳健性，结果如表9-4第（2）列所示。第三，参考曾益和邓智宇（2022）的做法，本节还采用将样本时间跨度控制在2013—2019年的方法来验证实证结果的稳健性，结果如表9-4第（3）列所示。

表9-4　稳健性检验

变量	（1） 更换样本选择 Human	（2） 剔除部分样本 Human	（3） 缩短样本时间 Human	（4） 1%截尾 Human	（5） 5%截尾 Human
DID	0.432*** (0.139)	0.336*** (0.116)	0.522*** (0.107)	0.398*** (0.121)	0.351*** (0.108)
Constant	−12.209 (10.088)	−9.232 (6.584)	−18.329*** (6.445)	−14.089** (6.850)	−17.118*** (6.522)
样本量	752	924	744	963	893
R^2	0.881	0.873	0.900	0.871	0.853
控制变量	是	是	是	是	是
时间固定效应	是	是	是	是	是
地区固定效应	是	是	是	是	是

对表9-4的回归结果进行分析，发现核心解释变量的估计系数仍在1%的统计水平下正向显著，与基准估计结果相似，说明基准回归的结果是稳健的，社会保险费交由税务部门统一征收的确促进了当地人力资源服务业的发展。

（四）样本数据筛选

为了避免极端值对回归结果的影响，本节根据研究变量Human对样本进行了1%和5%的截尾处理，并重新对式（9－1）进行回归分析。结果如表9-4第（4）、（5）列所示，DID的系数估计值均在1%水平上显著，这与基准回归结果一致，表明模型稳健。此处理方法不仅可以有效减少极端值对结果的影响，还可以增强研究结论的可靠性。

三、异质性分析

（一）社保征收机构变更对不同经济发展水平的地区的影响的差异性

地区经济发展水平会影响当地人力资源服务业的发展。本节使用地区生产总值（GDP）代表当地的经济发展水平，认为中位数以上地区经济发展水平较高，中位数以下地区经济发展水平较低，进而基于式（9-1）分别对不同经济发展水平的样本数据进行回归，结果如表9-5第（1）、（2）列所示。在经济发展水平较高的地区，DID的系数估计值为0.295且在10%统计水平下显著；在经济发展水平较低的地区，DID的系数估计值为0.574，显著性水平为1%。这说明社会保险费交由税务部门统一征收这一政策在经济发展水平较低的地区对人力资源服务业的发展影响较大。这一结果的原因可能有以下两点：第一，在经济发展相对滞后的地区，企业往往面临更为严峻的市场竞争和成本压力，因此，任何增加企业成本的政策或改革，如社保征管力度的加大，都可能对这些企业产生更大的冲击。第二，与经济发达城市相比，经济发展水平较低城市的员工可能对社保的认识和重视程度相对较低，使得企业更容易通过劳务派遣等方式来规避社保缴纳责任。

（二）社保征收机构变更对不同地方财政压力的地区的影响的差异性

为了考察社保交由税务部门统一征收对人力资源服务业发展的影响在财政压力大的地区和财政压力小的地区之间是否存在差异，本节参考刘贯春等（2021）的做法，采用地级市的预算支出与预算收入之差除以地区生产总值来衡量地方财政压力，以地方财政压力的中位数为分界线，将全样本划分为财政压力大的地区和财政压力小的地区两组后分别进行回归。回归结果如表9-5第（3）、（4）列所示。在财政压力大组中，DID的估计系数为0.243，且未通过10%的显著性检验；在财政压力小组中，DID的估计系数为0.532，显著性水平为1%，说明社会保险费交由税务部门统一征收这一政策在财政压力小的地区对人力资源服务业的发展影响较大。这一结果可能的原因为，财政压力小的城市往往拥有更为充足的财政资源，不需要通过加强监管来平衡财政收支，对非正规用工形式的监管不够严格，使得企业更容易通过劳务派遣等方式规避社保缴纳责任。

表 9-5   社保征收机构变更对不同经济发展水平、不同财政压力的地区的影响

变量	（1）	（2）	（3）	（4）
	经济发展水平高	经济发展水平低	财政压力大	财政压力小
	Human	Human	Human	Human
DID	0.295* (0.173)	0.574*** (0.195)	0.243 (0.157)	0.532*** (0.197)
Constant	−21.424 (15.699)	−14.145** (6.514)	−6.523 (7.612)	−21.733* (11.611)
样本量	513	458	465	506
R^2	0.887	0.791	0.811	0.897
控制变量	是	是	是	是
时间固定效应	是	是	是	是
地区固定效应	是	是	是	是

（三）社保征收机构变更对不同流动人口比例的地区的影响的差异性

流动人口的比例会影响当地人力资源行业的发展。一般而言，人口流动性大的城市往往也是经济较为发达、企业数量众多的地区，这些企业在面临严格的社保缴纳要求时，人力成本会显著上升。特别是对于那些劳动密集型企业来说，社保费用的增加可能对企业的经营产生较大影响。除此之外，人口流动性大的城市往往对劳动力有较高的需求，同时劳动力市场的变化也较为迅速。企业为了应对市场的快速变化，需要更加灵活的用工方式。本节参考刘盛和等（2010）的研究方法，使用中国 2010 年人口普查分县资料，将地级市"迁入人口"类中的"本省其他县（市）、市区"和"外省"两项之和作为该地级市的流入人口，代表该地的人口流动水平，流动人口与户籍人口的比值为当地的流动人口比例。以地方流动人口比例的中位数为分界线，将全样本划分为流动人口比例高的地区和流动人口比例低的地区两组后分别进行回归。回归结果如表 9-6 所示。在流动人口比例高组中，DID 的估计系数为 0.418，且通过 5% 的显著性检验；在流动人口比例低组中，DID 的估计系数为 0.346，显著性水平为 10%。这表明社保征收机构变更在流动人口比例高的地区对人力资源服务业的影响更大。但两者之间的差异较小，其原因可能是在人口流动性大的城市，由于员工流动频繁，社保征管部门会投入更多的人力和物力来确保社保费用的及时足额征收，征管力度较大。

表9-6　社保征收机构变更对不同流动人口比例的地区的影响

变量	（1）	（2）
	流动人口比例高	流动人口比例低
	Human	Human
DID	0.418** (0.186)	0.346* (0.176)
Constant	−1.339 (9.133)	−19.635** (9.753)
样本量	473	498
R^2	0.895	0.858
控制变量	是	是
时间固定效应	是	是
地区固定效应	是	是

第六节　本章小结

社会保险费交由税务部门统一征收对企业劳动力雇佣决策的影响可以对当地人力资源服务业发展产生影响。本章将各省份社会保险费交由税务部门统一征收视为一项准自然实验，采用2010—2019年各地级市数据考察社会保险费交由税务部门征收对人力资源服务业发展的影响。研究发现，社会保险费交由税务部门统一征收显著促进了当地新注册人力资源服务企业数量的增长，且该结论通过了平行趋势检验、安慰剂检验、减少面板数据样本量、样本数据筛选等多个维度的稳健性检验。随后的异质性分析结果表明，社会保险费交由税务部门统一征收对当地人力资源服务业发展的促进作用在经济水平低、财政压力大、人口流动性大的地区更强。结合理论分析和实证结果，本章提出以下政策启示：

第一，合理减轻社会保险缴费负担，稳定企业就业状况。从充分就业视角分析，劳务派遣与外包模式为临时性员工提供了更多工作机会。然而，从同工不同酬的角度分析，劳务外包员工相较于正式员工往往面临较低的劳动权益保障和福利待遇，这损害了他们的利益。因此，要根本性地降低企业用工成本和潜在风险，使企业调整用工策略，进而增强劳动者就业的稳定性。政府部门在强化企业社会保险缴纳和劳动者权益保障的同时，应考虑适度降低社会保险法定缴费率，以避免因企业劳动力成本上升而出现的就业不稳定问题。

第二，强化用工企业与外包公司的规范化管理。在当前经济环境下，劳务外包作为企业用工模式的新趋势，愈发凸显其重要性。因此，为确保劳动者权益不受侵害，相关部门在执行层面需强化用工企业与外包公司的规范化管理。这要求我们必须清晰界定劳动关系，明确各方责任，避免责任风险向劳动者不当转嫁。同时，监管力度必须加大，对侵犯劳动者权益和逃避责任的行为应予以严惩。如此，才能确保非正规就业者享受到与其贡献相匹配的福利待遇，进而实现对社会弱势群体的有效保护。此外，建议监管部门要求企业年报中详细披露相关信息，以强化社会监督，促进劳务市场的健康发展。

第十章　研究结论与研究展望

第一节　研究结论

本书围绕人力资本变迁与劳动力市场行为展开系统研究，从区域政策异质性视角深入剖析各关键层面，取得了一系列重要成果，为理论发展与实践应用提供了多方面的有重要价值的参考。

在理论层面，本书梳理整合人力资本理论演进脉络，清晰呈现从古典经济学思想萌芽至现代理论体系完善的发展轨迹。通过多方法综合运用，深化了对人力资本度量、影响因素及与经济社会复杂关系的理论认知。在区域人力资本分布特征研究中，验证并拓展了经济发展、教育资源等因素与人力资本相互作用的理论机制；在行业人力资本研究中，进一步明确产业特性、技术进步对人力资本需求与作用机制的影响，丰富了人力资本在不同产业环境下的理论内涵，为人力资本理论体系注入新活力，拓展了其在区域、行业差异情境下的解释边界。

实证研究成果丰硕多样。在区域维度上，精准揭示我国人力资本省级、区域及城乡分布失衡现状与动态演变趋势。东部地区在经济、教育优势下人力资本领先，中、西部虽有发展但差距仍存；省会与非省会城市差距随政策与经济发展逐渐缩小。证实人力资本与经济增长紧密正相关，且区域政策对其协调发展作用关键，为区域政策制定提供实证依据，助力优化资源配置与缩小区域差距。在行业层面，详细呈现上市公司人力资本结构演变，技术密集型行业高端人才需求增长显著，传统行业转型中结构调整加速。系统分析人力资本与企业财务绩效的关系，技术密集型呈强正相关关系，资源与劳动密集型各具特点，为企业人力资源战略制定提供精准指导，推动企业依据行业特性优化人力资本管理。

在政策评估与建议方面，全面评估各类政策对人力资本的影响。教育政策成效显著但资源分配不均，生育政策调整引发系列连锁反应，财税等政策协同效应初显但仍有优化空间。基于研究结论，为政府提出优化教育资源配置、完善生育与财税政策、强化区域产业政策协同等建议；为企业提供精准人力资源规划、科学薪酬激励与培训体系构建等策略，促进人力资本与经济社会良性互动，提升政策有效性与资源配置效率。

然而，研究仍存在一定局限。在数据层面，部分数据统计口径差异与样本代表性问题可能影响结果普适性；在方法上，虽采用多元方法但复杂经济社会关系仍难以完全精准捕捉；变量选取受限于数据可获取性，可能遗漏关键因素。未来研究可拓展数据来源并改进搜集方法，优化研究模型与变量选择，深化新兴领域如人工智能对人力资本的影响研究，进一步拓展与细化本研究主题，为人力资本研究与经济社会发展持续贡献力量。

第二节　研究展望

随着科技的迅猛发展，尤其是人工智能、大数据、区块链等新兴技术的广泛应用，其对人力资本和劳动力市场的影响将成为关键研究点。深入探究这些技术如何重塑不同行业的工作岗位需求结构、技能要求标准以及职业发展路径至关重要。例如，研究在高度自动化的制造业中，传统生产岗位工人如何向技术维护、智能设备操作等新型岗位转型，以及所需的再培训课程与支持体系设计；在金融科技领域，分析新兴技术引发的金融人才技能升级需求，如对数据分析、算法编程与金融知识融合能力的要求，以及高校金融专业课程改革方向。同时，关注新兴技术对就业创造与替代的动态平衡机制，预测不同技术发展阶段的就业趋势，以便提前制定政策平息就业波动。

全球经济一体化进程的加速使国际人力资本流动与竞争格局日益复杂。未来研究需对比分析不同国家和地区在吸引、留住和利用国际人才方面的政策成效与经验教训。例如，研究欧美发达国家凭借优厚科研待遇、先进科研设施与宽松移民政策吸引高端科技人才的策略，以及亚洲新兴经济体如新加坡、韩国等通过教育提升、产业升级与人才激励计划打造人才高地的实践路径。探讨国际人才流动对母国和流入国人力资本积累、产业创新升级及经济增长的长期影响差异，为我国在全球人才竞争中制定更具竞争力的人才引进、培养与回流政策提供依据，加强国际教育合作、人才交流项目的优化设计，提升我国在全球人才价值链中的地位。

在区域政策方面，尽管现有研究揭示了部分政策影响，但政策协同优化与精准实施仍需深化。未来应构建综合政策评估模型，纳入更多经济、社会、人口与地理因素，模拟不同政策组合在长期和短期对区域人力资本分布与经济发展的动态影响。例如，在区域一体化战略中，精确分析教育、产业、财税政策联动如何促进人才在区域内合理分布与高效配置，解决大城市人才过度集聚与周边城市人才短缺并存问题；在乡村振兴战略下，研究如何因地制宜设计财政补贴、人才激励与产业扶持政策组合，吸引和培育适配乡村产业发展的人力资本，如农业科技人才、农村电商人才等，实现城乡人力资本均衡发展与区域经济协调共进。

在微观层面，企业人力资本管理研究需向精细化与动态化拓展。利用大数据分析员工全生命周期的人力资本增值与损耗规律，从招聘源头的人才潜力评估、入职后的培训与技能提升轨迹、在职期间绩效与能力发展关联，到离职后的人才回流与经验传承分析，构建全方位人力资本管理体系。例如，研究基于员工技能成长曲线的个性化培训计划制订，以及通过员工职业社交网络分析挖掘内部人才流动与晋升潜力；结合企业战略转型与市场环境变化，建立人力资本动态调整模型，如企业向绿色技术转型时，预测所需环保技术人才数量、质量与引进培育策略，提升企业人力资本管理对市场变化的响应速度与适配度，增强企业竞争力与可持续发展能力。

跨学科研究方法的融合应用是未来突破研究瓶颈的重要途径。借鉴社会学的社会网络分析方法，研究人力资本在人际网络、产业集群与区域社会结构中的传播与增值机制；引入心理学的认知发展与动机理论，剖析个体人力资本投资决策的心理驱动因素，如职业期望、风险偏好对教育选择与技能培训投入的影响；运用复杂性科学理论与方法，构建人力资本与劳动力市场的复杂自适应系统模型，模拟政策冲击、技术创新与社会文化变迁下系统的演化行为，揭示系统涌现的新特征与规律，为多维度、系统性解决人力资本与劳动力市场问题提供创新性理论框架与方法工具，推动该领域研究向纵深发展，更好地服务于经济社会发展。

参考文献

艾希繁，周刚志，2019. 法治视角的社会保险费征收体制改革研究 [J]. 湖南大学学报（社会科学版），33（3）：70-77.

蔡昉，都阳，陈凡，2000. 论中国西部开发战略的投资导向：国家扶贫资金使用效果的启示 [J]. 世界经济（11）：14-19.

蔡昉，都阳，王美艳，2001. 户籍制度与劳动力市场保护 [J]. 经济研究（1）：41-49，91.

蔡和，牛颖楠，罗良，2024. 新时代义务教育资源配置的水平测度与均衡演进 [J]. 南京师大学报（社会科学版）（1）：36-52.

曹越，陈文瑞，2017. 固定资产加速折旧的政策效应：来自财税〔2014〕75 号的经验证据 [J]. 中央财经大学学报（11）：58-74.

陈斌开，张淑娟，申广军，2021. 义务教育能提高代际流动性吗？[J]. 金融研究（6）：76-94.

陈秋霖，谈佳辉，2022. 社保征管强度提升对企业社保遵从和工资转嫁的影响 [J]. 中国人口科学（6）：55-69，127.

陈筱，彭希哲，张力，等，2011. 城市落户条件的区域差异：基于全国 46 个样本城市的分析 [J]. 人口与发展（17）：16-22.

陈煜，方军雄，2018. 政策性优惠：馅饼还是陷阱？：基于固定资产加速折旧税收政策的检验 [J]. 证券市场导报（6）：32-41.

陈钊，陆铭，金煜，2004. 中国人力资本和教育发展的区域差异：对于面板数据的估算 [J]. 世界经济（12）：25-31，77.

陈志勇，张春雨，陈思霞，2022. 减税如何影响企业高质量创新？：基于中国上市公司的实证研究 [J]. 宏观质量研究，2（10）：3-46.

程虹，唐婷，2016. 劳动力成本上升对不同规模企业创新行为的影响：来自"中国企业—员工匹配调查"的经验证据 [J]. 科技进步与对策（23）：70-75.

代彬，彭程，郝颖，2011. 国企高管控制权、审计监督与会计信息透明度 [J]. 财经研究，37（11）：113-123.

邓创，曹子雯，2022. 中国教育发展的区域不平衡特征与优化路径 [J]. 教育与经济，38（3）：41-50.

邓学芬，黄功勋，张学英，2012. 企业人力资本与企业绩效关系的实证研究：以高新技术企业为例 [J]. 宏观经济研究（1）：73-79.

董志勇，2006. 行为经济学中的社会公平态度与价值取向研究：以新加坡、中国上海和兰州为例 [J]. 中国工业经济（10）：75-81.

樊勇，李昊楠，2020. 税收征管、纳税遵从与税收优惠：对金税三期工程的政策效应评估 [J]. 财贸经济，41（5）：51-66.

范如国，2009. 劳动力市场、效率工资博弈模型及其经济效用分析 [J]. 数量经济技术经济研究，26（6）：115-126.

范子英，田彬彬，2013. 税收竞争、税收执法与企业避税 [J]. 经济研究，48（9）：99-111.

方军雄，2011. 高管权力与企业薪酬变动的非对称性 [J]. 经济研究 46（4）：107-120.

冯楠，韩树煜，陈治国，2021. 人口老龄化背景下个人所得税改革对劳动供给的影响 [J]. 税务与经济（5）：42-48.

高波，陈健，邹琳华，2012. 区域房价差异、劳动力流动与产业升级 [J]. 经济研究（1）：66-79.

高良谋，卢建词，2015. 内部薪酬差距的非对称激励效应研究：基于制造业企业数据的门限面板模型 [J]. 中国工业经济（1）：114-129.

高新宇，齐艺，2020. 对社会保险费征收模式改革的评价与建议 [J]. 税务研究（6）：130-133.

巩娜，2015. 高管薪酬差距、控股股东与民营上市公司绩效关系实证分析 [J]. 中央财经大学学报（1）：64-73.

管振，2024. 生育政策调整、人口年龄结构优化与人口素质提升 [J]. 中央财经大学学报（8）：102-116.

韩民春，乔刚，2020. 工业机器人对制造业劳动力就业的结构性影响与地区差异 [J]. 产经评论，11（3）：49-63.

郝东洋，2016. 产品市场竞争、内部薪酬差异与公司经营绩效 [J]. 华东师范大学学报（哲学社会科学版），48（1）：149-158，172.

郝克明，汪明，2009. 独生子女群体与教育改革：我国独生子女状况研究报告 [J]. 教育研究 (2)：42-51.

何瑛，张大伟，2015. 管理者特质、负债融资与企业价值 [J]. 会计研究 (8)：65-72，97.

河北省国税局固定资产加速折旧课题组，2015. 对固定资产加速折旧企业所得税新政效应的调研 [J]. 税务研究 (12)：86-90.

贺小刚，沈瑜，2008. 创业型企业的成长：基于企业家团队资本的实证研究 [J]. 管理世界 (1)：82-95，114.

洪小良，2007. 城市农民工的家庭迁移行为及影响因素研究：以北京市为例 [J]. 中国人口科学 (1)：42-50，96.

侯风云，张凤兵，2007. 农村人力资本投资及外溢与城乡差距实证研究 [J]. 财经研究 (8)：118-131.

侯海波，吴要武，宋映泉，2018. 低龄寄宿与农村小学生人力资本积累：来自"撤点并校"的证据 [J]. 中国农村经济 (7)：113-129.

侯亚非，王金营，2001. 人力资本与经济增长方式转变 [J]. 人口研究 (3)：13-19.

胡奕明，祖农，2013. 关于税、资本收益与劳动所得的收入分配实证研究 [J]. 经济研究，48 (8)：29-41.

黄犟，2013. 我国人力资本分布与流动的研究：基于"五普"与"六普"的比较分析 [J]. 西北人口，(6)：80-84，94.

贾俊雪，龙学文，孙伟，2021. 人口红利还是人力资本红利：生育政策经济影响的理论分析 [J]. 经济研究 (12)：130-148.

江轩宇，2013. 税收征管、税收激进与股价崩盘风险 [J]. 南开管理评论，16 (5)：152-160.

姜付秀，朱冰，王运通，2014. 国有企业的经理激励契约更看重绩效吗？[J]. 管理世界 (1)：143-159.

蒋冠宏，2016. 我国企业对外直接投资的"就业效应" [J]. 统计研究，33 (8)：55-62.

焦斌龙，焦志明，2010. 中国人力资本存量估算：1978—2007 [J]. 经济学家 (9)：27-33.

康茜，林光华，2021. 工业机器人对就业的影响机制：产业结构高级化还是合理化？[J]. 软科学，35 (4)：20-27.

克拉克，2014. 财富的分配 [M]. 北京：商务印书馆.

孔东民，李海洋，杨薇，2021. 定向降准、贷款可得性与小微企业商业信用：基于断点回归的经验证据 [J]. 金融研究 (3)：77-94.

孔东民，徐茗丽，孔高文，2017. 企业内部薪酬差距与创新 [J]. 经济研究，52 (10)：144-157.

赖明勇，包群，阳小晓，2002. 外商直接投资的吸收能力：理论及中国的实证研究 [J]. 上海经济研究 (6)：9-17.

雷宇，郭剑花，2012. 什么影响了高管与员工的薪酬差距 [J]. 中央财经大学学报 (9)：78-83.

黎文靖，胡玉明，2012. 国企内部薪酬差距激励了谁 [J]. 经济研究 (12)：125-136.

李海峥，梁赟玲，Barbara Fraumeni，等，2010. 中国人力资本测度与指数构建 [J]. 经济研究，45 (8)：42-54.

李佳，2017. 经济增长、社会保障与就业水平：影响机制及实证分析 [J]. 社会保障研究 (5)：63-70.

李嘉图，1976. 政治经济学及赋税原理 [M]. 北京：商务印书馆.

李建军，张书瑶，2018. 税收负担、财政补贴与企业杠杆率 [J]. 财政研究 (5)：86-98.

李建强，赵西亮，2021. 固定资产加速折旧政策与企业资本劳动比 [J]. 财贸经济，42 (4)：67-82.

李金甜，郑建明，孙诗璐，2018. 信息透明度、股价稳定性与股价同步性：来自新三板挂牌企业的证据 [J]. 投资研究，37 (5)：116-127.

李静，楠玉，2019. 人才为何流向公共部门：减速期经济稳增长困境及人力资本错配含义 [J]. 财贸经济 (2)：20-33.

李磊，王小霞，包群，2021. 机器人的就业效应：机制与中国经验 [J]. 管理世界 (9)：104-119.

李世刚，黄一松，2022. 大数据税收征管能抑制企业过度投资吗？ [J]. 税务研究 (1)：118-123.

李世刚，尹恒，2017. 政府—企业间人才配置与经济增长：基于中国地级市数据的经验研究 [J]. 经济研究 (4)：78-91.

李松亮，曾小明，曾祥炎，等，2020. 地级市尺度下人力资本的空间特征及驱动因子 [J]. 经济地理 (8)：43-48，113.

李天健，侯景新，2015. 中国人力资本的空间集聚与分布差异 [J].世界经济文汇（3）：104-117.

李晓娟，2014. 教育投入、人力资本异质与经济发展关系分析 [J].中国商贸（28）：221-222.

李新，蒋越，徐微，2020. 社保征收机构对企业成本加成率的影响研究 [J]. 宏观经济研究（8）：92-104.

李艳，杨婉昕，陈斌开，2022. 税收征管、税负水平与税负公平 [J].中国工业经济（11）：24-41.

李燕萍，陈文，2020. 后疫情时代我国人力资源服务业发展转型：基于疫情防控常态化下人力资源服务政策文本分析 [J]. 中国人力资源开发，37（10）：18-32.

李燕萍，李乐，2022. 人力资源服务业高质量发展评价指标体系及测度研究：基于 2012—2020 年中国数据的实证 [J]. 宏观质量研究，10（5）：1-14.

梁超，2017. 撤点并校、基础教育供给和农村人力资本 [J]. 财经问题研究（3）：82-90.

梁超，王素素，2020. 教育公共品配置调整对人力资本的影响：基于撤点并校的研究 [J]. 经济研究（9）：138-154.

梁胜兰，2021. 经济政策不确定性、媒体关注与企业内部薪酬差异 [J]. 商业会计（9）：81-84.

林莞娟，张戈，2015. 教育的代际流动：来自中国学制改革的证据 [J]. 北京师范大学学报（2）：118-129.

林浚清，黄祖辉，孙永祥，2003. 高管团队内薪酬差距、公司绩效和治理结构 [J]. 经济研（4）：31-40，92.

刘方龙，吴能全，2013. "就业难"背景下的企业人力资本影响机制：基于人力资本红利的多案例研究 [J]. 管理世界（1）：145-159.

刘贯春，叶永卫，张军，2021. 社会保险缴费、企业流动性约束与稳就业：基于《社会保险法》实施的准自然实验 [J]. 中国工业经济（5）：152-169.

刘广生，马悦，2013. 中国上市公司实施股权激励的效果 [J]. 中国软科学（1）：115-126.

刘行，叶康涛，陆正飞，2019. 加速折旧政策与企业投资：基于"准自然实验"的经验证据 [J]. 经济学（季刊），18 (1)：213-234.

刘浩，陈世金，2015. 不同生育率条件下教育与健康的人力资本权衡 [J]. 经济统计学（季刊）(2)：92-100.

刘宏，李嘉莹，2023. 教育代际邻里效应与青少年人力资本积累：来自 1986 年《义务教育法》的证据 [J]. 经济学（季刊）(2)：784-800.

刘辉，刘子兰，2020. 社会保险费征缴体制改革会提高企业的社保合规程度吗？：基于中国工业企业数据库的分析 [J]. 经济社会体制比较 (4)：41-51.

刘慧龙，吴联生，2014. 制度环境、所有权性质与企业实际税率 [J]. 管理世界 (4)：42-52.

刘慧龙，张玲玲，谢婧，2022. 税收征管数字化升级与企业关联交易治理 [J]. 管理世界，38 (6)：158-176.

刘建徽，胡金星，2024. 关于进一步提升社会保险费征收效率的几点建议 [J]. 税务研究 (1)：135-138.

刘璟，袁诚，2012. 增值税转型改变了企业的雇佣行为吗？：对东北增值税转型试点的经验分析 [J]. 经济科学 (1)：103-114.

刘军，杨浩昌，崔维军，2016. 出口贸易对就业的影响及其地区差异：基于我国省级面板数据的实证研究 [J]. 世界经济与政治论坛 (1)：132-147.

刘苓玲，王克，2016. 子女数量对其受教育程度的影响研究：基于经验数据的实证分析 [J]. 南京财经大学学报 (4)：85-93.

刘满平，梁桂全，2002. 知识型企业人力资本流动的模型及激励策略分析 [J]. 软科学 (1)：19-22, 28.

刘啟仁，赵灿，2020. 税收政策激励与企业人力资本升级 [J]. 经济研究，55 (4)：70-85.

刘强，李泽锦，2021. 消费升级、产业结构与就业结构 [J]. 数理统计与管理，40 (6)：951-964.

刘蓉，汤云鹏，赵岭晓，2019. 个人所得税改革对中老年劳动力供给的影响研究：基于 CHARLS 的面板数据 [J]. 北京大学学报（哲学社会科学版），56 (5)：87-100.

刘生龙，周绍杰，胡鞍钢，2016. 义务教育法与中国城镇教育回报率：基于断点回归设计 [J]. 经济研究 (2)：154-167.

刘盛和，邓羽，胡章，2010. 中国流动人口地域类型的划分方法及空间分布特征 [J]. 地理学报，65 (10)：1187-1197.

刘思彤，刘莉，2018. 营改增对中小企业的影响及对策研究：以吉林零担物流公司为例 [J]. 企业改革与管理 (3)：47-48.

刘万霞，2013. 职业教育对农民工就业的影响：基于对全国农民工调查的实证分析 [J]. 管理世界 (5)：64-75.

刘伟，张立元，2020. 经济发展潜能与人力资本质量 [J]. 管理世界 (1)：8-24，230.

刘兴文，周泉，2021. 智慧税务背景下大企业税收征管问题研究 [J]. 税务研究 (8)：135-139.

刘雪华，韩良义，石坚，2019. 关于社会保险费费基的国际比较及经验借鉴 [J]. 国际税收 (12)：5-11.

刘张发，田存志，张潇，2017. 国有企业内部薪酬差距影响生产效率吗 [J]. 经济学动态 (1)：46-57.

刘卓瑶，马浚锋，2023. 人口流动态势下区域高等教育资源配置对经济高质量发展的影响 [J]. 教育研究，44 (12)：106-120.

柳光强，孔高文，2018. 高管海外经历是否提升了薪酬差距 [J]. 管理世界，34 (8)：130-142.

鲁桐，党印，2014. 公司治理与技术创新：分行业比较 [J]. 经济研究，49 (6)：115-128.

陆正飞，王雄元，张鹏，2012. 国有企业支付了更高的职工工资吗? [J]. 经济研究，47 (3)：28-39.

罗宏，黄敏，周大伟，等，2014. 政府补助、超额薪酬与薪酬辩护 [J]. 会计研究 (1)：42-48.

罗仁福，刘承芳，唐雅琳，等，2022. 乡村振兴背景下农村教育和人力资本发展路径 [J]. 农业经济问题 (7)：41-51.

吕冰洋，李峰，2007. 中国税收超 GDP 增长之谜的实证解释 [J]. 财贸经济 (3)：29-36.

吕长江，赵宇恒，2008. 国有企业管理者激励效应研究：基于管理者权力的解释 [J]. 管理世界 (11)：99-109，188.

吕峻，2014. 异质性企业、薪酬差距与企业绩效 [J]. 财经问题研究 (1)：71-79.

马克思，恩格斯，1972. 马克思恩格斯选集：第 1 卷 ［M］. 北京：人民出版社.

马克思，恩格斯，1972. 马克思恩格斯选集：第 2 卷 ［M］. 北京：人民出版社.

马列，2015. 税收治理现代化视野下的纳税服务 ［J］. 税务研究（10）：66-69.

马歇尔，1964. 经济学原理 ［M］. 朱志泰，译. 北京：商务印书馆.

毛捷，赵静，黄春元，2014. 增值税全面转型对投资和就业的影响：来自 2008—2009 年全国税收调查的经验证据 ［J］. 财贸经济（6）：14-24.

明塞尔，2001. 人力资本研究 ［M］. 张凤林，译. 北京：中国经济出版社.

缪毅，胡奕明，符栋良，2016. 内部薪酬差距、公平认知与员工生产效率 ［J］. 投资研究（35）：43-57.

穆勒，2005. 政治经济学原理 ［M］. 汪瑄，译. 北京：商务印书馆.

聂辉华，2003. 企业：一种人力资本使用权交易的粘性组织 ［J］. 经济研究（8）：64-69，93。

聂辉华，方明月，李涛，2009. 增值税转型对企业行为和绩效的影响 ［J］. 管理世界（5）：17-24.

配第，2007. 赋税论 ［M］. 邱霞，原磊，译. 北京：华夏出版社.

彭骏，赵西亮，2022. 免费义务教育政策与农村教育机会公平：基于教育代际流动性的实证分析 ［J］. 中国农村观察（2）：144-164.

齐红倩，刘岩，黄宝敏，2018. 我国居民消费、投资与就业变动趋势及政策选择 ［J］. 经济问题探索，39（8）：9.

钱雪亚，王秋实，刘辉，2008. 中国人力资本水平再估算：1995—2005 ［J］. 统计研究（12）：3-10.

乔红芳，沈利生，2015. 中国人力资本存量的再估算：1978—2011 年 ［J］. 上海经济研究（7）：36-45。

秦立建，胡波，苏春江，2019. 对社会保险费征管的公共政策外部性理论审视：基于中小企业发展视角 ［J］. 税务研究（1）：17-20.

秦雪征，庄晨，杨汝岱，2018. 计划生育对子女教育水平的影响：来自中国的微观证据 ［J］. 经济学（季刊）（17）：897-922.

权小锋，吴世农，文芳，2010. 管理层权力、私有收益与薪酬操纵 [J]. 经济研究，45（11）：73-87.

商勇，2013. 我国人力资本流动特征及其对地区经济发展的影响 [J]. 商业研究（3）：6-11.

邵朝对，苏丹妮，邓宏图，2016. 房价、土地财政与城市集聚特征：中国式城市发展之路 [J]. 管理世界（2）：19-31，187.

申梦晗，2022. 中国大型城市流动儿童医疗保险参保问题研究：基于断点回归与双重差分模型的实证分析 [J]. 社会保障评论，6（2）：74-87.

沈青，2019. 加速折旧税收优惠对企业固定资产投资的影响分析 [D]. 济南：山东大学.

沈艺峰，李培功，2010. 政府限薪令与国有企业高管薪酬、业绩和运气关系的研究 [J]. 中国工业经济（1）：130-139.

沈永建，范从来，陈冬华，等，2017. 显性契约、职工维权与劳动力成本上升：《劳动合同法》的作用 [J]. 中国工业经济（2）：117-135.

盛明泉，张娅楠，蒋世战，2019. 高管薪酬差距与企业全要素生产率 [J]. 河北经贸大学学报（2）：81-89.

时磊，2010. 减免义务教育费用会促进农村教育发展?：来自苏北农村家庭的证据 [J]. 财贸研究（21）：62-67.

史燕平，杨文涛，2020. 加速折旧新政影响企业固定资产的租赁融资吗? [J]. 现代财经（天津财经大学学报），41（1）：98-113.

舒尔茨，1990. 人力资本投资：教育和研究的作用 [M]. 蒋斌，张蘅，译. 北京：商务印书馆.

斯密，1988. 国民财富的性质和原因的研究 [M]. 北京：商务印书馆.

宋春平，2011. 中国企业所得税总税负归宿的一般均衡分析 [J]. 数量经济技术经济研究，28（2）：89-98.

苏国灿，童锦治，魏志华，等，2020. 中国间接税税负归宿的测算：模型与实证 [J]. 经济研究，55（11）：84-100.

孙鲲鹏，石丽娜，2022. 企业互联网使用与大数据治税的效应 [J]. 经济研究，57（5）：176-191.

孙文凯，白重恩，谢沛初，2011. 户籍制度改革对中国农村劳动力流动的影响 [J]. 经济研究（1）：28-41.

孙雪娇，翟淑萍，于苏，2021. 大数据税收征管如何影响企业盈余管理?：基于"金税三期"准自然实验的证据［J］. 会计研究（1）：67-81.

孙正，2017. 流转税改革促进了产业结构演进升级吗?：基于"营改增"视角的 PVAR 模型分析［J］. 财经研究，43（2）：70-84.

唐博，张凌枫，2019. 税收信息化建设对企业纳税遵从度的影响研究［J］. 税务研究（7）：62-69.

唐飞鹏，2017. 固定资产加速折旧新政在东莞制造业的实施效果研究：基于东莞制造业的调查［J］. 南方经济，36（5）：18-34.

唐恒书，刘俊秀，程余圣鸿，2018. 固定资产折旧模式与企业价值研究［J］. 会计之友（20）：112-114.

唐珏，封进，2019. 社会保险缴费对企业资本劳动比的影响：以 21 世纪初省级养老保险征收机构变更为例［J］. 经济研究，54（11）：87-101.

唐珏，封进，2019. 社会保险征收体制改革与社会保险基金收入：基于企业缴费行为的研究［J］. 经济学（季刊），18（3）：833-854.

田开兰，孔亦舒，高翔，等，2018. 供给侧中国非农就业变动及驱动因素分析［J］. 系统工程理论与实践，38（5）：1132-1140.

田永坡，2017. "互联网+"与人力资源服务业创新发展状况：基于调查数据的研究［J］. 中国人力资源开发（8）：148-155.

田永坡，2019. 人力资源服务业四十年：创新与发展［J］. 中国人力资源开发，36（1）：106-115.

童锦治，冷志鹏，黄浚铭，等，2020. 固定资产加速折旧政策对企业融资约束的影响［J］. 财政研究（6）：48-61.

妥晓芬，2021. 税收优惠与企业融资约束关系的实证分析［J］. 中国注册会计师（5）：60-65.

汪德华，2018. 税务部门统一征收社会保险费：改革必要性与推进建议［J］. 学习与探索（7）：103-110.

汪德华，邹杰，毛中根，2019. "扶教育之贫"的增智和增收效应：对 20 世纪 90 年代"国家贫困地区义务教育工程"的评估［J］. 经济研究（9）：155-171.

汪伟，吴春秀，2024. 生育政策放松、家庭资源配置与青少年人力资本形成：来自二孩政策的证据［J］. 社会科学战线（4）：96-112.

王德劲，向蓉美，2006. 我国人力资本存量估算［J］. 统计与决策

（10）：100-102.

王桂新，陈玉娇，2023. 中国省际人口迁移目的地选择的影响因素及其省际差异：基于第七次全国人口普查数据的分析 ［J］. 人口研究，47（2）：48-62.

王乾，王明世，2020. 税务征收体制下的社会保险费征管制度建设研究 ［J］. 税务研究（5）：37-42.

王涛，王建新，2023. 税收征管数字化对公司信息披露质量的影响：治理效应分析视角 ［J］. 现代财经（天津财经大学学报），43（9）：71-88.

王恬，2008. 人力资本流动与技术溢出效应：来自我国制造业企业数据的实证研究 ［J］. 经济科学（1）：99-109.

王文波，2014. 构建现代化税收征管质量评价体系的思考 ［J］. 税收经济研究，19（2）：8-14.

王贤彬，何溢诗，2022. 税收激励提升企业员工薪酬了吗？：来自2014年固定资产加速折旧政策的证据 ［J］. 产业经济评论（5）：100-113.

王小鲁，樊纲，2004. 中国地区差距的变动趋势和影响因素 ［J］. 经济研究（1）：33-44.

王晓娟，朱喜安，王颖，2022. 工业机器人应用对制造业就业的影响效应研究 ［J］. 数量经济技术经济研究，39（4）：88-106.

王雪平，2019. 消费、投资、就业关联性研究：兼析协同拉动经济增长的策略 ［J］. 商业经济研究（13）：185-188.

王雪平，2020. 税收执法提升了企业财务报告质量吗：基于"金税工程三期"的准自然实验 ［J］. 贵州财经大学学报（3）：49-60.

王永钦，董雯，2020. 机器人的兴起如何影响中国劳动力市场？：来自制造业上市公司的证据 ［J］. 经济研究（10）：159-175.

王跃堂，王国俊，彭洋，2012. 控制权性质影响税收敏感性吗？：基于企业劳动力需求的检验 ［J］. 经济研究，47（4）：52-63.

王志理，王如松，2011. 中国流动人口带眷系数及其影响因素 ［J］. 人口与经济（6）：9-16.

王中帆，侯赛英，程锦，等2016. 关于固定资产加速折旧政策的效应分析：以北京市西城区国家税务局为例 ［J］. 国际税收（12）：58-61.

王宗军，周文斌，后青松，2019. 固定资产加速折旧所得税政策对企

业研发创新的效应 ［J］. 税务研究 （11）：41-46.

魏茨曼，1986. 分享经济 ［M］. 北京：中国经济出版社.

魏东霞，谌新民，2018. 落户门槛、技能偏向与儿童留守：基于 2014 年全国流动人口监测数据的实证研究 ［J］. 经济学 （季刊）（17）：549-578.

魏志华，王孝华，蔡伟毅，2022. 税收征管数字化与企业内部薪酬差异 ［J］. 中国工业经济 （3）：152-170.

翁杰，2005. 企业的人力资本投资和员工流动 ［J］. 中国人口科学 （1）：65-73，96.

吴成颂，周炜，2016. 高管薪酬限制、超额薪酬与企业绩效：中国制造业数据的实证检验与分析 ［J］. 现代财经 （天津财经大学学报）（9）：75-87.

吴昊，李萌，2022. 中国经济增长与就业关系的空间差异性研究 ［J］. 经济纵横 （4）：49-59.

吴开亚，张力，2010. 发展主义政府与城市落户门槛：关于户籍制度改革的反思 ［J］. 社会学研究 （25）：58-85，243.

吴晓晨，王慕瑶，2023. 社会保险费征收管理的国际经验及启示 ［J］. 国际税收 （10）：74-79.

伍红，郑家兴，王乔，2019. 固定资产加速折旧、厂商特征与企业创新投入：基于高端制造业 A 股上市公司的实证研究 ［J］. 税务研究 （11）：34-40.

伍山林，2011. 劳动收入份额决定机制：一个微观模型 ［J］. 经济研究，46 （9）：55-68.

夏杰长，2000. 我国劳动就业结构与产业结构的偏差 ［J］. 中国工业经济 （1）：36-40.

夏怡然，陆铭，2019. 跨越世纪的城市人力资本足迹：历史遗产、政策冲击和劳动力流动 ［J］. 经济研究 （1）：132-149.

解晋，2019. 中国分省人力资本错配研究 ［J］. 中国人口科学 （6）：84-96，128.

谢申祥，王晖，2021. 固定资产加速折旧政策的就业效应 ［J］. 经济学动态 （10）：100-115.

辛正平，徐明吉，冀超，等，2020. 当前社会保险费征管中存在的问

题及对策 [J]. 税务研究 (9)：137-141.

徐捍军，2021. 大数据税收征管降低了股价崩盘风险吗？：基于"金税三期"的准自然实验 [J]. 上海财经大学学报，23 (2)：93-107.

徐晔，蔡奇翰，宗赟，2021. 加速折旧政策对企业研发创新和固定资产投资的影响分析 [J]. 复旦学报（社会科学版），63 (6)：181-188.

闫雪凌，朱博楷，马超，2020. 工业机器人使用与制造业就业：来自中国的证据 [J]. 统计研究，37 (1)：74-87.

杨翠迎，程煜，2019. 理性看待社保征缴体制改革的政策效果 [J]. 社会保障研究 (1)：58-66.

杨国超，魏爽，院茜，等，2023. 企业为何选择劳务外包：基于经济政策不确定性的解释 [J]. 中国工业经济 (9)：136-154.

杨兰品，张永叶，胡凯，2022. 税收征管数字治理与企业劳动收入份额：基于"金税三期"试点的证据 [J]. 税收经济研究，27 (4)：36-50.

杨汝岱，2015. 中国制造业企业全要素生产率研究 [J]. 经济研究，50 (2)：61-74.

杨竹清，陆松开，2018. 企业内部薪酬差距、股权激励与全要素生产率 [J]. 商业研究 (2)：65-72.

姚曦，续继，2022. 技术进步、经济周期与制造业岗位丢失 [J]. 世界经济，45 (5)：81-112.

姚先国，张海峰，2008. 教育、人力资本与地区经济差异 [J]. 经济研究 (5)：47-57.

叶菁菁，吴燕，陈方豪，等，2017. 个人所得税减免会增加劳动供给吗？：来自准自然实验的证据 [J]. 管理世界 (12)：20-32，187.

叶康涛，刘行，2014. 公司避税活动与内部代理成本 [J]. 金融研究 (9)：158-176.

尤济红，刘帷韬，2019. 为什么中国城市劳动力技能结构趋于分化？：基于住房价格的视角 [J]. 经济与管理研究，40 (8)：76-89.

于潇，陈世坤，2020. 中国省际人口流动与人力资本流动差异性分析 [J]. 人口学刊，42 (1)：30-41.

袁扬舟，2021. 生育政策与家庭微观决策及宏观经济结构 [J]. 经济研究 (4)：160-179.

岳书敬，刘朝明，2006. 人力资本与区域全要素生产率分析 [J]. 经济研究（4）：90-96，127.

曾亚敏，张俊生，2009. 税收征管能够发挥公司治理功用吗？[J]. 管理世界（3）：143-151，158.

曾益，邓智宇，2022. 社保征收体制改革对养老保险财政负担的影响：基于国地税合并背景的实证分析 [J]. 社会保障研究（4）：3-14.

曾益，李殊琦，李晓琳，2020. 税务部门全责征收社保费对养老保险缴费率下调空间的影响研究 [J]. 财政研究（2）：96-112.

詹新宇，刘文彬，2020. 中国式财政分权与地方经济增长目标管理：来自省、市政府工作报告的经验证据 [J]. 管理世界，36（3）：23-39，77.

张川川，2015. 出口对就业、工资和收入不平等的影响 [J]. 经济学（季刊），14（4）：1611-1630.

张春晓，杨帆征，2024. 人力资本视角下中国人口红利转型趋势 [J]. 甘肃社会科学（4）：216-225.

张帆，2000. 中国的物质资本和人力资本估算 [J]. 经济研究（8）：65-71.

张国强，温军，汤向俊，2011. 中国人力资本、人力资本结构与产业结构升级 [J]. 中国人口·资源与环境（10）：138-146.

张吉鹏，黄金，王军辉，等，2020. 城市落户门槛与劳动力回流 [J]. 经济研究（7）：175-190.

张杰，黄泰岩，2010. 中国企业的工资变化趋势与决定机制研究 [J]. 中国工业经济（3）：42-53.

张克中，欧阳洁，李文健，2020. 缘何"减税难降负"：信息技术、征税能力与企业逃税 [J]. 经济研究，55（3）：116-132.

张莉，朱光顺，李夏洋，等，2017. 重点产业政策与地方政府的资源配置 [J]. 中国工业经济（1）：63-80.

张世伟，周闯，2010. 工薪所得税减除费用标准提升的作用效果：基于劳动供给行为微观模拟的研究途径 [J]. 世界经济（2）：67-82.

张同功，张隆，赵得志，等，2020. 公共教育支出、人力资本积累与经济增长：区域差异视角 [J]. 宏观经济研究（3）：132-144，175.

张阳，2008. 中国企业所得税税负归宿的一般均衡分析 [J]. 数量经济技术经济研究，25（4）：131-141.

张阳，胡怡建，2006. 中国企业所得税税负转嫁与归宿的动态分析 [J]. 财政研究（2）：63-64.

张瑜，杨翠红，2022. 基于 DPN 模型的我国就业增长影响因素分析 [J]. 管理评论，34（4）：44.

赵春明，李震，李宏兵，等，2020. 机器换人：工业机器人使用与区域劳动力市场调整 [J]. 北京师范大学学报（社会科学版）（6）：113-127.

赵健宇，陆正飞，2018. 养老保险缴费比例会影响企业生产效率吗？[J]. 经济研究，53（10）：97-112.

赵美娜，2015. 新政策下固定资产加速折旧对企业的影响研究 [J]. 会计之友（6）：55-57.

郑丽琳，2007. 人力资本流动对区域经济增长的影响效应分析 [J]. 特区经济（5）：255-257.

郑筱婷，陆小慧，2018. 有兄弟对女性是好消息吗？：家庭人力资本投资中的性别歧视研究 [J]. 经济学（季刊）（17）：277-298.

郑远强，2009. 基尼系数在衡量薪酬差距中的应用 [J]. 长沙大学学报，23（5）：13-15，27.

郑志刚，许荣，林玲，等，2013. 公司治理与经理人的进取行为：基于我国 A 股上市公司的实证研究 [J]. 金融评论，5（1）：49-65，124.

郑志国，2008. 中国企业利润侵蚀工资问题研究 [J]. 中国工业经济（1）：5-13.

钟坚，张其富，2021. 中国双向直接投资的就业效应研究 [J]. 经济与管理评论，37（1）：63-76.

周广肃，李力行，孟岭生，2021. 智能化对中国劳动力市场的影响：基于就业广度和强度的分析 [J]. 金融研究（6）：39-58.

周克清，2007. "重税控烟"与中国烟草业的发展 [J]. 财贸经济（S1）：61-66，129.

周权雄，朱卫平，2010. 国企锦标赛激励效应与制约因素研究 [J]. 经济学（季刊）（1）：571-596.

周颖刚，蒙莉娜，林雪萍，2020. 城市包容性与劳动力的创业选择：基于流动人口的微观视角 [J]. 财贸经济，41（1）：129-144.

朱佳俊，陈佳敏，2020. 董事长-CEO 年龄差异与薪酬差距关系研究

［J］. 会计之友（3）：34-40.

朱凯，潘舒芯，胡梦梦，2021. 智能化监管与企业盈余管理选择：基于金税三期的自然实验［J］. 财经研究，47（10）：140-155.

朱琳，徐波，汪波，2017. 我国劳动力资源错配程度测算与分析：基于产业和区域视角［J］. 技术经济与管理研究（1）：12-17.

朱铭来，申宇鹏，高垚，2021. 社保征缴体制改革的增收效应和降费空间：基于城镇职工基本医疗保险省际面板数据的分析［J］. 社会保障研究（2）：15-32.

朱清华，2023. 经济政策不确定性、融资约束与企业金融化［J］. 财会通讯（4）：85-88.

ACEMOGLU D, RESTREPO P, 2018. The race between man and machine：implications of technology for growth, factor shares, and employment ［J］. American economic review, 108（6）：1488-1542.

ACEMOGLU D, RESTREPO P, 2020. Robots and jobs：evidence from US labor markets ［J］. Journal of political economy, 128（6）：2188-2244.

AKERLOF G A, 1982. Labor contracts as partial gift exchange ［J］. The quarterly journal of economics, 97（4）：543-569.

ALI M, SHIFA A, SHIMELES A, et al., 2015. Information technology and fiscal capacity in a developing country：evidence from Ethiopia ［Z］. Working paper.

ALLINGHAM M G, SANDMO A, 1972. Income tax evasion：a theoretical analysis ［J］. Journal of public economic（1）：3-4.

AMUEDO-DORANTES C, KIMMEL J, 2005. The motherhood wage gap for women in the United States：the importance of college and fertility delay ［J］. Review of economics of the household, 3（1）：17-48.

ANGRIST J, EVANS W, 1998. Children and their parents' labor supply：evidence from exogenous variation in family size ［J］. American economic review, 88（3）：450-477.

ARCHIBALD T R, 1967. The return to straight-line depreciation：an analysis of a change in accounting method ［J］. Journal of accounting research, 5（3）：164-180.

ASHCRAFT A., FERNÁNDEZ-VAL I, LANG K, 2013. The consequences of teenage childbearing: consistent estimates when abortion makes miscarriage nonrandom [J]. The economic journal, 123 (571): 875-905.

AUERBACH J A, 2002. Handbook of public economics: vol. 3 [M]. Amsterdam: Elsevier.

AULD D A L, CHRISTOFIDES L N, SWIDINSKY R, et al., 1980. A microeconomic analysis of wage determination in the Canadian public sector [J]. Journal of publics economic, 13 (3): 369-387.

AZARIADIS C, DRAZEN A, 1990. Threshold externalities in economic development [J]. The quarterly journal of economics, 105 (2): 501-526.

BABIARZ K S, MA P, MILLER G, et al., 2018. The limits (and human costs) of population policy: fertility decline and sex selection in China under Mao [R]. National Bureau of Economic Research.

BANKER R D, BYZALOV D, CHEN L T, 2013. Employment protection legislation, adjustment costs and cross-country differences in cost behavior [J]. Journal of accounting and economics, 55 (1): 111-127.

BARBIERI P, CUTULI G, 2018. Dual labour market intermediaries in Italy: how to lay off "lemons" -thereby creating a problem of adverse selection [J]. De economist, 166 (4): 477-502.

BARRO R J, LEE J W, 1993. Losers and winners in economic growth [J]. The world bank economic review, 7 (1).

BECK T, LEVINE R, LEVKOV A, 2010. Big bad banks? The winners and losers from bank deregulation in the United States [J]. The journal of finance, 65 (5): 1637-1667.

BECKER G S, 1985. Human capital, effort, and the sexual division of labor [J]. Journal of labor economics, 3 (1, Part 2): S33-S58.

BECKER G, 1962. Investment in human capital: a theoretical analysis [J]. Journal of political economy, 70 (5): 9-49.

BERMAN E, BOUND J, GRILICHES Z, 1994. Changes in the demand for skilled labor within US manufacturing: evidence from the annual survey of manufactures [J]. The quarterly journal of economics, 109 (2): 367-397.

BIRD R M, ZOLT E M, 2008. Technology and taxation in developing countries: from hand to mouse [J]. National tax journal, 61 (4): 791-821.

BLAU D M, GOODSTEIN R M, 2010. Can social security explain trends in labor force participation of older men in the United States? [J]. Journal of human resources, 45 (2): 328-363.

BLEJER M I, 1990. On the determination of nominal wage dispersion [J]. Economics Letters, 32 (2): 175-180.

BRADFORD D F, 1978. Factor prices may be constant but factor returns are not [J]. Economics letters, 1 (3): 199-203.

BRATTI M, 2015. Fertility postponement and labor market outcomes [J]. IZA world of labor: 117.

BRATTI M, CAVALLI L, 2014. Delayed first birth and new mothers' labor market outcomes: evidence from biological fertility shocks [J]. European journal of population, 30 (1): 35-63.

BRONARS S G, GROGGER J, 1994. The economic consequences of unwed motherhood: using twin births as a natural experiment [J]. The American economic review, 48 (5): 1141-1156.

BUCKLES K S, MUNNICH E L, 2012. Birth spacing and sibling outcomes [J]. Journal of human resources, 47 (3): 613-642.

BUCKLES K, 2008. Understanding the returns to delayed childbearing for working women [J]. The American economic review, 98 (2): 403-407.

BUDD J W, NHO Y, 1997. Testing for a Structural Change in U. S. Wage Determination [J]. Industrial Relations: A Journal of Economy and Society, 36 (2): 160.

CHAMON M, LIU K, PRASAD E, 2013. Income uncertainty and household savings in China [J]. Journal of development economics (105): 164-177.

CHEN X, GE S, 2018. Social norms and female labor market participation in urban China [J]. Journal of comparative economics, 46 (4): 966-987.

CHEN Y, FANG H, 2018. The long-term consequences of having fewer children in old age: evidence from China's "later, longer, fewer" campaign [R]. National Bureau of Economic Research.

CHEN Y, SHI S, TANG Y, 2019. Valuing the urban Hukou in China: evidence from a regression discontinuity design for housing prices [J]. Journal of development economics, 141: 102381.

CONLEY T G, HANSEN C B, ROSSI P E, 2012. Plausibly exogenous [J]. Review of economics and statistics, 94 (1): 260−272.

CORCNAN H, NOONAN K, REICHMAN N E, 2005. Mothers' labor supply in fragile families: the role of child health [J]. Eastern economic journal, 31 (4): 601−616.

COWHERD D, LEVINE D, 1992. Product quality and pay equity between lower−level employees and top management: an investigation of eistributive justice theory [J]. Administrative science quarterly, 37: 302−320.

CURRIE J, MADRIAN B C, 1999. Health, health insurance and the labor market [J]. Handbook of labor economics (3): 3309−3416.

DENISON E, 1962. The sources of economic growth in the United States [R]. Committee for Economic Development, New York.

DESAI M A, GOOLSBEE A, 2004. Investment, overhang, and tax policy [J]. Brookings papers on economic activity (2): 285−355.

DEVEREUX M P, ARULAMPALAM W, MAFFINI G, 2012. The direct incidence of corporate income tax on wages [J]. European economic review, 56 (6): 1038−1054.

DEVEREUX M P, GRIFFITH R, 1998. Taxes and the location of production: evidence from a panel of US multinationals [J]. Journal of public economics, 68 (3): 335−367.

DING S, DONG X Y, LI S, 2009. Women's employment and family income inequality during China's economic transition [J]. Feminist economics, 15 (3): 163−190.

DOHERTY J P, NORTON E C, VENEY J E, 2001. China's one−child policy: the economic choices and consequences faced by pregnant women [J]. Social science and medicine, 52 (5): 745−761.

DOWNES P E, CHOI D, 2014. Employee reactions to pay dispersion: a typology of existing research [J]. Human Resource Management Review, 24 (SI): 53−66.

DUBLIN L I, LOTKA A J, 1930. The money value of a man [J]. American journal of sociology, 30 (9): 1210.

DUFFHUES P, KABIR R, 2008. Is the pay-performance relationship always positive? Evidence from the Netherlands [J]. Journal of multinational financial management, 18 (1): 45-60.

DYCK A, ZINGALES L, 2004. Private benefits of control: an international comparison [J]. The journal of finance, 59 (2).

EBENSTEIN A, 2010. The "missing girls" of China and the unintended consequences of the one child policy [J]. Journal of human resources, 45 (1): 87-115.

ENGEL E, 1883. Der Werth des Menschen [M]. Berlin: Verlag von Leonhard Simion.

ENOFF L D, MCKINNON R, 2011. Social security contribution collection and compliance: improving governance to extend social protection [J]. International social security review, 64 (4): 99-119.

FAIRRIS D, JONASSON E, 2008. What accounts for intra-industry wage differentials? Results from a survey of establishments [J]. Journal of economic issues, 42 (1): 97-114.

FAMA E, JENSEN M, 1983. Separation of ownership and control [J]. Journal of law and economics, 26 (2): 301-325.

FREY C B, OSBORNE M A, 2017. The future of employment: How susceptible are jobs to computerisation? [J]. Technological forecasting and social change, 114: 254-280.

FUEST C, PEICHL A, SIEGLOCH C, 2018. Do higher corporate taxes reduce wages? Micro evidence from Germany [J]. American economic review, 108 (2): 393-418.

GILLEY K M, GREER C R, RASHEED A A, 2004. Human resource outsourcing and organizational performance in manufacturing firms [J]. Journal of business research, 57 (3): 232-240.

GOODKIND D, 2011. Child underreporting, fertility, and sex ratio imbalance in China [J]. Demography, 48 (1): 291-316.

GORDON R H, 1986. Taxation of investment and savings in a world economy [J]. The American economic review, 76 (5): 1086-1102.

GOUGH M, 2017. Birth spacing, human capital, and the motherhood penalty at midlife in the United States [J]. Demographic research (37): 363-416.

GRAVELLE J G, 2010. Corporate tax reform: issues for congress [R]. Congressional research service (CRS) Reports.

GRAVELLE J G, SMETTERS K A, 2006. Does the open economy assumption really mean that labor bears the burden of a capital income tax? [J]. The B. E. journal of economic analysis and policy, 6 (1): 1-42.

GREENHALGH S, 1986. Shifts in China's population policy, 1984-1986: views from the central, provincial, and local levels [J]. Population and development review, 12 (3): 491-515.

GRIMSHAW D, RUBERY J, 2015. The motherhood pay gap: a review of the issues, theory and international evidence [R]. Conditions of Work and Employment Series.

GRUBER J, 1994. The incidence of mandated maternity benefits [J]. The American economic review, 84 (3): 622-641.

GRUNDY E, KRAVDAL Ø, 2014. Do short birth intervals have long-term implications for parental health? Results from analyses of complete cohort Norwegian register data [J]. Journal of Epidemiology and Community Health, 68 (10): 958-964.

GU B, FENG W, GUO Z, et al., 2007. China's local and national fertility policies at the end of the twentieth century [J]. Population and development review, 33 (1): 129-148.

GUEDHAMI O, PITTMAN J, 2007. The importance of IRS monitoring to debt pricing in private firms [J]. Journal of financial economics, 90 (1): 38-58.

HARBERGER A C, 1962. The incidence of the corporation income tax [J]. Journal of political economy, 70 (3): 215-240.

HARE D, 2016. What accounts for the decline in labor force participation among married women in urban China, 1991-2011? [J]. China economic review (38): 251-266.

HATCH H, DYER J, 2004. Human capital and learning as a source of sustainable competitive advantage [J]. Strategic management journal, 25 (12):

1155-1178.

HAW I, HU B, HWANG, et al., 2004. Ultimate ownership, income man-agement, and legal and extra-legal institutions [J]. Journal of accounting re-search, 42 (2): 423-462.

HE X, ZHU R, 2016. Fertility and female labour force participation: caus-al evidence from urban China [J]. The Manchester school, 84 (5): 664-674.

HeY H, Yi Y, 2023. Digitalization of tax administration and corporate per-formance: evidence from China [J]. International review of financial analysis, 90 (Suppl C): 102859.

HELPMAN E, 1998. The size of regions [M] //PINES D, SADKA E, ZILCHA I, et al. Topics in public economics: theoretical and applied analysis. Cambridge: Cambridge University Press.

HENDERSON D J, MILLIMET D L, PARMETER C F, et al., 2008. Fer-tility and the health of children: a nonparametric investigation [J]. Advances in dconometrics (21): 167-195.

HENDRICKS L, SCHOELLMAN T, 2018. Human capital and development accounting: new evidence from wage gains at migration [J]. Quarterly journal of economics, 133 (2): 665-700.

HERR J L, 2016. Measuring the effect of the timing of first birth on wages [J]. Journal of population economics, 29 (1): 39-72.

HUANG W, LEI X, ZHAO Y, 2016. One-child policy and the rise of man-made twins [J]. Review of economics and statistics, 98 (3): 467-476.

ITAYA J I, 1995. Dynamic tax incidence in a finite horizon model [J]. Public finance, 50 (2): 246-266.

JACOBSEN J P, PEARCE J W, ROSENBLOOM J L, 1999. The effects of childbearing on married women's labor supply and earnings: using twin births as a natural experiment [J]. Journal of human resources, 34 (3): 449.

JENSEN M, MECKLING W, 1976. Theory of the firm: managerial behav-ior, agency costs and ownership structure [J]. Journal of financial economics (3): 305-360.

JONES B F, 2014. The human capital stock: a generalized approach [J].

American economic review, 104（11）：3752-3777.

JORGENSON D W, FRAUMENI B M, 1992. Investment in education and U. S. economic growth ［J］. Scandinavian journal of economics, 94：S51-70.

KARIMI A, 2014a. Effects of the timing of births on women's earnings：evidence from a natural experiment ［R］. Working Paper, IFAU-Institute for Evaluation of Labour Market and Education Policy.

KARIMI A, 2014b. The spacing of births and women's subsequent earnings：evidence from a natural experiment ［R］. Working Paper, IFAU-Institute for Evaluation of Labour Market and Education Policy.

KATZ L F, 1988. Some recent developments in labor economics and their implications for macroeconomics：comment ［J］. Journal of money, credit and banking, 20（3）：523-526.

KENDRICK J W, 1976. The formation and stocks of total capital ［M］. New York：Columbia University Press.

KLEVEN H J, KNUDSEN M B, KREINER C T, et al, 2011. Unwilling or unable to cheat? Evdience from a tax audit experiment in Denmark ［J］. Econometrica, 79（3）：651-692.

LAU L J, JAMISON D T, LOUAT F F, 1991. Education and productivity in developing countries：an aggregate production function approach ［R］. Policy Research Working Paper.

LAW F K K, MILLS F L, 2015. Taxes and financial constraints：evidence from linguistic cues ［J］. Journal of accounting research, 53（4）：777-819.

LEE J W, LEE H, 2016. Human capital in the long run ［J］. Journal of development economics（112）：147-169.

LIU L, DONG X Y, ZHENG X, 2010. Parental care and married women's labor supply in urban China ［J］. Feminist economics, 16（3）：169-192.

LIU Q, 2012. Unemployment and labor market participation in urban China ［J］. China economic review, 23（1）：18-33.

LUBOTSKY D, OLSON C A, 2015. Premium copayments and the trade-off between wages and employer—provided health insurance ［J］. Journal of health economics（44）：63-79.

LUCAS R E, 1988. On the mechanics of economic development ［J］.

Journal of monetary economics, 22 (1): 3-42.

MA X, ZHANG J, 2018. The timing of childbearing and female labor supply in China [R]. Working Paper.

MAIN B, 1993. "Directors" service contracts, why so long [J]. Hume papers on public policy (1): 36-41.

MASLOW A, 1943. Dynamics of personality organization [J]. Psychological review, 50 (1): 541-558.

MAURER-FAZIO M, CONNELLY R, CHEN L, et al., 2011. Childcare, eldercare, and labor market participation of married women in urban China, 1982 -2000 [J]. Journal of human resources, 46 (2): 261-294.

MCAFEE A, BRYNJOLFSSON E, 2012. Big data: the management revolution. [J]. Harvard business revie, 90 (10): 60-66, 68, 128.

MCGREGOR M, 1960. The human side of enterprise [M]. New York: McGraw-Hill.

MILLER A R, 2011. The effects of motherhood timing on career path [J]. Journal of population economics, 24 (3): 1071-1100.

MILLER R, KARRA M, 2020. Birth spacing and child health trajectories [J]. Population and development review, 46 (2): 347-371.

MILLIMET D L, WANG L, 2011. Is the quantity-quality trade-off a trade -off for all, none, or some? [J] . Economic development and cultural change, 60 (1): 155-195.

MINCER J, 1988. Job training, wage growth, and labor turnover [R]. NBER Working Paper (2690).

MINCER J, POLACHEK S, 1974. Family investments in human capital: earnings of women [J]. Journal of political economy, 82 (2, Part 2): S76-S108.

NEHRU V, SWANSON E, DUBEY A, 1993. A new database on human capital stock: sources, methodology and results [R]. Policy Research Working Paper, 8 (1): 37-59.

NEWMAN J L, 1983. Economic analyses of the spacing of births [J]. The American economic review, 73 (2): 33-37.

OKUN A M, 1963. Potential GNP: its measurement and significance

[M]. New Haven: Cowles Foundation for Research in Economics at Yale University.

OLLEY S, PAKES A, 1996. The dynamics of productivity in the telecommunications equipment industry [J]. Econometrica, 64 (6): 1263-1297.

OSTER E, 2019. Unobservable selection and coefficient stability: theory and evidence [J]. Journal of business & economic statistics, 37 (2): 187-204.

PAJARINEN M, ROUVINEN P, EKELAND A, 2014. Computerization threatens one-third of Finnish and Norwegian employment [J]. Etla briefs, 22 (13): 1-8.

PELTOLA P K, 2004. Mothers' level of attachment to the labor market following the birth of a second child [D]. Unpublished doctoral dissertation. College Park: University of Maryland.

PIYAPROMDEE S, 2021. The impact of immigration on wages, internal migration, and welfare [J]. Review of economic studies, 88 (1): 406-453.

PLANTINGA A J, DÉTANG-DESSENDRE C, HUNT G L, et al., 2013. Housing prices and inter-urban migration [J]. Regional science and urban economics, 43 (2): 296-306.

POMERANZ D, 2015. No taxation without information: deterrence and self-enforcement in the value added tax [J]. American economic review, 2015, 105 (8): 2539-2569.

PRENDERGAST C, 1999. The provision of incentives in firms [J]. Journal of economic literature, 37 (1): 7-63.

RABE B, TAYLOR M, 2012. Differences in opportunities? Wage, employment and house-price effects on migration [J]. Oxford bulletin of economics and statistics, 74 (6): 831-855.

RANDOLPH W G, 2006. International burdens of the corporate income tax [R]. Congressional Budget Office Working Paper (9).

ROBACK J, 1982. Wages, rents, and the quality of life [J]. Journal of political economy, 90 (6): 1257-1278.

ROMER P M, 1990. Endogenous technological change [J]. Journal of political economy, 98 (5): 71-102.

SCHARPING T, 2003. Birth control in China 1949 – 2000 [M]. New York: Routledge Curzon.

SCHULTZ T, 1959. Investment in man: an economist´s view [J]. Social service review, 33 (2): 109–117.

SCHULTZ T, 1961. Investment in human capital [J]. American economic review, 51 (1): 1–17.

SHAPIRO C, STIGLITZ J E, 1984. Equilibrium unemployment as a worker discipline device [J]. The American economic review, 74 (3): 433–444.

SHI W, CONNELLY B L, SANDERS W G, 2016. Buying bad behavior: tournament incentives and securities class action lawsuits [J]. Strategic management journal, 37 (7): 1354–1378.

SMITH A, 1776. An inquiry into the nature and causes of the wealth of nations [M] London: W. Strahan and T. Cadell.

SOLOW R M, 1956. A contribution to the theory of economic growth [J]. Quarterly journal of economics, 70 (1): 65–94.

SOLOW R M, 1979. Another possible source of wage stickiness [J]. Journal of macroeconomics, 1 (1): 79–82.

SOUKIAZIS E, ANTUNES M, 2012. Foreign trade, human capital and economic growth: an empirical approach for the European Union countries [J]. Journal of international trade and economic development, 22 (1): 3–24.

TANIGUCHI H, 1999. The timing of childbearing and women's wages [J]. Journal of marriage and the family, 61 (4): 1008–1019.

TROSKE K R, VOICU A, 2013. The effect of the timing and spacing of births on the level of labor market involvement of married women [J]. Empirical economics, 45 (1): 483–521.

VERE J P, 2011. Fertility and parents labour supply: new evidence from US census data: winner of the OEP prize for best paper on women and work [J]. Oxford economic papers, 63 (2): 211–231.

WANG F, 2012. Family planning policy in China: measurement and impact on fertility [R]. Working paper.

WANG F, ZHAO L, ZHAO Z, 2017. China's family planning policies and their labor market consequences [J]. Journal of population economics, 30 (1):

31-68.

WANG S Y, 2013. Marriage networks, nepotism, and labor market out-comes in China [J]. American economic journal: applied economics, 5 (3): 91-112.

WEISBROD B A, 1961. The valuation of human capital [J]. Journal of political economy, 69 (5): 425-436.

WICKENS C H, 1924. "Human Capital", in report of the sixteenth meet-ing of the Australasian [J]. Association for the advancement of science: 526-554.

ZENG Y, HESKETH T, 2016. The effects of China's universal two-child policy [J]. The lancet, 388 (10054): 1930-1938.

ZHANG J, 2017. The evolution of China's one-child policy and its effects on family outcomes [J]. Journal of economic perspectives, 31 (1): 141-160.

ZHAO Y, 1999. Leaving the countryside: rural-to-urban migration deci-sions in China [J]. American economic review, 89 (2): 281-286.

ZHU X, 2012. Understanding China's growth: past, present, and future [J]. Journal of economic perspectives, 26 (4): 103-124.

ZINGALES L, 2000. In search of new foundations [J]. Journal of finance, 55 (4): 1623-1653.

ZWICK E, MAHON J, 2017. Tax policy and heterogeneous investment be-havior [J]. American economic review, 107 (1): 217-248.